Ludwig Merkle:
Bairische Grammatik

W0188984

Deutscher
Taschenbuch
Verlag

Dezember 1976
Deutscher Taschenbuch Verlag GmbH & Co. KG,
München
© Heimeran Verlag München 1975 (ISBN 3-7765-0198-7)
Umschlaggestaltung: Celestino Piatti
Gesamtherstellung: Sellier GmbH, Freising
Printed in Germany · ISBN 3-423-03139-5

Inhalt

Vorwort

Dies ist eine bairische Grammatik. Oder, bescheidener, der Versuch einer bairischen Grammatik, für bayerische Leser, denen es Freude macht, über ihre Sprache zu sinnieren, und für zugereiste auch, die der bayerischen Seele und Zunge auf diesem Wege näherkommen wollen.

Bairisch wird in Ober- und Niederbayern und in der Oberpfalz gesprochen; besorgte Mundartfreunde meinen: beinah schon nicht mehr. Hochdeutsche Wendungen und Vokabeln haben sich eingeschlichen und sogar eingebürgert, altbewährte bairische sind verschwunden. Man lese in Andreas Schmellers »Bayerischem Wörterbuch«, und man wird seitenweise Wörter finden, die man nicht mehr versteht. Die regionalen Unterschiede von Landkreis zu Landkreis, von Gemeinde zu Gemeinde verringern sich unter dem Einfluß von Handel, Wandel, Fernsehen und Fremdenverkehr oder haben sich bereits verwischt. Das ist gewiß zu bedauern; aber weder rückgängig zu machen noch aufzuhalten.

Was immerhin blieb, ist ein gewissermaßen allgemeines Bairisch, zu dem sich die Mundarten mehr und mehr nivellieren. Es entspricht etwa dem, was man in München und Umgebung redet.

Vom Aussterben des Dialekts kann vorerst keine Rede sein. Und wir dürfen getröstet in die – zumindest nähere – Zukunft blicken: Uns hâidd âr aus.

Uns hâidd âr aus heißt: *Uns hält er aus.* – Man wird in diesem Buch des öftern Übersetzungen aus dem Bairischen ins Hochdeutsche begegnen, die den Eindruck machen, als seien sie etwas bairisch geblieben. Der Eindruck ist richtig: die bairische Sprachstruktur wird so erkennbarer. In manchen Fällen läßt sich's nicht vermeiden, der bairisch-hochdeutschen noch eine ganz hochdeutsche Übersetzung anzufügen. So hier bei *Uns hält er aus.* Dies bedeutet: *Uns wird er überleben.*

§ 1 Der Dialekt ist eine Mund-Art, es bestehen keine verbindlichen Regeln, wie man ihn zu schreiben hat; und so darf's jeder halten, wie er will. Grundsätzlich gibt es drei Möglichkeiten, wie man eine Mundart schreiben kann:

1. Man deutet sie bloß an, in der Erkenntnis: Wer sie beherrscht, wird sie wahrscheinlich trotzdem richtig lesen; wer sie nicht kann, der liest sie falsch, auch wenn sie noch so raffiniert geschrieben ist. Aber je zurückhaltender der Verfasser orthographiert, um so leichter wird man ihn verstehen.

   Ein Beispiel: *Die Tisch' und Bänk sind voll Schmutz und am Boden lieg'n die Käspapier und Nuß- und Eierschalen rum, daß man Noth hat durchz'-kommen. – Und erst s' Einschänken und die Höflichkeit von den Kellnern – das geht scho über alle münchner'sche G'müthlichkeit.* (aus: Neue freie Volks-Zeitung, München, 1874, zitiert in: Merkle, München damals.)

2. Man greift zum anderen Extrem und schreibt – mit dem hergebrachten Alphabet – so lautgetreu wie möglich. Dadurch entsteht ein zwar schwer entzifferbares, aber äußerst malerisches Schriftbild.

   Ein Beispiel: *a so a liabs fogal hoid de nua schdad dasdas ned fajoxd.* – Hochdeutsch: *So ein liebes Vögelein! Halt dich nur still, damit du's nicht verjagst.* (aus: höllteufel, friß wos i sog.)

3. Man bedient sich, da die 26 Buchstaben des Alphabets nicht im entferntesten zur Wiedergabe aller vorkommenden Töne ausreichen, eines Lautschriftsystems. Dies ist die exakteste Methode (nach der man beispielsweise das hochdeutsche Wort »Feuerversicherungsgesellschaft« folgendermaßen schreiben kann: ˈfɔʏɐfɛ₄ˌzɪçəʀʊŋsgeˌzɛlʃ   ), aber nur einem überaus langmütigen Publikum zumutbar.

   Ein Beispiel: *dswoamoi außšwoam hɔd da bàbba gsɔgd.* – Hochdeutsch: *Zweimal auswaschen, hat der Papa gesagt.* (aus: Kufner, Strukturelle Grammatik der Münchner Stadtmundart.)

§ 2 Auch fürs Hochdeutsche ist unsere Orthographie recht unvollkommen. Einesteils wird derselbe Laut auf verschiedene Weise ausgedrückt: *Saal – Mahl – Mal* – drei Schreibungen für das gleiche lange *a*; *Großstadt – Werkstatt* – zwei Schreibungen für denselben *t*-Laut – andererseits wieder muß ein Zeichen mehrere durchaus verschiedene Laute wiedergeben: *Ast – Stall* – dasselbe *s* für einen *s*- und für einen *sch*-Laut; *Lehm – gehen – hier* – dasselbe *h* für die Dehnung eines Vokals, für die Trennung zweier Vokale voneinander und für einen Hauchlaut; *Sonne – Mond* – ein und dasselbe Zeichen fürs offene und fürs geschlossene *o*.

   Das ist zweifellos ein Mangel. Er wird nur nicht als sonderlich schlimm empfunden, weil man voraussetzen darf, daß der deutsche Leser schon weiß, wie er die Buchstaben lesen soll.

§ 3 Hier, in unserm speziellen Fall, wo es häufig just darauf ankommt, wie der Laut hier und wie er dort zu sprechen ist, ist eine eindeutigere Schreibweise nötig, und es läßt sich nicht vermeiden,

a) die phonetische Fülle der einzelnen Zeichen ein wenig einzuschränken und

b) ein paar zusätzliche Zeichen einzuführen; einfache allerdings, unfremd aussehende, die auch den Legastheniker nicht verwirren.

§ 4 Die Spezialzeichen sind:

$\tilde{a}, \tilde{e}, \tilde{i}, \tilde{ei}, \overset{\sim}{o\mathring{a}}$ u. s. w. Der Zirkumflex über Vokalen bedeutet: diese Vokale sind nasaliert zu sprechen (siehe Seite 18f.).

à = ein vorn gesprochenes, sehr helles *à*, vergleichbar ungefähr dem Laut in den englischen Wörtern *but* und *must: Ràdl (= Rad), à (= ein), ràffà (= raufen).*

å = ein dumpfer stark zum offenen *o* (das man hochdeutsch in *Sonne, Hoffnung, Lotte* findet) hinneigender Laut: *åwi (= hinab), Sålåd (= Salat).*

§ 5 Die übrigen Vokale:

a = etwa das hochdeutsche Normal-*a*, wie man es in den Wörtern *Fahne, Straße, Fahrrad* und so weiter spricht. Bairisch klingt es ein wenig dunkler und fülliger als in der Hochsprache: *Wasch (= Wäsche), Karddn (= Karte).*

e = immer ein geschlossenes *e*, wie in hochdeutsch *Schnee, See, Idee: meeng (= mögen), reen (= reden).*

ä = Im Gegensatz zum geschlossenen, das offene *e* (hochdeutsch *Bett, Schnecke*); es wird bairisch als *ä* gesprochen und daher auch so geschrieben: *Schnää (= Schnee), säng (= sehen).*

o = stets ein geschlossenes *o* wie in hochdeutsch *Lohn* und *Rose: Roog (= Rock), Broggà (= Brocken).*

i und u = entsprechen im Prinzip den hochdeutschen Lauten, wobei das *i* zuweilen leicht nach *ü* hin gesprochen oder auch fast zu einem *e* verflacht wird.

Über Diphthonge siehe Seite 11 ff.

Der Wortakzent wird, wo er vom hochdeutschen abweicht, durch Unterstreichung der betonten Silbe angegeben: *Mod<u>oà</u>.*

§ 6 Zu den Konsonanten ist zu sagen: Sie werden hier so phonetisch wie möglich wiedergegeben. Das heißt beispielsweise: Wo bairisch für ein hochdeutsches *p* ein *b* oder für ein *t* ein *d* gesprochen wird, wird dieses *b* und dieses *d* auch geschrieben:

aus *Peter* wird *Bäda*, aus *Preuße* wird nicht *Preiß*, sondern *Breiss*, aus *Stadt* nicht *Stådt*, sondern *Schdåd*.

Desgleichen werden Assimilationen, die in Konsonantengruppen auf-
treten, auch, so gut es geht, orthographisch wiedergegeben. Das hat zur
Folge, daß der Satz:

Ja, die Mutter weiß schon, was die Kartoffeln kosten – nicht
Ja d Màmmà woàß schõ, wàs d Kàdoffen kosdn – sondern:
Ja b Màmmà woasch schõ, wàs k Kàdoffen kossn geschrieben ist. So nämlich
spricht man ihn; beziehungsweise: ungefähr so. Das *b* in *Ja b Màmmà* geht
nahtlos in das *M* über. Das klingt nicht, wie im Wort *abmagern; b* und *M*
bilden lautlich eine Einheit, eben ein *bm.* Auch die beiden sch in *woasch
schõ* verschmelzen zu einem geschärften *sch* und stehen nicht, wie im
Schriftbild, getrennt nebeneinander. – Man könnte, um dies zu verdeut-
lichen, *woaschschõ* schreiben – mit dem Erfolg, daß es kaum mehr zu lesen
wäre. So erscheint die Getrenntschreibung als der vernünftigste Kom-
promiß.

§ 7 Man wird – vielleicht – bemerken, daß das gleiche Wort nicht immer
gleich geschrieben ist: einmal liest man *i siech,* einmal *i sieg (*für *ich sehe),
sich* heißt hier *si,* dort *se* usw. Dies ist inkonsequent; so inkonsequent wie
die Sprache. Ein und dasselbe Wort wird nicht von jedem – und vom
selben Menschen nicht in jedem Falle – gleich gesprochen. Also darf,
respektive soll auch die Schreibung variieren.

§ 1 Die perfekte Intonierung der zwei Vokabeln *Oàchkàtzlschwoàf* und *Loàwedoàg* gilt weithin in aller nichtbairischen Welt als Inbegriff und höchster Gipfel bairischer Aussprachekunst. Andere als mundartistische Zwecke haben sie freilich nicht. Kaum ein Bayer, hätte er nicht dann und wann mit Zugereisten zu verkehren, nähme diese schönen Wörter in den Mund. Sie fügen sich, der Eichkätzchen-, Eichhörnchenschweif und auch der Teig für Maurâloàwen (= *Maurerlaibchen* = eine schmackhafte Brötchenart), schwer in den alltäglichen Gesprächsstoff ein.

Der unschätzbare Wert des Loàwedoàgs liegt in dem Doppellaut *oà*, der mit fremden Zungen offenbar nur sehr schwer auszusprechen ist. Es heißt nicht *Lo-abi-to-ak*, man spricht vielmehr ein kurzes geschlossenes *o* und hängt, indem man sodann den Mund ein wenig öffnet, ohne Unterbrechung ein leicht verwaschenes, aber helles und kurzes *à* daran.

In der Tat ist der Diphthong *oà* – in der Schriftsprache unbekannt – ein überaus typischer bairischer Laut. Zahlreiche schriftdeutsche *ei* werden bairisch *oà* ausgesprochen – jedoch nicht alle; man sagt:

zwoà Froschloàch auf oàn Schdroàch   (= *zwei Froschlaiche auf einen Streich*)
aber: *drei Schneidà bein Reiddn*   (= *drei Schneider beim Reiten*).

Die Verwandlung des *ei* in *oà* geschieht nach strengen Sprachgesetzen.

Ein Laut, der heute hochdeutsch *ei* gesprochen wird, kann alt- und mittelhochdeutsch entweder ebenfalls *ei* gelautet haben: *zwei – leich – ein – streich* – oder er kann mittel- und althochdeutsch noch ein langes *i* gewesen sein: *drî – snîder – bî – rîten*. Ein heutiges *ei*, das von mittelhochdeutsch *ei* abstammt, nennt man ein »altes ei«, eins, das auf langes *i* zurückgeht, »neues ei«. Und nur das »alte ei« wird bairisch *oà;* das neue bleibt auch im Bairischen *ei*.

Meī Wei woànd, wei s moànd, deine = *Mein Weib weint, weil es meint, deine*
zwoà weißn Scheißgoàßn beißn s glei. = *zwei weißen Scheißgeißen beißen es gleich.*

Die mittelhochdeutschen Wörter dazu lauten:

mîn	=	*mein*
wîp	=	*Weib*
weinen	=	*weinen*
die wîle	=	*weil*
meinen	=	*meinen*
dîn	=	*dein*
zwei	=	*zwei*
wîz	=	*weiß*
schîzen	=	*scheißen*
geiz	=	*Geiß (= Ziege)*

bíʒen   =   *beißen*
gelíche   =   *gleich*.

Man braucht also, um festzustellen, ob ein *ei* wie *ei* oder wie *oà* zu sprechen ist, meist nur ein mittelhochdeutsches Wörterbuch zuratzuziehen.

§ 2 Dann kommt man zumindest darauf, welches *ei* nicht *oà* heißen darf. Der umgekehrte Schluß ist nicht immer ganz so zuverlässig: *Fleisch* hieß mittelhochdeutsch *vleisch,* müßte bairisch also zu *Floàsch* werden, ebenso wie mittelhochdeutsch *heilig* = *hoàlig* und mittelhochdeutsch *geist* = *Goàst* gesprochen werden sollte. – Diese drei *oà* fielen ihrem theologischen Bezug zum Opfer: Als wichtige Wörter der Kanzelsprache, die man all-sonntäglich hochdeutsch in der Kirche hörte: *Und das Wort ist Fleisch geworden; Vater, Sohn und heiliger Geist* – blieben sie von der mundartlichen Ausspracheweise ziemlich verschont.*

Daß aus mittelhochdeutsch *teil* heutigbairisch *Teil,* aus *seil* = *Seil,* aus *kreis* = *Kreis,* aus *eit* = *Eid,* aus *meie* = *Mai,* aus *Zeichen* = *Zeichn* usw. wurde, ist eine neuere, vor allem städtische und stadtnahe Entwicklung (die sich noch nicht überall durchgesetzt hat): der hochdeutsche Einfluß läßt die Zahl der *oà*-Wörter geringer werden.

In Kobells Gedichten** findet man die alten Formen: *toàln* (= *teilen*) *; bloàch* (= *bleich*) *; meinoàd* (= *mein Eid*) *; roàcht* (= *reicht*) *; vazoàchnet* (= *verzeichnet*) *; foàl* (= *feil*) etc.

§ 3 Eine bemerkenswerte Ausnahme stellt das Wort *Loàmsiàdà* dar. Ein Loàmsiàdà ist ein langweiliger, fader Mensch. Die eigentliche Bedeutung des Wortes wäre *Leimsieder*. Die stupide, verdummende Arbeit des Leimsiedens, sagt man, färbt auf das Wesen des Menschen ab, der sie verrichten muß; oder: das Material in seiner zähen Klebrigkeit erinnert an das Wesen eines leimsiederischen Menschen; so kommt es zum Schimpfwort *Loàmsiàdà*.

Nun aber heißt *Leim* auf mittelhochdeutsch *lîm,* mit altem *î,* aus welchem bairisch niemals ein *oà* werden könnte. Mittelhochdeutsch *leim* ist der heutige *Lehm,* der auch richtig *Loàm* ausgesprochen wird. Da es einen Lehmsieder nicht gibt, muß man feststellen: hier irrt die Mundart, hier hat sie Leim und Lehm durcheinandergebracht.

§ 4 Es gibt auch ein bairisches *ei,* das durch »Entrundung« (siehe Seite 15) aus *eu* entstanden ist:

Deifi	aus	*Teufel*
deià	aus	*teuer*
Feià	aus	*Feuer*
heid	aus	*heute*

---

* In den Dreizehn Gemeinden, den Tredici Communi, einer deutschen Sprachinsel in den Lessinischen Alpen oberhalb Verona, singt man heute noch: »*Stille nacht, hoaliga nacht*«.

** Franz von Kobell, Mineraloge und bairischer Dialektdichter, lebte von 1803 bis 1882.

Leid	aus	*Leute*
scheichà	aus	*scheuchen*
Frein	aus	*Fräulein*

Und noch eines, das, vom */* hervorgerufen (siehe Seite 24), aus *el, al* oder *aul* entstand:

fein	aus	*fehlen*
Mai	aus	*Maul*
grein	aus	*krallen (= kratzen)*
Schwaiwàl	aus	*Schwalberl (= Schwälbchen)*
dàfàid	aus	*verfault*

Aus solch einem *ei*, das selbst schon das Ergebnis einer Umwandlung ist, kann natürlich kein *oà* werden.

§ 5 Außerdem gibt es *oà*-Laute, die nichts mit *ei* zu tun haben. Ihnen liegt ein *ar* oder *or* zugrunde, deren *r* (siehe Seite 25) zu *à* vokalisiert wurde:

voà	=	*vor*
woà	=	*wahr*
Hoà	=	*Haar*
goà	=	*gar*

§ 6 Während das Hochdeutsche mit vier Diphthongen auskommt: *au, ei (ai), eu (äu)* und *ui* (einmal gebraucht in *pfui* und ein zweitesmal in *hui*), hat das Bairische deren elf:

äi	:	*Fäid = Feld; zäin = zählen;*
ài	:	*zàin = zahlen; Bài = Ball;*
au	:	*baun = bauen; Graud = Kraut;*
eà	:	*geàn = gern; heàn = hören; eàhm = ihm;*
ei (wie *ai*)	:	*heid = heute; reiddn = reiten;*
ià	:	*liàb = lieb; Glàwià = Klavier; miàssn = müssen;*
oà	:	*Zoàgà = Zeiger; boà = paar;*
oi	:	*voi = voll; gschdoin = gestohlen;* (nicht mit *ài* zu verwechseln!);
ou	:	*roud = rot; doud = tot;*
uà	:	*Buàsch = Bursche; Buà = Bube;*
ui	:	*vui = viel; Gfui = Gefühl.*

Die Diphthonge *au, eà, ei* und *oà* können (siehe Seite 18 f.) auch nasaliert werden.

§ 7 Hinzu kommen noch zwei sozusagen unselbständige Diphthonge: *üà* und *öi*, die Varianten von *ià* und *äi* darstellen. Das Wort *für* kann *fià*, aber auch *füà* ausgesprochen werden; für *Hölle* kann man *Häi* oder auch *Höi* sagen; diese Schattierungen hängen von individuellen und regionalen Sprechgewohnheiten ab. (Siehe Entrundung, Seite 15).

§ 8 Häufig hat sich der Diphthong auch aus dem Mittelhochdeutschen erhalten:

Licht	=	mittelhochdeutsch	*lieht*	= bairisch	*Liàchd*
hüten	=	mittelhochdeutsch	*hüeten*	= bairisch	*hiàddn*
Bruder	=	mittelhochdeutsch	*bruoder*	= bairisch	*Bruàdà*

§ 9 Ziemlich selten ist im Bairischen (mit Ausnahme der Oberpfalz) der Diphthong *ou* (zu sprechen etwa wie in englisch *hope*). Er kann in einigen Wörtern das lange *o* ersetzen. Zum Beispiel:

tot	=	*dood*	oder	*doud*
groß	=	*groos*	oder	*grous*

Am wichtigsten ist er im Bewunderungsausruf *ou* der Bubensprache.

§ 10 Es gibt übrigens auch eine Monophthongierung im Bairischen. Dabei werden – gelegentlich – die Diphthonge *au* und *äu* zu *à* oder *àà*:

Baum	=	*Bàm*
Bäume	=	*Bàmm*
Daumen	=	*Dàmmà*
traumhäuptig (verschlafen)	=	*drààmhàbbàd*
versäumen	=	*vàsàmmà*
schauen	=	*schàng* (neben *schaung*)
glauben	=	*glààm* (neben *glaum*)

Sie tritt nicht regelmäßig ein: man sagt zwar *kàffà* (= *kaufen*) und *ràffà* (= *raufen*), aber *sauffà* (= *saufen*) und *schnaufà* (= *schnaufen*), zwar *bràchà* (= *brauchen*), aber *rauchà* (= *rauchen*).

§ 1 Unter »Entrundung« versteht man die Erscheinung, daß ein an sich rund, das heißt mit gerundeten Lippen, zu sprechender Vokal ungerundet – mit breitgezogenem Munde – gesprochen wird. Diese Entrundung ist fürs Bairische schon seit dem 13. Jahrhundert nachgewiesen. Sie macht aus dem *ö* ein *e** oder, noch ungerundeter, ein *ä:*

hören	=	*heàn;*	*böse*	=	*bäs;*
schön	=	*schēē;*	*können*	=	*kenà.*

aus dem *ü* ein *i:*

Brüder	=	*Briàdà;*	*Mühe*	=	*Mià;*	*Kühe*	=	*Kià;*
grüßen	=	*griàssn;*	*Füße*	=	*Fiàss;*	*Stückchen*	=	*Schdiggl;*

aus dem *eu (äu)* ein *ei:*

Freude	=	*Freid;*	*Säue*	=	*Sai;*
Leute	=	*Leid;*	*Kreuzteufel* (Fluch)	=	*Greizdeifi.*

§ 2 Völlig verschwunden sind die runden Vokale freilich nicht, insbesondere in der Stadt werden sie unter dem Einfluß des Hochdeutschen erhalten. So heißt der *Föhn* nicht *Fehn,* sondern *Föhn;* so wird *für* nicht nur *fià,* sondern auch *füà* ausgesprochen; so spricht man von einer *Mützn* (= *Mütze),* von *fümf Münzn* (= *fünf Münzen),* und so nennt man *München* zwar auf dem Lande *Minggà,* in der Stadt aber *Münchn.*

§ 3 Schade wäre es um den volltönenden Diphthong *eu,* wenn er, da zu *ei* verwandelt, im Bairischen nicht erklänge. Man hört ihn jedoch oft genug, als *âi,* das aus *al* entstand (siehe Seite 24):

Dà âide Kanâi gfâib mà = *Der alte Kanal gefällt mir.*

Zur Gegenwart herab nimmt die Entrundung natürlich nicht ab, sondern zu, und die allermeisten Bayern müssen ihre ö und ü erst aus der Schrift lernen, wohin sie wohl aus Mittelbeutschland gekommen sind.

Aus: Oscar Brenner, Mundarten und Schriftsprache in Bayern. Bamberg 1890.

---

* So kam es zum verbreiteten Familiennamen *Eder,* der den Mann aus der Öde, den *Öder,* bezeichnet.

§ 1 Umlaut heißt die Veränderung eines Vokals, die durch ein *i* in der nachfolgenden Silbe veranlaßt wird. Das *i* ruft eine Angleichung des vorhergehenden Vokals hervor, *Macht – mächtig; Rose – Röslein; Gunst – günstig; Frau – Fräulein*. Der Umlaut ist schon im Althochdeutschen eingetreten; häufig war das umlautbewirkende *i* bereits mittelhochdeutsch nicht mehr vorhanden: *Gast – Gäste* (althochdeutsch *gesti*); *gut – Güte* (althochdeutsch *guoti*); *Mann – Mensch* (althochdeutsch *mennisco*).

§ 2 Im Bairischen – man las es auf der Seite 15 – wird aus dem Umlaut-*ü* ein *i*, aus *ö* ein *e* oder *ä*. Aber nicht in allen Fällen, in denen man's erwartet.

So heißt die *Brücke* bairisch nicht *Briggn*, sondern *Bruggn*
(in der Stadt auch *Brüggn*).
So wird aus *hüpfen* bairisch nicht *hibbfà*, sondern *hubbfà*.
Aus *drücken* nicht *driggà*, sondern *druggà*,
und aus *nützen* nicht *nitzn*, sondern *nutzn*.

Denn *gg, ck, pf* und *tz* verhindern im Oberdeutschen oft den Umlaut.

§ 3 Was geschieht mit dem *ä*? Eine Entrundung kann hier ja nicht stattfinden.
Teils wird es bairisch zu hellem *à*:

Käse	=	*Kàas*
Ländler	=	*Lànddlà*
schämen	=	*schàmmà*.

Ist der Umlaut die Folge einer angehängten Verkleinerungsendung, dann wird das *ä* fast stets zu *à*:

Fädchen	=	*Fàdàl*
Männchen	=	*Mànndl*
Härchen	=	*Hàrl*
Mädchen	=	*Màdl*

Freilich gibt es auch hier Ausnahmen: das *Schäfchen* ist ein *Schàfàl*, das *Väterchen* heißt *Vaddàl*.

§ 4 Teils wird aus dem *ä* ein geschlossenes *e*:

Wände	=	*Wend*
Hände	=	*Hend* (aber: *Händchen = Hànddàl*)
länger	=	*lengà*
Schläge	=	*Schleeg* (aber: *leichter Schlaganfall = Schlàgàl*)

§ 5 Manchmal tritt der Umlaut überhaupt nicht ein:

Wäsche	=	*Wasch*
Männer	=	(nebst *Mennà*) *Manà*
der äußere	=	*dà aussàre* (neben *dà àissàre*)

§ 6 Oder das *ä* bleibt erhalten:

schwächer	=	*schwächà*
lächerlich	=	*lächàlich*
krätzig	=	*grätzig*

§ 7 Oder es wird sogar ein Umlaut eingeführt, der hochdeutsch nicht
gebräuchlich ist:

Tage	=	(neben *Dååg* und *Dàåg* auch) *Däg*
ich brauchte	=	*i braichd* (bairisch-hochdeutsch: *ich*
		bräuchte).

§ 1 Um darzutun, wie sehr das Bairische die Klangschönheiten anderer Sprachen in sich vereinigt, zitiert man gern Sätze wie:

Màmmà, mi àà	(sozusagen italienisch)	=	*Mutter, mich auch.*
Dsunn scheind schēē	(sozusagen chinesisch)	=	*Die Sonne scheint schön.*
Mēī Zàü is fēī hī	(sozusagen portugiesisch)	=	*Mein Zaun ist übrigens hin.*
I mōā schō àà	(sozusagen französisch)	=	*Ich meine schon auch.*

§ 2 Die französischen und portugiesischen Töne entstehen durch die zahlreichen Nasalierungen, die als Folge eines ausgefallenen *n* am Wort-ende auftreten.

helles *ā̃*	*nā̃ā̃*	=	*nein*
ē̃	*duà schē̃ē gēh*	=	*tu schön gehen*
ī̃	*i bī̃ hīgfàin*	=	*ich bin hingefallen*
ō̃	*kimd dēī Mō̃ schō?*	=	*kommt dein Mann schon?*
āü̃	*dà Zàü̃ is bràü,*	=	*der Zaun ist braun,*
ēā̃	*need grēā̃*	=	*nicht grün*
ēī̃	*dees is fēī mēī Wēī̃*	=	*merk dir, das ist mein Wein*
ō̃ā̃	*kō̃ā̃ Schdō̃ā̃*	=	*kein Stein.*

Normales *a* – wie schwäbisch: *dr Mā = der Mann* – und *u* und *oi* werden nicht nasaliert.

§ 3 Die Nasale *ē̃, ī̃, ēī̃* werden nicht wie französisch zu sozusagen *ang* und *äng* (man kann den Klang schriftlich kaum anders wiedergeben) ver-ändert, man spricht sie, wie sie sind, durch die Nase, ungefähr so, wie's die Portugiesen machen.

§ 4 Die Deutlichkeit der Nasalierung ist von der Betontheit des Wortes abhängig. In unbetonter Stellung kann sich der Nasalklang beinah ganz verlieren, während er, wenn das Wort betont wird, deutlich hörbar ist:

Habds ees scho z̧àid?
(schwache Nasalierung = *Habt ihr schon bezahlt?*
Mià schō.
(starke Nasalierung) = *Wir schon.*

Diese Abstufung hängt jedoch stark von individuellen Sprechgewohn-heiten ab.

§ 5 Wenn das ausgefallene *n* wieder auftritt (siehe Seite 32), wird die Nasalierung schwächer; sie ist ja der Ersatz für das *n* gewesen:

i kõ (= *ich kann*) aber: *dees kon i* (= *das kann ich*).

Sie verschwindet allerdings keineswegs ganz. Auch ein *n* (und ein *m*), das ausgesprochen wird, färbt auf den vorhergehenden Vokal ab, doch in der Regel nur, wenn dieses *n* oder *m* von Hause aus auf den Vokal folgt, nicht wenn es durch Angleichung oder Ausfall anderer Konsonanten hinter den Vokal geriet.

Einige Beispiele machen das deutlich: *herein* heißt bairisch *reĩ;* das Schluß-*n* entfällt, also wird das *ei* stark nasaliert. Ein flaches Bratgeschirr ist eine *Reĩn (Reine).* Hier bleibt das *n* erhalten, hier ist die Nasalierung schwächer, aber dennoch unüberhörbar. Spricht man von *Reihen,* dann wird das zweite *e* ausgestoßen; das *h* ist stumm, und dem *ei* in *Reihn* fehlt jeder Nasenklang. Das *ei* im Wort *Reĩm* wird infolge des *m* leicht nasaliert: *Reĩm ; reim* dagegen – von *reiben* – hat keinerlei Nasalton, weil das *m* erst durch die Assimilation : *reiben – reibn – reibm – reim* entsteht.

Ähnlich geht's mit *fein.* Das Adjektiv *feĩn* wird leicht nasal gesprochen. Handelt sich's um das Adverb *feĩ* (siehe Seite 174), schwindet das *n* unter Hinterlassung einer starken Nasalierung. Soll *fein = fehlen* oder *faulen* heißen, entsteht aufgrund der Assimilation kein nasaler Klang.

Dã weåd si b Freĩn Huåwå frein. = Da wird sich Fräulein Huber freuen.
I bagg õän* bei die Oån. = Ich packe einen an den Ohren.

§ 6 Bei Max Dingler** liest man:
»Auch das Geschlecht der besitzanzeigenden Fürwörter unterscheidet sich in der Stärke des Nasalklangs ...:

meĩ Stier,	aber	*mei Kuah;*
deĩ Sach (Neutrum!)	aber	*sei Hüttn.«*

Dies herauszuhören, ist freilich nicht jedermann gegeben.

§ 7 In vielen Fällen ist die Unterscheidung zwischen nasaler und nicht nasaler Aussprache bestimmend für die Bedeutung eines Wortes.

õã	=	*ein*
Oa	=	*Ei* oder *Ohr*
Wei	=	*Weib, weil* oder *Weihe*
Weĩ	=	*Wein*
drei	=	*drei* oder *treu*
dreĩ	=	*drein*

Es kommt sehr drauf an, ob man sagt: *Meĩ Weĩ is nei* oder *Meĩ Wei is neĩ.* Im ersten Fall wird mitgeteilt: *Mein Wein ist neu.*
Im zweiten: *Mein Weib ist hinein(gegangen).*

---

* Diese schwache Nasalierung wird, im Interesse der Übersichtlichkeit des Schriftbilds, in dieser Grammatik nicht geschrieben.
** Dingler, Geschriebene Mundart.

§ 1 Auch Entnasalierung tritt im Bairischen auf. Von ihr werden französische Fremdwörter betroffen:

Plafond	=	bairisch: *Blàfon*
Saison	=	*Saison*
Orangen	=	*Oràschn*
Perron	=	*Perron*
Française (Tanz)	=	*Fràssǟ*
Pension	=	*Pension*
Pot de chambre (Nachttopf)	=	*Boddschàmbbàl*

§ 2 Und nicht nur entnasaliert werden die fremden Wörter. Fremdsprachige Straßennamen etwa, deren es in München zahlreiche gibt, werden grundsätzlich buchstabengetreu ausgesprochen:

Arcisstraße	(in Erinnerung an einen Sieg bei Arcis-sur-Aube über Napoleon 1814)	= *Árzisschdrass*
Balanstraße	(Schlachtenort im 70er Krieg)	= *Bàlànschdrass*
Bazeillesstraße	(Bazeilles an der Maas, ebenfalls ein Schlachtenort im Krieg 1870/71)	= *Bàzeilesschdrass*
Claude-Lorrain-Straße	(Claude le Lorrain war ein französischer Landschaftsmaler)	= *Klaudeloreinschdrass*
Montgelasstraße	(Graf von Montgelas war der Schöpfer der ersten bayerischen Verfassung)	= *Monddgèllàsschdrass*
Newtonstraße	(Isaac Newton, englischer Physiker)	= *Néftonschdrass*

§ 3 Andere Fremdwörter wieder – insbesondere die ältere bairische Sprache ist reich an ihnen – fügen sich der Zunge besser und werden so ausgesprochen, daß ein gutwilliger Franzose sie nahezu verstehen kann. Beispielsweise:

Bàgàsch	=	*Bagage* (= Gesindel)	*reduà*	=	*retour*
			sä	=	*c'est*
bàrdduu	=	*partout*	(veraltet)		*(hier, da hast du es)*
Befflàmodd	=	*Boeuf à la mode*	*Schilǟ*	=	*Gilet* (= Weste)
Droddoàr	=	*Trottoir*	(veraltet)		
meàssà	=	*merci*	*wisàwii*	=	*vis-à-vis*

§1 Man trinkt in Bayern – auch auf bairisch-hochdeutsch – nicht aus einem *Glass*, sondern aus einem *Glaas*, mit langem a und mit unscharfem s. Auch sagt man *Gààs* und *Raad* und *Baad* und *Floos*, nicht *Gass* und *Radd* und *Badd* und *Floss* und hat keinen *groben Schäff*, sondern einen *grooben Scheef* – was, vom *Scheef* abgesehen, sogar richtig ist*.
   Nicht dudensanktioniert sind freilich die Langaussprachen einsilbiger Wörter wie

Düsch	*(= Tisch)*	*Füsch*	*(=Fisch)*	*Driid*	*(= Tritt)*
Fleeg	*(= Fleck)*	*Dreeg*	*(= Dreck)*	*Schdiich*	*(= Stich)*
Schdriich	*(= Strich)*	*Schdriig*	*(= Strick)*	*Schriid*	*(= Schritt)*
friis	*(= friß)*	*Gschlooß*	*(= Schloß)*	*Looch*	*(= Loch)*
Roos	*(= Roß)*				

Auch aus *geschnitten* wird *gschniin* und aus *gestritten*: *gschdriin*. Aber nicht jedes hochdeutsche kurze i ist bairisch lang: man sagt zwar *Schbiiz* *(= Spitze)*, aber *Hitz (= Hitze)* und langgezogen *Siiz (= Sitz)*, jedoch kurz: *Witz*.

§2 Dafür werden andere, hochdeutsch lange Vokale im Bairischen kurz gesprochen – wie schon im Mittelhochdeutschen:

du liegst	=	*du ligsd*
er sieht	=	*eà sichd*
das geschieht	=	*dees gschìchd*

Auch sagt man *ägglhafdd* für *ekelhaft*, *Haggn* für *Haken*, *gràssà* für *größer* usw.

§3 Auch in der Wortbetonung herrschen in Altbaiern Spezialgewohnheiten, die sich von nördlichen Usancen unterscheiden. Beispielsweise:

Man sagt nicht:	sondern:
Asphalt	*Àsphàlt*
Kaffee	*Kaffàà*
Kiosk	*Kiosk*
Musik	*Musi*
Mótor	*Modoà*
Petersilie	*Bàdàsui*
Pullover	*Bullowà*
Tabak	*Dawagg*
Telefon	*Tälàfòn*
Tunnel	*Tunäll*
Zigarre	*Zigàrn* (oder: *Zigàn*)

---

* laut Duden, Aussprachewörterbuch.

§1 *Fià mi hàd si deà denggd: Na kon i di do need glei àà no nauschschmeißn.* –
Dieser Satz, auf deutsch: *Meines Erachtens hat er sich gedacht: Dann kann
ich dich doch nicht gleich auch noch hinauswerfen* – ist insofern höchst bemer-
kenswert, als er eine größere Menge jener Wörter enthält, die im Bairi-
schen ihr auslautendes – *ch* verlieren. Bei einigen fällt es immer weg, bei
andern nur zuweilen:

ich	=	immer *i*.
mich	=	immer *mi*.
dich	=	immer *di*.
sich	=	*si*, jedoch nach manchen Präpositionen *sich*:
		an um fià sich (= an und für sich).
nach	=	*na* in der Bedeutung *nachher, dann;* sonst teils *nàch*:
		heànàch (= hernach), nàchlàffà (= nachlaufen), teils *na,*
		zum Beispiel in *Nammidàg (= Nachmittag).*
doch	=	*do*, in betonter Stellung auch *doch*.
gleich	=	*glei* in den Bedeutungen *sofort, sogar, ebenso: Gähsd*
		need glei heà? (= Willst du nicht gleich herkommen?).
		Sie is glei no bäsà wiàr eà. (= Sie ist sogar noch böser als er.) –
		Aber *gleich* in der Bedeutung *ähnlich, unverändert:*
		Dees sichd dà gleich. (= Das sieht dir ähnlich.)
auch	=	immer *àà*.
noch	=	*no* oder *nō.*

Häufig verstummt das Schluß-*ch* auch bei den Adjektiven auf -*lich*
(siehe Seite 170).

§2 Dafür wird das stumme hochdeutsche *h* des Stammes, insbesondere
im Auslaut und vor *t,* häufig zu *ch* (oder auch *g*) verschärft:

Vieh	=	*Viech*
ich sehe	=	*i siech* oder *i sieg*
es geschieht	=	*es gschichd*
zäh	=	*zààch*
jäh	=	*gààch*
Weihwasserkessel	=	über *Weihkessel* zu *Weichkässl*

§3 Das *h* im Wortinneren war mittelhochdeutsch kein Dehnungs-
zeichen, es wurde ausgesprochen. Neuhochdeutsch ist es vielfach ver-
stummt, bairisch wird es des öfteren als *ch* gesprochen:

Dohle	=	mittelhochdeutsch	*tahele*	=	bairisch *Dàchl*
Zähre	=	mittelhochdeutsch	*zähere*	=	bairisch *Zàchàl*
leihen	=	mittelhochdeutsch	*lihen*	=	bairisch *leichà.*

§4 Nach Konsonanten und am Wortanfang unterscheidet sich das bairische *l* nicht vom hochdeutschen.

Dà Loisl någld à Laddn an de = *Alois nagelt eine Latte an die*
lange Loåddà.   *lange Leiter.*

Nach Vokalen aber tritt eine Mouillierung ein: das *l* verwandelt sich in eine Art *i*, und dieses *i* wirkt auf den vorhergehenden Vokal zurück und verändert meist auch ihn:

I woidd schnäi b Muich zåin = *Ich wollte schnell die Milch bezahlen.*

Diese Vokalisation des *l* kommt dadurch zustande, daß die Zunge, die, um das *l* zu artikulieren, vorne am Gaumen anliegen müßte, nicht ganz bis zum Gaumen angehoben wird. Das geschieht nicht nur im Bairischen, auch in andern Sprachen, in der französischen zum Beispiel und der spanischen, wird das *l* oft zu einem *i*-ähnlichen Laut: französisch *fille* *(= Tochter)* wird *fij* gesprochen, spanisch *Sevilla = Sevilja.*

al	wird zu bairisch	*åi*	:	*Stall = Schdåi;*
				Wald = Wåid;
				fallen = fåin;
				Gewalt = Gwåid.
el		*äi*	:	*Welt = Wäid;*
				Seele = Säi;
				Geld = Gäid;
				stehlen (und *stellen*)
				= schdäin.
il		*ui*	:	*Bild = Buiddl;*
				viel = vui;
				silbern = suiwàn;
				April = Abrui.
ol		*oi*	:	*Kohle = Koin;*
				Wolke = Woiggn;
				wollen = woin;
				holen = hoin.
ul		*ui*	:	*Stuhl = Schdui;*
				Geschwulst =
				Gschwuisdd;
				Müll = Mui;
				schuld = schuid.
äl		*äi*	:	*Kälte = Käiddn;*
				Hälfte = Häiffde;
				erzählen = vàzäin;
				älter = äiddà.
öl		*öi* oder *äi*	:	*Hölle = Höi* oder
				Häi; Öl = Öi ·
				oder *Äi.*
ül		*ui*	:	*Gefühl = Gfui;*
				Sülze = Suiz;

			Hülse = Huisn; *füllen = fuin.*
aul	meist *ai*	:	*Maul = Mai;* *verfault = dàfaid;* aber: *Gaul = Gaul.*
eil und *eul*	*ei* oder *eil*	:	*weil = wei;* *steil = schdeil;* *Beule = Beiln;* *Seil = Seil* (oder *Soàl* – s. Seite 12); *pfeilgerade* =* *bfeigràd* oder *bfeigräd.*

§ 5 Das *l* entsteht jedoch sofort wieder in seiner konsonantischen Ge-
stalt, wenn darauf ein Vokal folgt, der ausgesprochen wird (nicht einer,
der wie in *Wolle = Woi* verstummt):

Man sagt zwar	*màin*	*(= malen)*	aber: *Màlà (= Maler)*
Man sagt zwar	*Käin*	*(= Kelle)* und	
	Käinà	*(= Kellner)*	aber: *Källà (=Keller)*
Man sagt zwar	*voi*	*(= voll)*	aber: *vollà (= voller)*
Man sagt zwar	*àiss*	*(= alles)*	aber: *àlle (= alle)*
Man sagt zwar	*Mui*	*(= Mühle)*	aber: *Müllà (= Müller)*

§ 6 Bühnendeutsch gilt das sogenannte Zäpfchen-*r*, wie man's im Nor-
den Deutschlands hinten im Halse spricht, als richtig; es soll Anfang des
18. Jahrhunderts aus Paris importiert worden sein. Das bairische *r* wird
vorn gesprochen, mit der Zungenspitze.

§ 7 Am Wortende nach einem *e* klingt es auch im Theater nicht wie ein *r,*
sondern mehr wie ein undeutlicher, verwaschener Vokal. Bairisch (und
auch in andern Mundarten, im Berlinerischen beispielsweise) ist diese
Vokalisation noch erheblich weiter fortgeschritten: *-er* am Ende eines
Wortes nimmt gern die Qualität eines hellen *à* an: *aber der Lehrer = awà*
dà Leàrà.

§ 8   *ar*   wird entweder zu *oà : à boà Hoà sogoà (= ein paar*
Haare sogar) – oder zu *a,* wobei das *r* völlig ver-
stummen kann: *mèi Nachbà wa scheimba bein*
Awàdn (= mein Nachbar war scheinbar –anschei-
nend – beim Arbeiten) ; mià fahn zwa am Kafreiddàg
ins Kawendl (= wir fahren zwar am Karfreitag ins
Karwendel). – Das *r* muß nicht stumm werden;
auch: *i war bein Arwàdn* kann man hören.

---

    * *bfeigràd = pfeilgerade* bedeutet: *haargenau, direkt, schnurstracks, in der*
Tat.

arr	bleibt *arr: deà Narr mid sein Karrn (= der Narr mit seiner Karre)*.
er	am Wortende wird zu *à: dà Jàgà und dà Wuidàrà (= der Jäger und der Wilderer)*; das *er* in einsilbigen Wörtern wird meist *eà: gib màr àn Teà heà (= gib mir Teer her)*; aber: *leer = làdr*, unbetontes *der = dà*. Die Vorsilbe *ver-* wird zu *và* oder *vo-* (siehe Seite 106ff.).
er, ör und *är*	an anderer Stelle wird zu *eà: dees Bfeàdl keàd àm Schaffeà vom Geàddnà (= dieses Pferd gehört dem Chauffeur des Gärtners)*.
err, örr und *ärr*	wird ebenfalls zu *eà: dà Heà Deà vom Bardeà bleàd (= der Herr Dörr vom Parterre plärrt)*.
erl	– die Verkleinerungssilbe – wird zu *-àl* (siehe Seite 106ff.).
ir und *irr*	wird zu *ià: voà dà Kiàchà schdähd à Biàmbàm (= vor der Kirche steht ein Birnbaum)*; *mià imbboniàd dees Gschià (= mir imponiert das Geschirr)*.
or und *orr*	wird zu *oà;* dies ist derselbe Laut wie das aus *ei* entstehende *oà* (siehe Seite 11ff.) und wie das *oà*, dem *ar* zugrundliegt: *voà zwoà Joà (= vor zwei Jahren)*.
ur und *urr*	wird zu *uà: k Katz schnuàd, wei s à Wuàschd griàgd hàd (= die Katze schnurrt, weil sie eine Wurst bekommen hat)*.
ür	wird zu *ià* oder, im Munde mancher Leute (siehe Seite 15) beinah zu *üà: mach d Dià zuà und schüàr àn Ofàr ö (= mach die Türe zu und schüre den Ofen an)*.
ürr	bleibt *ürr: dürr*.

§ 9 Das *s* wird hochdeutsch, wenn es im Anlaut vor Vokal steht *(sehen, sagen, Sommer)* oder im Inlaut zwischen zwei Vokalen *(Rose, lesen)*, stimmhaft gesprochen. Bairisch gibt es kein stimmhaftes *s;* auch in vokalischer Umgebung spricht man stimmlos *ß*.

§ 10 Das stimmlose *s*, sagt die Wissenschaft, klang mittelhochdeutsch irgendwie zwischen *s* und *sch;* wie, weiß man leider nicht genau. Mitte des 13. Jahrhunderts hat sich's in *s* und *sch*, so wie wir's heute haben, aufgespalten.

§ 11 Im Anlaut wurde es in den Verbindungen *sl, sm, sn, sp, st* und *sw* zu *sch*. Bei *sl/sm/sn/sw* zog man auch die orthographische Konsequenz und schreibt *schl/schm/schn* und *schw: slange* wurde zu *Schlange, slafen* zu *schlafen, smelzen* zu *schmelzen, snecke* zu *Schnecke, swinden* zu *schwinden*.
Man braucht nur in deutschen Wörterbüchern nachzulesen: Alle Wörter, die heute noch mit *sl, sm* etc. beginnen, kommen aus andern Sprachen:

Slalom	aus norwegisch *slalom = geneigte Spur;*
Slang	aus dem Englischen, wohl mit *language* zusammen-hängend;
Slogan	aus dem Englischen, welches das Wort seinerseits aus gälisch *sluaghghairm = Kriegsgeschrei* übernom-men hat;
Smaragd	vom gleichbedeutenden griechischen *smaragdos;*
Snack Bar	von englisch *to snack = schnappen, beißen.*

§ 12 Beim *sp* und *st* blieb die alte Schreibweise erhalten, trotz der *schp-* und *scht-*Aussprache, die hochdeutsch, wie gesagt, nur im Anlaut statt-findet. Im Schwäbischen hat das *sch* weit um sich gegriffen; nahezu jedes *st* wurde hier *scht: Hascht kōī Angscht?* Bairisch treten Formen wie *hascht (= hast), bischt (= bist), ischt (= ist), Gascht (= Gast), luschtig (= lustig)* nur in alemannennahen Gebieten auf.

§ 13 *sp* aber wird bairisch immer *schb* gesprochen, auch im Inneren eines Wortes:

Kaspar	wird zu	*Kaschbà*
Kasperl	wird zu	*Kàschbàl*
Raspel	wird zu	*Raschbe*
haspeln	wird zu	*haschben*
wispern	wird zu	*wischbàn*
räuspern	wird zu	*reischbàn*
knuspern	wird zu	*gnuschbàn*
Vesper	wird zu	*Veschbà.*

Dazu kommen noch einige Wörter ohne schriftdeutsche Entsprechung:

Ràschbàl	eine glattgeraspelte Brötchenart
Grischbàl	ein schwächlicher Mensch, ein schwächliches Kind
Gruschbàl	ein Knorpel
Gischbi	soviel wie Gimpel.

Sogar aus *Augsburg, Regensburg* und *Innsbruck* werden *Augschbuàg, Rengschbuàg* und *Innschbrugg,* obwohl dies hier, weil ja zwischen dem *s* und dem *b* die Silbengrenze liegt, eigentlich durchaus unberechtigt ist.

§ 14 Bisweilen erscheint der Wandel des *s* zu *sch* vor *l* auch am Ende eines Worts. Zum Beispiel sagt man *Uàschl* für den Mädchennamen *Ursel* und kann *Amschl* anstatt *Amsel* sagen.

§ 15 *Sk* und *sg* kommen in deutschen Wörtern nicht vor, in bairischen schon zweimal nicht. Wo man sie, in Fremdwörtern, trotzdem trifft, macht die bairische Mundart aus dem *s* ein *sch:*

Schkàndàl	aus	*Skandal*
Màschggàrà	aus	*Maskarade* (oder *Maskierter*)
dischgriàn	aus	*diskurrieren = gemütlich plaudern.*

Natürlich bleibt das *s* in *Bachauskehr* oder *Fußgängerzone* erhalten; hier verhindert die Wortgrenze die Veränderung.

§ 16 Im In- und Auslaut entstand – im schon erwähnten 13. Jahrhundert – aus *rs* = *rsch. Ars* wurde zu *Arsch; Burse* zu *Bursche; Kirse* zu *Kirsche; hersen* zu *herrschen* und so weiter. Bairisch sagt man konsequent auch *Feàschn* für die *Ferse* und *Wiàsching* zum *Wirsing.*

§ 17 Die Verbindung *rst* führt lautgesetzlich zu *rscht;* dennoch heißt es schriftdeutsch *Durst* und *Wurst* und *Gerste.* Die Inlautaussprache *s-t* hat hier die *sch*-Werdung verhindert. Jedoch nicht im Bairischen. Bairisch heißt es:

Duàschd	=	Durst
Wuàschd	=	Wurst
Geàschdn	=	Gerste
Fiàschd	=	Fürst
Feàschdà	=	Förster
ʒeàschd	=	ʒuerst
Biàschdn	=	Bürste
biàschdln	=	bürsten

und, trotz Wortgrenze, *Donnàschdàg* für *Donnerstag* (aber nicht *Bädàsch-dom* für *Petersdom*). *Du tust* wird nicht *du duàschd,* weil hier das *à* – im Gegensatz zu *Durst* – kein *r* andeutet; *du tust* heißt *du duàsd.*

§ 18 Die harten stimmlosen Verschlußlaute *p, t* und *k* bleiben bairisch nur höchst selten erhalten; teils werden sie in ihr weiches (auch stimm-loses) Gegenstück *b, d, g* verwandelt, teils verdoppeln diese sich zu *bb, dd, gg.*

§ 19 *P* wird am Wortanfang immer zu *b :*

Bànddoffe	(= Pantoffel);	Blåàʒ	(= Platʒ);
Breissn	(= Preußen);	Binsl	(= Pinsel);
Buàʒlbàm	(= Purʒelbaum);	brodäsdànddisch	(= protestantisch).

Am Wortende und im Inneren des Wortes wird es zu *bb :*

Däbb	(= Depp);	Babbàdeggl	(= Pappdeckel
			= Pappe);
Bàbbà	(= Papa);	Karbbfm	(= Karpfen).

§ 20 *T* wird am Wortanfang zu *d :*

Deifi	(= Teufel);	dausnd	(= tausend);
dringgà	(= trinken);	danʒn	(= tanʒen).

Im Wortinnern wird es nach Konsonant zu *dd :*

Karddn	(= Karte);	drunddn	(= drunten);
Wiàddin	(= Wirtin);	säiddn	(= selten);
gesddàn	(= gestern);		

nach Vokal teils zu *dd,* teils zu *d :*

bäddn	(= beten);	à rodà Doddà	(= ein roter Dotter);
Aweiddà	(= Arbeiter),	aber awàdn	(= arbeiten).

Auch am Wortende kann es *dd* und kann es *d* werden:

Bedd	(= *Bett*);	*Gebädd*	(= *Gebet*);
Schriid	(= *Schritt*);	*àgràdd*	(= *akkurat*);
Ràd	(= *Rat*);	*Arwàd*	(= *Arbeit*);
Griàßgood	(= *Grüßgott*).		

§ 21 *K* bleibt am Wortanfang vor Vokal *k:*

kochà	(= *kochen*);	*Kunsdd*	(= *Kunst*);
Kindà	(= *Kinder*).		

am Wortanfang vor Konsonant wird es zu *g:*

Glàwià	(= *Klavier*);	*Gnochà*	(= *Knochen*);
Gleidl	(= *Kleid*);	*grachà*	(= *krachen*).

Innerhalb des Worts und am Wortende – hochdeutsch meistens *ck* – wird es *gg*, manchmal auch *g:*

Aggà	(= *Acker*);	*Gligg*	(= *Glück*);
Gnàgg	(= *Genick*);	*Dreeg*	(= *Dreck*);
Schdriig	(= *Strick*);	*schmeggà*	(= *schmecken*);
läggà	(= *lecken*);	*linggs*	(= *links*).

§ 22 Die Regeln sind nicht ganz zuverlässig. Es gibt etliche Ausnahmen, bei wenig gebräuchlichen Wörtern sowieso, aber auch bei häufigen dann und wann. Zum Beispiel sagt man für *Tee* nicht *Dää*, sondern *Tää*, zur *Tante* eher *Tàndde* als *Dàndde*, zum *Ton : Ton*, nicht *Don;* und zum *Kanapee : Kànàbä*, mit durchaus unverdoppeltem *b*.

§ 23 Im Hochdeutschen hat das *g* der Endung *-ig* wie *-ich* zu klingen. Bairisch nicht; hier heißt es nicht *fleißich*, sondern *fleißig*, nicht *heilich*, sondern *heilig* und nicht *Könich Ludwich*, sondern *Kenig Ludwig*. Auch sagt man nicht *Tach*, sondern *Dàåg*. Dafür sagt man für *melken* nicht nur *mäiggà*, sondern auch *mäichà*, und für *Kalk : Kåich*.

§ 24 Dafür wird im Bairischen das *b* gern zum Reibelaut, zur Spirans, und zwar wenn es zwischen zwei Vokalen steht. Dann verwandelt es sich in *w* und manchmal auch zum stimmlosen *f:*

Kübel	=	*Kiwi*	*Nebel*	= *Newi*
Räuber	=	*Raiwà*	*Schräubchen*	= *Schraiwàl*
Zwiebel	=	*Zwiewi*		oder *Schraifàl*
		oder *Zwiefi*	*habe ich*	= *håw i*
aber	=	*awà*		(aber: *i håb*)
mein Lieber	=	*mei Liàwà*	*gehe ich*	= *giw i*
Schwälbchen	=	*Schwaiwàl*		(aber: *i gib*).
Kälbchen	=	*Kaiwi*		

Siehe aber Seite 34: *Rüben = Ruàm*, *Buben = Buàm* oder in vollmundigerer Form: *Buàmmà*.

§ 1 Viele Eigentümlichkeiten, die man in deutschen Mundarten ent-
deckt, sind direktes Erbe aus mittelhochdeutscher Zeit, das sich im
Dialekt unversehrt erhalten hat.

Mittelhochdeutsch hieß der *Kamm* = *kamp;* der Genitiv dazu *des
kambes. Lamp – lambes* war das *Lamm,* die *wambe* war die *Wamme.* Dieses
mb wurde neuhochdeutsch zu *mm.* Bairisch wird das *b* stellenweis noch
heut gesprochen

Kamm	=	*Kàmbbe*
kämmen	=	*kàmbben*
Wamme	= ·	*Wambbm*
Lamm	=	*Làmbbe.*

§ 2 Mittelhochdeutsches *u* oder *ü* vor Nasallaut hat sich im Neuhoch-
deutschen des öfteren in *o* beziehungsweise *ö* gewandelt, in Wörtern, die
bairisch immer noch mit *u* beziehungsweise *i* gesprochen werden:

neuhochdeutsch	mittelhochdeutsch	bairisch
Sonne	*sunne*	*Sunn*
besonders	*besunder*	*bsundàs*
besonnen	*besunnen*	*bsunà*
geschwommen	*geswummen*	*gschwummà*
gewonnen	*gewunnen*	*gwunà*
Sommer	*sumer*	*Summà*
sonst	*sunst*	*sunsd^d*
König	*künec*	*Kini*

Die Syrer aber sind überall frey und rauch. Machen Diph= und Triph=
tongos, und müssen die Vocales (o) (u) und au und ou täglich im
Mund seyn. Und wann sie ja das (A) jezuweilen ins Maul bringen /
so muß / damit die rauhe Arth nicht abgehet / wenigstens ein (à) draus
werden. Welches unsere Lands=Leuth in Bayern beständig mit machen.

*Aus: Joh. Conr. Wakii, P. P. Kurtze Anzeigung | wie nemlich die uralte Deutsche
Sprache Meistentheils Ihren Ursprung aus dem Celtisch- oder Chaldaeischen habe |
und das Beyrische vom Syrischen herkomme. Regenspurg 1713.*

§ 1 *Wir können aber auch ein andermal kommen* – heißt bairisch: *Miå kenår awår åår ån andåsmåi kemå.*

Das bemerkenswerte an diesem Satz sind die drei *r* in *kenår, awår* und *åår* und das *n* in *an.* Denn eigentlich hießen die Wörter: *kenå / awå / åå* und *å.* Die bemerkenswerten *r* und *n* sind Bindelaute. Man schiebt sie zwischen die Wörter ein, um den Hiatus, das Aufeinandertreffen zweier Vokale, zu vermeiden: *Ow år awår iwår Owårammågau (kimd)*, spricht sich flüssiger und bequemer als: *Ow å awå iwå Owåammågau* ...

§ 2 Der Bindelaut ist keine original bairische Erfindung. Auch hochdeutsch kommt er vor:

Man sagt *davon*, aber *darunter* (statt *daunter*), *dabei*, aber *darauf, wobei*, aber *woran*. Allerdings hängt man hochdeutsch die Wörter nicht zusammen, und sagt nicht: *Oberaberüber* ..., sondern *Ob / er / aber / über / Oberammergau* ... Jedem vokalischen Wortanfang geht der sogenannte Stimmlippenverschlußlaut voraus, der dafür sorgt, daß die Wörter selbständig im Satze stehen.

§ 3 Als Bindelaute dienen vorzugsweise die Konsonanten *r, n, d* und *w*. Man sagt lieber *wiår å* (= *wie er* oder *wie ein*) als *wiå å; mår uns* (= *man uns* oder *wir uns*) statt *må uns; won i* (= *wo ich*) statt *wo i; jetzåd awå* (= *jetzt aber*) statt *jetzå awå; zuåwi* oder auch *zuåri* (= *hin zu*) statt *zui* und *zuåwå* oder *zuårå* (= *her zu*) statt *zuåå.*

§ 4 Zuweilen kommt es vor, daß solch ein Bindelaut fest an ein Wort anwächst und auch nicht mehr abfällt, wenn er eigentlich unnötig ist; insbesondere das Binde-*d* neigt dazu. So entstehen neben *nachå* (= *dann, nachher*), *jetzå* (= *jetzt*), *äbbå* (= *etwa*), *dromå* (= *droben*), *drinnå* (= *drinnen*) die Formen *jetzåd, äbbåd, dromåd, drinnåd.*

§ 5 Natürlich darf man die Bindelaute nicht blindlings und wahllos einschieben, wo zwei Vokale aufeinanderprallen. Denn es paßt nicht jeder überall. Die einfachste Methode der Gewinnung eines Bindelautes besteht darin, einen am Wort- oder Silbenende eigentlich sowieso vorhandenen Laut, der nur verstummt ist, wieder hörbar zu machen.

So wird aus: *då* (= *dir*) = *dår: då dååd å dår åå schdinggå*
          (= *da würde er* dir auch stinken*
          = *da würdest du dich auch ärgern*).
So wird aus: *hinddå* (= *hinter*): *hinddår* – *hinddår ån Bååm*
          (= *hinter einem Baum*).
So wird aus: *i heå di* (= *ich höre dich*) – *då heår i* (= *da höre ich*).

---

* Man sagt bairisch nicht: *es stinkt mir*, sondern: *er stinkt mir.*

Auch das *d* des *und* bei den Zahlen (siehe Seite 161) lebt wieder auf, wenn auf *und* ein Vokal folgt: man sagt zwar *dreiàzwanzge,* aber *dreiàdachzge.*

§6 Ein verstummtes *r* hinterläßt seine Spur in Form eines flüchtigen, kurzen hellen *à*-Lauts: *Bauer = Bauà; der = deà; Peter = Bädà.* So liegt es nah, auch Wörter, deren *à* anderswo herkommt, wie *r*-Wörter zu behandeln und ihnen, wo es nötig ist, den Bindelaut *r* anzufügen: *Auch* heißt *àà; auch du = àà du; auch ein = ààr à. Der Zweier (= die Zwei)* heißt nicht *dà Zwoàà,* sondern *dà Zwoàrà.*

der Bub ist	=	*dà Buàr is*
zieh deine Schuhe aus	=	*ziàhg deine Schuàhr aus*
wegen euch	=	*wegàr eich*
gegen uns	=	*gegàr uns.*

Sogar Verbalformen auf *-à* werden mithilfe eines *r* an den nachfolgenden Vokal gebunden:

wir laufen auch	=	*mià làffàr àà*
sie kennen eine	=	*die kennàr oàne*
wie er gekommen ist	=	*wiàr à kemàr is.*

§7 Bei den finiten Verbformen (das sind die Personalformen im Unterschied zum Infinitiv und zum Partizip) kann man den Bindelaut *r* auch durch ein *n* ersetzen:

de làffàn àà	=	*die laufen auch*
mià kennàn õ̃à	=	*wir kennen welche.*

Auch an *wie* kann – seltener – der Bindelaut *n* gehängt werden: *Wiàn i gsàgd hàb* (häufiger: *wiàr i ...*) = *wie ich gesagt habe.* Und an manche Verben auch in der 1. Person Singular:

da tue ich	=	*dà duàn i*	(öfter: *dà duàr i*)
dann gehe ich	=	*na gähn i*	(öfter: *na gäh i*).

Nicht stehen kann das Binde-*n* beim Partizip und beim Infinitiv:

wenn er gekommen ist	=	*wann à kemàr is*
		(nie: wann à kemàn is)
da soll man lachen auch noch	=	*dà soi mà lachàr àà no*
		(nie: dà soi mà lachàn àà no).

§8 Nach *wo* wird in der bäuerlichen Sprache der Bindelaut *n* verwendet:

Won i bin	=	*Wo ich bin.*

Desgleichen beim unbestimmten Artikel:

Da kommt ein alter Mann	=	*Dà kimd àn àidà Mõ*
Dann muß ich mir eine andere		
suchen	=	*Na muàß i màr àn andàne suàchà.*

§9 Es läge nahe, auch *schõ (= schon)* mithilfe eines *n* an den nachkommenden Vokal zu binden. Das geschieht jedoch nicht: *schon* erhält im Bairischen keinen Bindelaut, es bleibt immer *schō*:

Jetzt ist mir schon alles egal = *Jetz is mà schō àiss wuàschdd.*

Vielleicht verhindert der Nasallaut das Auftreten des Binde-*n*. Diese Erscheinung ist öfters festzustellen:

kein anderer = *kōà andàrà*
(ohne Bindelaut)
nur 1 Orange = *bloß ōà Oràschn*
(ohne Bindelaut)
mein Mann ist nicht da = *mēī Mō is need dà*
(ohne Bindelaut).

Freilich schließt die Nasalierung das bindende *n* nicht in jedem Falle aus:

Man sagt *i kō* aber: *dees kon i need*
i bī aber: *dees bin i*
vō mià aber: *von eich.*

§ 10 Als wieder hervorgeholter Laut kann auch das *l* zum Bindelaut werden. *Weil* heißt bairisch *wei*:

Wei mà need meeng (= weil wir nicht mögen).

Vor Vokalen taucht das *l* meist wieder auf:

weil ich müde bin = *weil i miàd bin*
weil er nicht aufgepaßt hat = *weil à need aufbàßd hàd*
weil ihm nichts gut genug ist = *weil eàhm nix guàd gnuà is.*

§ 11 Jedoch nicht alle ausgestoßenen Endkonsonanten treten als Hiatustrenner wieder auf, wenn sie einem Vokal vorangehen:

gleich = *glei* : *i kim glei wiedà (ich komme gleich wieder)*
und auch: *i bring glei oàn*
(ich bringe gleich einen)
viel = *vui* : *deà hàd vui Gäid (er hat viel Geld)*
und auch: *mià ham vui Arwàd*
(= wir haben viel Arbeit).

§ 12 Es gibt auch Fälle, in denen ein anderer Bindelaut auftritt als der verschwundene Endkonsonant. Beim Indefinitpronomen *man* geschieht das beispielsweise. Hier wird nicht, wie zu erwarten wäre, das angestammte *n* verwendet, sondern ein *r*:

das muß man einsehen = *dees muàß màr ēisäng*
da sieht man oft etwas Schönes = *dà sichd màr ofd wàsch Scheens.*

Da *mà* nicht nur *man,* sondern auch *wir* bedeutet, und da das *wir* = *mà* ganz berechtigterweise ein Binde-*r* entwickelt:

da gehen wir auch hin = *dà gengà màr àà hī,*

hat man es hier offenbar mit einer Analogiebildung zu tun.

§ 13 Besonders kompliziert wird die Verwendung der Bindelaute da-
durch, daß einige Wörter zwar in manchen Fällen mit dem Bindelaut
versehen werden, in andern Fällen aber nicht. Ein solches Wort ist *auch*,
bairisch *àà*.

Ich kaufe mir auch eine Waschmaschine	heißt:	*I kààf màr ààr à Waschmàschin.*
Aber: *Kommst du auch um vier Uhr?*	heißt:	*Kimmsd du àà um viere?* (ohne Bindelaut)
Ich möchte auch Ostereier	heißt:	*I màchd àà Osdàroàr* (ohne Bindelaut).

Àà setzt nämlich den Bindelaut *r* nur vor hellem *à* an; mit anderen
Vokalen wird es nicht verbunden.

§ 14 So schwierig das Kapitel Bindelaute aussieht, es hat doch ein tröst-
liches Ende: Der Gebrauch – oder besser: der Nichtgebrauch – des
Bindelauts liegt im großen und ganzen im Ermessen des einzelnen. Wer
zwei Vokale, statt sie gleitend zu verbinden, unverbunden ausspricht,
begeht keinen Fehler.
Statt: *hàsd dàr ààr àn Arwàd gsuàchd? (= hast du dir auch Arbeit gesucht?)* –
kann man durchaus fragen: *hàsd dà àà à Arwàd gsuàchd?*
Und statt: *dà dààd àr uns âisam schdinggà (= da würde er uns allen stinken =
da würden wir uns alle ärgern)* – ist es durchaus erlaubt zu sagen: *dà dààd à uns
âisam schdinggà.*
Es ist zwar falsch, einen unüblichen Bindelaut zu benutzen, es stört
jedoch nicht, wenn ein üblicher Bindelaut nicht verwendet wird.

§ 15 Trotz der schönen Bindungsmöglichkeiten nämlich ist der Hiatus
im Bairischen nicht selten und verstößt nicht wider die Harmonie des
Klanges:

ich esse	=	*i iiß*
so ein eiskalter Wind	=	*à so à eiskàidà Wind*
dann will ich auch 1 Ei	=	*na wui i àà oã Oà.*

Es klänge absonderlich – und völlig falsch –, würde jemand sagen:
Na wuil in ààr oàn Oà.

§ 1 Dem störenden Zusammentreffen zweier Vokale begegnet man durch einen trennend eingeschobenen Konsonanten. Was tut man, wenn zwei unbequeme Konsonanten aufeinanderfolgen?

Es gibt mehrere Möglichkeiten: Entweder gar nichts (siehe Seite 37); oder man assimiliert den einen an den andern, indem man die Artikulationsstelle verschiebt und etwa aus einem Zahnlaut einen Lippenlaut macht; oder man läßt störende Zwischenlaute aus; oder man bedient sich der Metathese: stellt die Reihenfolge zweier Laute um, so daß sie sich müheloser sprechen.

§ 2 Auch im Wortschatz der Schriftsprache gibt es zahlreiche Beispiele für Assimilation: Aus der althochdeutschen *hintperi* und mittelhochdeutschen *hintber* (wo sich die Hindin, die Hirschkuh, mit ihren Jungen verbirgt) wurde die *Himbeere*. Aus der mittelhochdeutschen *wintbra* (vielleicht: die sich windende Braue) eine *Wimper*. Der *Imbiß* entstand aus mittelhochdeutsch *enbîzen = essend oder trinkend genießen*. Aus althochdeutsch *in bos = in der Höhe* entwickelte sich, über frühneuhochdeutsch *enthor* : *empor*. Die Vorsilbe *ent-* verwandelte sich in Worten wie *empfangen, empfehlen, empfinden* zum vor *f* leichter aussprechbaren *emp-*. Aus der mittelhochdeutschen *hochvart* wurde die *Hoffart* und aus dem *schuochsuter* der *Schuster*.

§ 3 In der gesprochenen Rede begegnet man solchen Erscheinungen noch weitaus öfter: Man sagt schlampig *Eimbrecher* statt *Einbrecher*, *ambieten* für *anbieten*, *Imbegriff* für *Inbegriff* etc. Und in den Mundarten präsentieren sich Assimilationen und andere Sprecherleichterungen fast in jedem Satz.

Die Notwendigkeit statt *Pfarrer* : *Farrer*, statt *Pferd* : *Ferd* und für *Pfennige* : *Fenniche* zu sagen, empfindet die bayerische Zunge nicht; das *pf* bereitet ihr kein Unbehagen. Sonst aber macht sie sich manche Lautfolge bequemer.

§ 4 Der Dental *n* vor Labial, vor einem Lippenlaut, verändert sich im Bairischen, genauso wie man es oben beim Imbiß sah, zu *m*. Man wird, sofern überhaupt, nur *Ambligg* (= *Anblick*), *Ambedrachd* (= *Anbetracht*) und *embeàn* (= *entbehren*) sagen – *eimbrechen* freilich nicht, weil hier das *ein* zu *eī* wird und das Wort *eībrechà* heißt.

§ 5 Die Silbe *-ben* wird in unbetonter Stellung über *bn* und *bm* zu einem schlichten *m* (siehe Seite 41):

Leben	= *Leem;*	*geben*	= *geem;*
graben	= *grààm;*	*die Buben*	= *d Buàm*
			(oder *Buàmmà*)

Grube(n)	= *Gruàm;*	*bleiben*	= *bleim;*
Stube(n)	= *Schdum.*		

Liegt der Ton auf der Silbe *-ben-,* dann verhindert er natürlich diese Verstümmelung:

> *lebendig* heißt bairisch *lewénddig.*

Die Assimilation in der Silbe *-pen* macht schon auf der Stufe *-bm* halt:

Lumpen	= *Lumbbm;*	*Puppe(n)*	= *Bubbm;*
Suppe(n)	= *Subbm;*	*Treppe(n)*	= *Dräbbm;*
Lampe(n)	= *Lambbm.*		

§ 6 Vokal + *-den* oder *-ten* verwandelt sich meist in gedehnten Vokal + *n:*

reden	= *reen;*	*treten*	= *dreen;*
Braten	= *Bràån;*	*zufrieden*	= *zfrien;*
Faden	= *Fààn;*	*gesotten*	= *gsoon;*
gestritten	= *gschdriin;*	*Laden*	= *Lààn.*

Das tritt jedoch keineswegs immer ein; es kann auch Vokal + *dn* draus werden:

jeden	= *jädn;*	*beten*	= *bäddn;*
Juden	= *Judn;*	*Trompete(n)*	= *Drombäddn;*
bluten	= *bluàddn.*		

§ 7 Bei *-gen* tritt Metathese ein – siehe Seite 41: aus *-gen* wird *-gn* und daraus, weil sich's leichter sagt: *ng.*

Regenbogen	= *Reengboong;*	*liegen*	= *lieng;*
lügen	= *liàng;*	*pflügen*	= *bfliàng;*
gezogen	= *zoong;*	*Magen*	= *Màång;*
Augenblick	= *Aungbligg;*	*die heiligen*	= *die heiling*
		drei Könige	*drei Keenig.*

Wobei dem *-ng* nochmals eine Deklinationsendung anwachsen kann, so daß die *heilingà drei Keenig* entstehen.

§ 8 *k* vor *t* kann sich dem *t* assimilieren:

Spektakel	= *Schbedàggl;*	*Werktag* = *Weàddàg –*

wofür sich in *bittgarschön (= ich bitte herzlich darum)* das doppelte *t* revanchiert und vor dem *g* gleich ganz verstummt: *bigoàschee.*

§ 9 Das *t* respektive *d* zeigt besondere Bereitschaft, sich an nachfolgende Laute anzupassen, auch über die Wortgrenze hinaus:

> Aus *die Fische* wird über *d Fiisch = b Fiisch,*
> aus *die Glocke* über *d Gloggn = g Gloggn –* siehe Seite 87
> aus: *dees keàd mià (= das gehört mir) = dees keàb mià.*

Du fährst mir nicht mit dem Fahrrad kann nicht nur heißen: *Du fahsd mà need mid n Ràdl –* sondern wird meist ausgesprochen: *Du fahsb mà neeb miin Ràdl.*

§ 10 *s* paßt sich einem nachfolgenden *sch* an:

> *Ich muß schimpfen* = *I muàsch schimbbfà.*
> *Ich weiß schon* = *I woàsch schö.*

Zur Aussprache *sch-sch* siehe Seite 10.

§ 11 Selbstverständlich wird die Lautverwandlung sogleich rückgängig gemacht, wenn kein Grund mehr zu einer Angleichung besteht. Man sagt:

Vàkàffsb mà desch scheene Buiddl?   (= *Verkaufst du mir das schöne Bild?*),
aber:
Vàkàffsd eàhm dees àide Buiddl?   (= *Verkaufst du ihm das alte Bild?*)

§ 12 Wie radikal er die Assimilation betreibt, hängt nicht zuletzt von der Mundfaulheit des jeweiligen Sprechers ab. Für *das hätten wir* kann man sagen: *dees hädd mà*. Das *t* vor dem Lippenlaut kann sich in *b* verwandeln: *dees hàbb mà*. Und wem auch das noch beschwerlich ist, der kann die beiden *t* völlig verschlucken und schlicht bemerken: *dees hààmà*. Er ist derselbe Mensch, der, in seiner Beschaulichkeit gestört, nicht sagen wird: *Laß mà mēī Ruàh* (= *Laß mir meine Ruhe*), sondern: *La mà mēī Ruàh*.

Aber sowie die echte Aussprache in einem lebenden fremden Idiome nur durch langsames und deutliches Vorsprechen der einzelnen Laute sicher aufgefaßt wird, ebenso kann man über die Laute der bayerischen (und jeder andern) Mundart vollkommen in's Klare kommen, wenn man sie langsam und mit aller Bestimmtheit aussprechen hört. Nicht also in dem Gewühle der Schranne und des Marktes, nicht aus dem Munde der schnellzüngigen Kellnerin und Wäscherin, wo die Mundart durch Verschluckungen und Halbheiten aller Art selbst wieder corrumpirt wird, werden wir sie genau vernehmen: sondern in der Einsamkeit des Landlebens von Menschen, welche wenig unter die Leute kommen, von dem Jäger und Kohlenbrenner im tiefen Walde, von dem alten Bauer, und wo sonst langsam und mit Hervorhebung der einzelnen Laute, zu Schwerhörigen oder in die Ferne gesprochen wird.

Aus: Sebastian Mutzl, Die bayerische Mundart, in: Bavaria Landes- und Volkskunde des Königreichs Bayern. München 1860.

§ 1 So inkonsequent ist die Mundart: Während sie einerseits, um mäßige Aussprachunbequemlichkeiten zu vermeiden, Nachbarkonsonanten aneinander angleicht, stößt sie sich an weitaus schwierigeren Konsonantenfolgen nicht, provoziert sie sogar, indem sie praktische und gefällige Vokale* ausstößt, und stellt den, der sie sprechen will, vor komplizierte Intonationsaufgaben wie:

chzggschb	:	*achzg Gschbinnàde (= achtzig Verrückte)*
bbfsdndr	:	*rubbfsd n draußd, àn Goggl? (= rupfst du ihn draußen, den Hahn?)*
nsnsnsn	:	*na grinsn S n s näxdemài nimmà so bläd ō (= dann grinsen Sie ihn das nächstemal nicht mehr so blöd an).*

§ 2 Besonders unbekümmert geht man mit dem *z* um. Im Schriftdeutschen kann auf ein *z* am Wortanfang nur entweder ein Vokal folgen oder ein *w*. Im Bairischen ist dadurch, daß *zu* im Sinne von *zu sehr* zu *z* verkürzt wird, gleichgültig, welche Lautverbindung darauf folgt, jede Kombination möglich, auch die zungenbrecherischste:

zbs	*z bsuffà*	=	*zu besoffen*
zdr	*z dreggàd*	=	*zu dreckig*
zfr	*z friàh*	=	*zu früh*
zgschbr	*z gschbreizd*	=	*zu gespreizt*
zh	*z hoch*	=	*zu hoch*
zk	*z kuàz*	=	*zu kurz*
zm	*z miàd*	=	*zu müde*
zn	*z neidig*	=	*zu neidisch*
zq	*z gwàiddädig*	=	*zu gewalttätig*
zr	*z rod*	=	*zu rot*
zs	*z siàss*	=	*zu süß*
zsch	*z schēē*	=	*zu schön*
zschb	*z schbàad*	=	*zu spät*
zschdr	*z schdreng*	=	*zu streng*
zx	*z xund*	=	*zu gesund*
zz	*z zàäch*	=	*zu zäh*

bdsnzgschl *Mid den Buàm kenndds do need in k Kiàchà gēh; dà habds n z gschlambbàd ōzong = Mit dem Jungen könnt ihr doch nicht in die Kirche gehen; dazu habt ihr ihn zu schlampig angezogen.*

---

* Insbesondere das *e* fällt der Synkopierung zum Opfer; an unbetonter Stelle, im Präfix *ge-* zum Beispiel: *gschlaffà (= geschlafen)*, zwischen ähnlichen Konsonanten: *gschàdd (= geschadet)*, in der Endung *-en: lesn (= lesen)* verstummt es häufig.

§ 1 Homonyme und Homophone, Wörter, die gleich geschrieben werden, respektive lauten, aber Verschiedenes bedeuten, sind unpraktische Erscheinungen. Eine Sprache, in der sie überhandnehmen, büßt ihre Verständlichkeit ein. Das Deutsche gilt als homonymenfeindlich; die Zahl der Gleichlaute: *Regen – regen, Heide – Heide, Floh – floh, weiß – weiß, Macht – macht* ... ist verhältnismäßig gering.

§ 2 Je stärker sich die Formen abschleifen, um so größer wird die Wahrscheinlichkeit, daß gleichklingende Wörter entstehen. Das Bairische hat eine ganze Menge von ihnen.

So klingt das Partizip Perfekt in den Fällen, in denen das *ge-* abfällt (siehe Seite 56 f.) wie der Infinitiv oder wie die dritte Person Einzahl des Präsens; manchmal überdies auch noch wie der Imperativ:

bädd	=	*(er) betet*	+	*gebetet*	+	*bete!*	
boàd	=	*(er) bohrt*	+	*gebohrt*			
denggd	=	*(er) denkt*	+	*gedacht*			
kèmà	=	*kommen*	+	*gekommen*			
geem	=	*geben*	+	*gegeben*			
kaud	=	*(er) kaut*	+	*gekaut*	+	*gehauen*	
zàid	=	*(er) bezahlt*	+	*bezahlt*			
bidd	=	*(er) bittet*	+	*gebeten*	+	*bitte!* (Imperativ) + *(ich) bitte*	
kàffd	=	*(er) kauft*	+	*gekauft*			
brend	=	*(er) brennt*	+	*gebrannt*			
gaggàd	=	*(er) gackert*	+	*gegackert*	+	*gackere*	
			+	*geackert*			

§ 3 Auch dadurch, daß das enklitisch an das Verbum angehängte *wir* und *man* (siehe Seite 124) bairisch gleichermaßen *mà* werden, entstehen Gleichlaute, insbesondere bei Verben, deren Stamm auf *-t* endigt:

dà leidd mà	=	*da läuten wir*	+	*da läutet man*	+	*da leidet man*
dà wedd mà	=	*da wetten wir*	+	*da wettet man*		
dees hädd mà	=	*das hätten wir*	+	*das hätte man*		
dà wàar mà	=	*da wären wir*	+	*da wäre man*		

und so fort.

§ 4 Auch sonst kann man sich zahlreiche Homonymfälle ausdenken: Der Spruch »*Reisen, nicht rasen*« – hieße bairisch: »*Roàsn, need roàsn*«.

De dümmsdn Bauàn ham de gràssdn = *Die dümmsten Bauern haben die größ-*
Kàdoffen. *ten (oder: gerösteten) Kartoffeln.*

Der Pianist: *Á Glàvià bràchàd i,* = *Ein Klavier brauchte ich,*
i woàß blos need, wiàr i s schdäin = *ich weiß nur nicht, wie ich es stellen*
soi. *(oder: stehlen) soll.*

Der Philanthrop: *Mià deàn d* = *Mir tun die Leute leid.*
Leid leid.

Der Campingfreund: *Bei dà* = *Nachts stören ihn die Sterne*
Nàchd schdeàn àn d Schdeàn *und die Steine.*
und d Schdeànà.

Zoologie: *Wià mà Wiàmà fangd.* = *Wie man Würmer fängt.*

Obstbau: *In d Oràschn keàn koàne* = *In die Orangen gehören keine Kerne.*
Keàn nei.

Beim Arzt: *Wàs duàd* = *Was tut Ihnen denn weh?*
Eàhnà denn wäh? *Ach Gott, mein Mund.*
Mei, mei Mai. *Sind Sie in die Sense hineingeraten?*
Sàn S in d Sàns neikemà?

Im wilden Westen: Der Cowboy, dem der reiche, aber überaus geizige
und böse Farmer seinen wohlverdienten Lohn nicht ausbezahlen wollte,

hàd gsàgd: »Kàidd dein Kàidd!« = *hat gesagt: »Behalte dein Gehalt!«*
Na hàd à sein Koidd koid und hàd *Dann hat er seinen Colt geholt und hat*
n eiskàid dàschossn; às ganze Haus *ihn eiskalt erschossen; das ganze Haus*
hàd kàid. *hat gehallt.*

§ 5 Sorgfältige Beachtung verdienen – siehe das letzte Beispiel – auch
die ähnlichklingenden Wörter, die sich voneinander nur dadurch unter-
scheiden, daß das eine mit offenem Vokal, das andre mit geschlossenem
gesprochen wird, daß hier ein Nasalton hörbar wird, dort nicht, oder
daß das *a* einmal hell, einmal dunkel und ein drittesmal nach *o* hin klingt.

ödrààhd	=	*angedreht*
àdrààhd	=	*abgedreht*
à Dràd	=	*ein Draht*
àà drààhd	=	*auch gedreht*
ödrohd	=	*angedroht*
àà drohd	=	*auch gedroht*
Drambbe	=	*Trampel*
Dràmbbe	=	*großes Stück*
àn Schdäggà neischdeggà	=	*einen (oder den) Stock hineinstecken*
àn Schdeggà neischdeggà	=	*einen (oder den) Stecker hineinstecken*
hoids às Hoiz!	=	*holt das Holz!*
hàidds às Hoiz!	=	*haltet das Holz!*

B Bfarà brauchàr àn Wein, = *Die Pfarrer brauchen Wein,*
wei n de weihn miàssn. *weil sie ihn weihen müssen.*
Sei Frau schaud awà àwà, = *Seine Frau schaut aber herunter,*
ow à awàd. *ob er arbeitet.*
Awo! *Ach woher denn!*
Dà sàgd dà dàdadàde Dàdde: = *Da sagt der verdatterte Großvater:*
»Dàdà, dà Doddà!« *»Da, hier, der Dotter!«*
Dà dààd dà dà Dàdde do = *Da würde dir der Großvater doch*
häiffà. *helfen.*

§ 1 In der Schriftsprache endigt der Infinitiv (Präsens Aktiv) auf *-en*: *lauf-en, hör-en, nehm-en*. Manchmal auch auf *-ln* oder *-rn*: *stempe-ln, rege-ln, hinde-rn, forde-rn*. Der bairische Infinitiv ist weitaus variantenreicher.

schriftdeutsch:	bairisch:
b-en	*leem* (= *leben*); *schdeàm* (= *sterben*); *reim* (= *reiben*); *schiàm* (= *schieben*); *gràm* (= *graben*).
ch-en	*lachà* (= *lachen*); *schdechà* (= *stechen*); *suàchà* (= *suchen*); *kochà* (= *kochen*); *rauchà* (= *rauchen*).
d-en	*reen* (= *reden*); *siàn* (= *sieden*); *lein* (= *leiden*); *schàån* (= *schaden*); *bàån* (= *baden*).
f-en	*làffà* (= *laufen*); *hoffà* (= *hoffen*); *deàffà* (= *dürfen*); *schnaufà* (= *schnaufen*); *schlaffà* (= *schlafen*).
g-en	*leeng* (= *legen*); *sàång* (= *sagen*); *griàng* (= *kriegen*); *schdeing* (= *steigen*); *zoàng* (= *zeigen*).
h-en	*ziàng* (= *ziehen*); *säng* (= *sehen*); *gschäng* (= *geschehen*). Und: *wàhn* (= *wehen*); *dràhn* (= *drehen*); *nàhn* (= *nähen*).
k-en	*ruggà* (= *rücken*); *dàschdiggà* (= *ersticken*); *baggà* (= *backen* oder *packen*); *vàrreggà* (= *verrecken*); *làggà* (= *lecken*).
l-en	*zàin* (= *zahlen*); *bäin* (= *bellen*); *zuin* (= *zielen*); *heiln* (= *heilen* oder *heulen*); *schbuin* (= *spielen*).
m-en	*nehmà* (= *nehmen*); *ràmmà* (= *räumen*); *vàsàmmà* (= *versäumen*); *schdimmà* (= *stimmen*); *kemà* (= *kommen*).
n-en	*rennà* (= *rennen*); *loànà* (= *lehnen*); *wohnà* (= *wohnen*); *vàdeànà* (= *verdienen*); *woànà* (= *weinen*).
nd-en	*finddn* (= *finden*); *zinddn* (= *zünden*); *wendn* (= *wenden*); *schinddn* (= *schinden*); *binddn* (= *binden*).
ng-en	*singà* (= *singen*); *fangà* (= *fangen*); *bringà* (= *bringen*); *vàlangà* (= *verlangen*); *hengà* (= *hängen*).
p-en	*schnabbà* (= *schnappen*); *babbà* (= *pappen* = *kleben*); *schläbbà* (= *schleppen*); *dabbà* (= *tappen*); *glabbà* (= *klappen*).
r-en	*heàn* (= *hören*); *schdeàn* (= *stören*); *boàn* (= *bohren*); *gschbiàn* (= *spüren*); *faan* (= *fahren*); *zàrrn* (= *zerren*).

s-en	*essn (= essen); griàssn (= grüßen); miàssn (= müssen); lesn (= lesen).*
sch-en	*waschn (= waschen); iwàraschn (= überraschen); dàwischn (= erwischen); dräschn (= dreschen); winschn (= wünschen).*
st-en	*huàsdn (= husten); fasdn (= fasten); rässdn (= rösten); diàschdn (= dürsten); rasdn (= rasten).*
t-en	*warddn (= warten); weddn (= wetten); gäiddn (= gelten); hiàddn (= hüten).*
z-en	*gratzn (= kratzen); sitzn (= sitzen); fätzn (= fetzen = rennen); blitzn (= blitzen); butzn (= putzen).*
-eln	*nàgln (= nageln); bädln (= betteln); bindln (= bündeln).* Und: *sammen (= sammeln); schdembben (= stempeln).*
-ern	*wundàn (= wundern); flissdàn (= flüstern); schäwàn (= scheppern); kimmàn (= kümmern); boisdàn (= polstern).*
Vokal *-en*	*frein (= freuen); baun (= bauen); rein (= reuen); sààn (= säen); haun (= hauen).*

§ 2 Es gibt, wie man sieht, sieben verschiedene Endungen, die der bairische Infinitiv annehmen kann:

à – m – n – ng – àn – en – ln.

§ 3 Die Endung wird zu hellem *-à* vokalisiert, bei den Stämmen auf *ch, f, k (*bairisch *gg), m, n, ng* und *p (*bairisch *bb)*:

machà	*(= machen);*	*kàffà*	*(= kaufen);*
schläggà	*(= schlecken);*	*eīrahmà*	*(= einrahmen);*
eīràmmà	*(= einräumen);*	*lohnà*	*(= lohnen);*
bringà	*(= bringen);*	*schläbbà*	*(= schleppen).*

§ 4 Die Endung wird zu *m,* wenn der Stamm auf einfaches *b* ausgeht:

geem (= geben); vàdeàm (= verderben).

Aus *geben* wird durch Ausfall des unbetonten *e: gebn; bn* ist schlecht aussprechbar, also verändert sich das *n* zu *m,* und *gebm* schleift sich zu *geem* ab.

§ 5 Die Endung wird zu *ng,* wenn der Stamm-Endkonsonant ein einfaches *g* ist. Aus *liegen* wird *liegn, gn* spricht sich nicht angenehm, also wechseln die Laute ihre Reihenfolge, und es entsteht ein *ng: lieng.* Aus demselben Grund wird aus dem Verbum *regnen* bairisch *rengà* und können sich die *abscheilign Leid* in die *abscheilingà Leid (= abscheulichen Leute)* verwandeln (siehe Seite 35).

§ 6 Die Endung wird zu *-àn*, wenn der schriftdeutsche Infinitiv auf *-ern* ausgeht: *wundàn (= wundern)*. Das unbetonte *er* wird auch sonst zu *à*:

Loàddà (= Leiter); *Bädà (= Peter)* usw. (siehe Seite 24).

§ 7 Die Endung wird zu *-en* (mit deutlich geschlossenem *e*), wenn der Infinitiv auf *-eln* endigt und vor dem *-eln* ein Lippenlaut steht: *bb, f, m, w*:

drammben (= trampeln); *greàmen (= krümeln)*;
ʒabben (= ʒappeln); *schdrambfen (= strampeln)*.

In allen andern Fällen, in denen der Endkonsonant des Stammes *d, g, r, s* usw. ist, bleibt es auch bairisch bei *-ln*:

waggln (= wackeln); *segln (= segeln)*;
öbànddln (= anbändeln); *schdreichln (= streicheln)*.

Diese Regel kennt allerdings ein paar Ausnahmen:

statt *dàchln (= stehlen wie ein Dàchl, wie eine Dohle)* sagt man, insbesondere in der Vorstadtmundart, lieber *dàchen*. Dementsprechend kann *wàchln (= wehen)* durch *wàchen* ersetzt werden. Desgleichen nennt man das Zielwerfen mit einem *Blàdschge* (einem flachen Stein) nicht *blàdschgln*, sondern *blàdschgen*.

§ 8 Durch spezielle Nasalformen zeichnen sich die Infinitive der unregelmäßigen – sogenannten – Wurzelverben* *sein, tun, gehen* und *stehen* aus: *seì – doà – gèh – schdèh*.

§ 9 In der Tanten- und Müttersprache ist noch eine Infinitivform üblich, deren betont läppischer Klang kindertümlich wirken soll: *schlafin, essin, dringgin, reiddin*. Dieser Tanteninfinitiv ist jedoch nicht aufs Bairische beschränkt.

§ 10 Etliche Wörter gibt es, deren Infinitive nicht zu den angegebenen Regeln passen. Hier handelt sich's jedoch nur um scheinbare Ausnahmen. Beispielsweise:

schneien wird bairisch nicht, wie nach der Tabelle zu erwarten wäre, *schnein* (was *schneiden* bedeutet), sondern *schneim*. Dies erklärt sich aufs einfachste daraus, daß das Wort mittelhochdeutsch nicht nur *snîen*, sondern auch *snîwen* hieß und daß der *w*-Laut im Bairischen als *b* erhalten blieb: *es schneibd (= es schneit)*; in *schneiwàln (= leicht schneien)* sieht man das *w* deutlich.

speien heißt bairisch *schbeim*, nicht *schbein*. Der Grund dafür ist der gleiche wie beim *Schneim*: mittelhochdeutsch sagte man nebst *spîen* auch *spîwen*. Die *Spucke* wird daher bairisch *Schbeiwe* genannt.

* So genannt, weil im Mittelhochdeutschen die Endung unmittelbar an die Verbalwurzel angehängt wurde: *sî-n; tuo-n; gâ-n; stâ-n*.

scheuen   müßte zu bairisch *schein* werden (wie *freuen* zu *frein*), wird aber *scheichà*. Dies kommt daher, daß im Bairischen *scheuchen* auch im Sinne von *scheuen* verwendet wird, ebenso wie mittelhochdeutsch *schiehen* beide Bedeutungen hat. – *Scheich k Katz need à so umànand!* (= *Scheuche die Katze nicht so herum!*) und: *Àn Vaddà scheichd à.* (= *Den Vater scheut er.*)

schielen   sollte sich nach der Tabelle bairisch als *schuin* präsentieren, heißt aber *schiàgln,* von mittelhochdeutsch *schilhen.* Daraus wird *schilcheln, schilgeln* und schließlich *schiàgln.* Die in die Schriftsprache übernommene Form *schielen* ist mitteldeutsch.

ziehen   wird bairisch nicht, wie anzunehmen wäre, *ziàn,* sondern *ziàng.* Desgleichen *sehen* = *sàng, geschehen* = *gschàng.* Auch das hat sprachgeschichtliche Ursache: Die Verben *drehen, nähen, wehen* (bairisch: *dràn, nàhn, wàhn*) sind mittelhochdeutsch *j*-Stämme: *draejen, naejen, waejen;* in *ziehen, geschehen* etc. aber endete der Stamm auf *h,* und dies *h* stand mit *g* im grammatischen Wechsel *(ziehen – zog).* Daher das *ng* wie bei *leeng* (= *legen*), *sàng* (= *sagen*).

§ 11   Der Infinitiv der Vergangenheit: *gelaufen sein; geschlafen haben* – wird wie hochdeutsch gebildet: *glàffà* – oder *gloffà – sei; gschlaffà hàm.* Auch der Infiniv des Passivs: *erwischt werden; verhaftet worden sein* – ist ohne bairische Eigentümlichkeit: *dàwischd weàn; vàhafd woàn sei.*

§ 12   *Brauchen* – bairisch *brauchà* oder *bràchà* – hat schriftdeutsch den Infinitiv mit *zu* bei sich: *Du brauchst nur anzurufen. – Ihr braucht euch nicht zu entschuldigen.* Bairisch (und meistens auch sonst umgangssprachlich) entfällt das *zu:*

Bràgsd goà need à so blääd schàng.	=	*Du brauchst gar nicht so blöd zu schauen.*
Deà moànd, eà brauchd bloß sàng »Hàfàl«, na is d Wuàschd àà schõ drin.	=	*Er meint, er braucht bloß zu sagen »Töpfchen«, dann ist die Wurst auch schon drin.* (= Einer, der gewöhnt ist, daß ihm alle Wünsche von den Augen abgelesen werden.)
Du brauchsd reen.	=	*Du mußt reden, du hast es nötig zu reden.*

Am letztgenannten Beispiel sieht man, daß, abweichend vom Hochdeutschen, das unverneinte *brauchen* mit Infinitiv im Bairischen – in gewissen Fällen – auch ohne den Zusatz »*nur*« oder »*bloß*« verwendet werden kann. Ähnlich:

Eà brauchd õgeem.	=	*Er hat es nötig anzugeben.*
Du bràchsd di aufreng.	=	*Du hast es nötig, dich aufzuregen.*

§ 13   Der Infinitiv mit *zu: Ich hoffe, Sie gesund wiederzusehen; erlauben Sie mir, Ihnen meine Anerkennung auszusprechen* und dergleichen ist im Bairischen, auch vom Verbum *brauchen* abgesehen, nicht sonderlich beliebt. Nach *etwas, nichts, viel* und *wenig* kann er verwendet oder auch durch einen substantivierten Infinitiv mit *zum* beziehungsweise *zun* ersetzt werden.

Gibt es heute nichts zu essen?	=	*Gibds heid nix z̧ essn?*
		Oder: *Gibds heid nix zun Essn?*
Bitte bringen Sie mir etwas zu trinken.	=	*Gäh bringà S mà wàs z̧ dringgà.*
		Oder: *Gäh bringà S mà wàs zun Dringgà.*
Habt ihr viel zu tun?	=	*Habds vui z̧ dõà?*
		Oder: *Habds vui zun Dõà?*

§ 14 In anderem Zusammenhang kann *zu* + Infinitiv manchmal verwendet werden; gelegentlich muß auch hier der substantivierte Infinitiv mit *zum* stehen; häufig ist eine gänzlich andere Konstruktion vonnöten:

Dann fing sie an zu weinen.	=	*Na hàd s às Woànà õgfangd.*
		Oder: *Na hàd s zun Woànà õgfangd.*
Er scheint taub zu sein.	=	*Der is scheinds doràd.*
Hilf mir die Kohlen hinaufzutragen.	=	*Huif mà k Koin naufdràng.*
Ich glaube, davon gehört zu haben.	=	*I glààb, dà hàw i wàs dàvõ keàd.*
Er bildet sich ein, Napoleon zu sein.	=	*Eà buidd si eĩ, daß à dà Nàboleon is.*
Hör auf zu schreien.	=	*Heà s Schrein auf.*
		Oder: *Heà zun Schrein auf.*
Es ist heute keine Schande mehr, fünf ledige Kinder zu haben.	=	*Dees is heid kõà Schand meà, wannsd fümf ledige Kinda hàsd.*
Er hat vor, ein Geschäft zu eröffnen.	=	*Deà hàd voàr, à Gschäffd aufzmachà.*
Du hast versprochen, mich zu heiraten.	=	*Du hàsd vàschbrochà, daß d mi heiràdsd.*
Es ist verboten, aus dem Fenster zu spucken.	=	*Es is vàbodn, daß màr ausn Fensddà nausch schbeibd.*

§ 15 *Statt zu* wird bairisch nicht verwendet:

Statt zu arbeiten, schläft er.	=	*Schdadd daß à arwàd, schlaffd à.*

§ 16 Auch *ohne zu* wird man bairisch meistens umbauen.

Er ging weg, ohne sich umzuschauen.	=	*Der is fuàddgàngà, ohne daß à si umgschàgd hàd.*
Sie liefen zwei Stunden, ohne auszuruhen.	=	*De sàn zwoà Schdund glàffà ohne Ausrasdn.*

§ 17 *Um zu* kann man bairisch niemals sagen. *Um-zu*-Sätze müssen immer umgestellt werden:

Hans kommt, um uns abzuholen.	=	*Dà Hansà kimd und hoid uns àb.*
Du mußt laufen, um die Straßenbahn noch zu erreichen.	=	*Muàßd làffà, daß d Drambahn no dàwischd.*
Ich fuhr eigens nach München, um das Theaterstück zu sehen.	=	*I bi exdrà auf Minggà gfaan, daß i dees Theàddà siech.*

§ 18 Der bloße Infinitiv nach Adverbien wie *gut, leicht, schwer: Ihr habt leicht reden – Mit ihm ist nicht gut Kirschen essen – Hier ist gut sein –* wird im Bairischen häufiger benutzt als in der Schriftsprache. Bairisch kann man auch sagen:

An dene Wend is leichd någln.	=	*An diesen Wänden läßt sich leicht nageln.*
Gäi, in den Sand is schēe schbuin.	=	*Nicht wahr, in diesem Sand läßt sich schön spielen.*
Då voån Haus is schēe sitzn.	=	*Hier vorm Haus sitzt man schön.*

§ 19 Der sogenannte abrupte Infinitiv, wie ihn nicht nur türkische Gast-arbeiter, sondern auch deutsche Menschen sprechen: *Er Euch retten und besitzen!* (Schiller, Maria Stuart III, 6.) ist auch im Bairischen sehr beliebt:

I z fuåß gēh?	=	*Ich soll zufuß gehen?*
Eå uns säng und schrein »Bolizei!«	=	*Im selben Moment, als er uns sah,*
war oåns.		*rief er: »Polizei!«*
I di heiråddn? Niå!	=	*Ich dich heiraten? Nie!*

§ 20 Ein interessanter Infinitiv ist *geh (= gehen)*. *Geh* (unnasaliert) hat sich, hinter das regierende Verbum gesetzt, zu einer Art Hilfszeitwort entwickelt und seine eigentliche Bedeutung ganz verloren. Übersetzen kann man's nicht, denn Sinn hat es ja keinen:

Kindå, seids geh schē bråv!	=	*Kinder seid schön brav!*
Jetz miåss må geh hoamgēh.	=	*Jetzt müssen wir heimgehen.*

Das *geh* stellt eine Umschreibung dar, in der Art: *Kindå deåds schēe bråv sēī. – Geh* gehört der ländlichen Sprachschicht an; in der Stadt ist es völlig ungebräuchlich.

Indikativ Präsens

§ 1
ich bitte	=	*i bidd*
du bittest	=	*du biddsd*
er bittet	=	*eà bidd*
wir bitten	=	*mià biddn*
ihr bittet	=	*ià (oder ees) bidds*
sie bitten	=	*sie (oder de) biddn*

Dieses Beispiel – das für fast alle gilt – zeigt, wie ein bairisches Verbum in der Gegenwart, im Präsens, gebeugt wird. Der Unterschied zur Schriftsprache besteht erstens, wie in der Umgangssprache, darin, daß das Schluß-*e* in der ersten Person Singular immer fehlt:

ich gehe	=	*i gäh;*		*ich rede*	=	*i red;*
ich trage	=	*i dràg;*		*ich spiele*	=	*i schbui.*

§ 2 Die zweite Person der Mehrzahl endet auf -*ds* (siehe Seite 126):

ihr raucht	=	*ià rauchds;*		*ihr lest*	=	*là lesds;*
ihr schaut	=	*là schaugds;*		*ihr eßt*	=	*là essds.*

§ 3 Die dritte Person Plural kann – auf dem Lande – die mittelhochdeutsche Endung -*ent* haben, die sich zu -*nd* verkürzt:

sie fahren	=	*de fahrn*	oder	*de fahrnd*
sie leben	=	*de leem*	oder	*de leemd.*

§ 4 Bis auf wenige Ausnahmefälle stimmen – wie hochdeutsch – die Formen der ersten und dritten Person Mehrzahl mit dem Infinitiv überein:

schreiben	=	*schreim;*	*wir|sie schreiben*	=	*mià|de schreim;*
laufen	=	*làffà;*	*wir|sie laufen*	=	*mià|de làffà;*
trinken	=	*dringgà;*	*wir|sie trinken*	=	*mià|de dringgà.*

Verben, deren Infinitiv auf -*à* endet, können in den Personalformen der Mehrzahl auf -*àn* endigen: *wir treffen* = *mià dreffà* oder *mià dreffàn; sie hoffen* = *de hoffà* oder *de hoffàn; wir kaufen* = *mià kàffà* oder *mià kàffàn.* Das -*n* mag – siehe Seite 30 – ein stehengebliebener Bindelaut sein.

§ 5 Die wenigen Ausnahmefälle, in denen Infinitiv- und Pluralform nicht übereinstimmen, sind: *gehen, stehen, tun, haben* und *sein:*

gehen	=	*gēh;*	*wir|sie gehen*	=	*mià|de gengà* (oder *gengàn* oder *gehnà*);
stehen	=	*schdēh;*	*wir|sie stehen*	=	*mià|de schdengà* (oder *schdengàn* oder *schdehnà*);

tun	=	*dõà;*	*wir/sie tun*	=	*miàlde deàn;*
haben	=	*hãm;*	*wir/sie haben*	=	*miàlde ham;*
sein	=	*sẽi;*	*wir/sie sind*	=	*miàlde sàn.*

§ 6 Wenn im Hochdeutschen ein Verbstamm auf *-t* oder *-d* ausgeht, wird – hochdeutsch – zwischen dieses *-t* beziehungsweise *-d* und das *-st* oder *-t* der Endung ein *-e-* eingeschoben; das erleichtert die Aussprache:

> *du arbeitest; er betet; ihr redet.*
> Dieses *-e-* fehlt im Bairischen:
> *du awàdsd; eà bädd; ees reeds.*

§ 7 Verben, die auf *-eln* oder *-ern* endigen: *segeln, sammeln, sich kümmern, klettern* usw. fügen bairisch in der ersten und zweiten Person Singular ein *-d* an ihren Stamm an; dasselbe geschieht im Imperativ der Einzahl (siehe Seite   ).

ich segle	=	*i segld;*	*du segelst*	=	*du segldsd;*
ich sammle	=	*i sammed;*	*du sammelst*	=	*du sammedsd.*

Das gleiche gilt für Verben, deren Stamm auf *-m* oder *-n* endigt, wenn diesem *-m* oder *-n* ein Konsonant (außer *h, l, m, n* oder *r*) vorangeht:

ich zeichne	=	*i zeichned;*	*du zeichnest*	=	*du zeichnedsd;*
ich atme	=	*i admed;*	*du atmest*	=	*du admedsd*
		(besser: i schnauf)			*(besser: du schnaufsd).*

Da das Schluß-*e* im Bairischen wegfällt, entstünde ohne das angehängte *-d* eine unschöne Konsonantenanhäufung, die am Wortende sogar von bairischen Ohren als störend empfunden würde: *i zeichn, du rächnsd.*

§ 8 Bei Verben, deren Stamm auf Vokal + *f* endet, wird dieses *f* im Plural, im Infinitiv und im Partizip verdoppelt: *schlafen = schlaffà, geschlafen = gschlaffà.*

> | | |
> |---|---|
> | *i schlaf* | *mià schlaffà* |
> | *du schlafsd* | *ià schlaffds* |
> | *eà schlafd* | *de schlaffà.* |

Ebenso: *eà kàfd (= er kauft) – mià kàffà; eà saufd (= er säuft) – mià sauffà; eà huifd (= er hilft) – mià häiffà; koiffà (= geholfen).*

§ 9 Die meisten starken Verben mit dem Stammvokal *a*, außerdem noch: *laufen, saufen, stoßen,* lauten hochdeutsch in der zweiten und dritten Person der Einzahl diesen Stammvokal um:
ich grabe – du gräbst – er gräbt; du läßt; er brät; du fängst; er bläst; du stößt; er läuft; du säufst.

Bairisch tritt dieser Umlaut in keinem Fall auf:
du gråbsd – eå gråbd; du lassd; eå brådd; du fangsd; eå blåsd; du schdoßd;
eå låfd; du saufsd.*

§ 10 Zahlreiche starke Verben mit dem Stammvokal *e* oder *ö* wechseln
im Hochdeutschen diesen Stammvokal in der zweiten und dritten Person
Singular (und im Singular des Imperativs) zu *i:*

> *ich lese   — du liest*
> *ich erschrecke — du erschrickst*
> *ich erlösche   — du erlischst*

Bairisch umfaßt der Vokalwechsel auch die erste Person der Einzahl:

> *sehen*   : *i siech (oder siehg), du sigsd, eå sichd;*
> *brechen* : *i briich, du brigsd, eå brichd;*
> *geben*   : *i giib, du gibsd, eå gibd;*
> *sterben* : *i schdiåb, du schdiåbsd, eå schdiåbd;*
> *essen*   : *i iiß, du issd, eå issd;*
> *helfen* : *i huif, du huifsd, eå huifd;*
> *werfen* : *i wiåf, du wiåfsd, eå wiåfd;*
> und so weiter.

Dies ist ein Überrest alt- und mittelhochdeutscher Flexion:
althochdeutsch: *helfan – hilfu – hilfis – hilfit*
mittelhochdeutsch: *helfen – hilfe – hilfest – hilfet.*

§11 Bei einigen Verben kann der Wechsel entfallen und der Stammvokal
e in sämtlichen Formen erhalten bleiben:

> *lesen:* *i les – du lesd – eå lesd*
> *helfen:* *i häif – du häifsd – eå häifd.*

Man kann sogar noch weitergehen und konjugieren:

i lies – du lesd – eå lesd.

Im Plural stimmt der Vokal mit den hochdeutschen Usancen überein:
miå lesn – ees lesds – de lesn.

---

* Anstatt *du schdoßd, eå schdoßd* kann es auch heißen: *du schdässd, eå
schdässd;* dies sind aber nicht Formen des Verbums *schdoßn;* sie gehören
zur gleichbedeutenden Variante *schdässn. –* Ähnlich verhält sich's mit
dem Verbum *gewöhnen,* das bairisch sowohl *gwehnå* als auch *gwohnå* heißen
kann.

§ 1 Der schriftdeutschen Endung *-end* des Partizips Präsens: *weinend – schwimmend – laufend – stehend – glühend* entspricht die bairische *-àd: woànàd – schwimmàd – làffàd – schdääd – gliàràd.*

§ 2 Auf deutsch nennt man das Partizip »Mittelwort«, weil es mehr oder weniger in der Mitte zwischen Tätigkeits- und Eigenschaftswort steht, einmal näher bei diesem, einmal näher bei jenem. »Partizip«, von lateinisch *particeps = teilhabend* (nämlich an beiden Wortarten), sagt dasselbe. Ein *lachender Mann* ist ein Mann, der gerade lacht; *lachend* drückt eine Tätigkeit aus, keine Eigenschaft. – Ein *reizender Mensch* dagegen ist kein Mensch, welcher soeben reizt, sondern einer, der nett und liebenswürdig ist; *reizend* ist hier ein Adjektiv – während *das den Stier reizende rote Tuch* oder *die die Haut reizende Salbe* eine Tätigkeit ausübt; hier hat *reizend* die Funktion einer Verbalform.

Ebenso verhält sich's mit dem II. Partizip. Das *ausgesprochene Wort* ist ein Wort, das ausgesprochen wurde; ein *ausgesprochener Idiot* dagegen ist ein eindeutiger Idiot – hier ist *ausgesprochen* Adjektiv. Adjektivisch sind die Partizipien auch in: *ein spannendes Buch, ein schlagender Beweis, ein gepflegter Garten, ein bedeutender Gelehrter.*

Solche adjektivischen Partizipien gibt es auch im Bairischen. Zum Beispiel:

grachàd	(= *ordinär, schreiend*) ;
gschdinggàd	(= *stinkfaul*) ;
ruàchàd	(= *raffgierig*) ;
liàgàd	(= *lügenhaft*) ;
gschbinnàd	(= *verrückt*) ;
dàfaid	(= *verfault* und auch: *raffiniert, kompliziert*) ;
glanzàd	(= *mit Glanz versehen*).

§ 3 Hochdeutsch – vor allem im geschriebenen Hochdeutsch – kann von jedem Verbum ein Partizip Präsens gebildet werden. Bairisch geht das nicht ohne weiteres.

Man kann nicht sagen: *schbaziàngääde Sommàgäst (= spazierengehende Sommergäste) ; à bfliàgàdà Bauà (= ein pflügender Bauer) ; à nàglàdà Schreinà (= ein nagelnder Schreiner) –*
wohl aber: *kommàde Woch (= kommende Woche) ; à dràgàde Wand (= eine tragende Wand) ; à hinggàdà Bäddlà (= ein hinkender Bettler) ; bliàràde Rosn (= blühende Rosen).*

Wo liegt der Unterschied? Bei der ersten Gruppe von Beispielen handelt es sich um Tätigkeiten: um die Sommerfrischler, die spazierengehen, um den Bauern, der pflügt, den Schreiner, der nagelt.

Bei der Gruppe zwei aber drückt das Partizip mehr oder minder eine Eigenschaft aus: nächste Woche, die Wand mit der Funktion zu tragen, der Bettler mit dem Fußleiden, die Rosen in der Blüte.

Je mehr also das Mittelwort zum Adjektiv hinneigt, um so eher kann es im Bairischen verwendet werden; bezeichnet es eine augenblickliche Tätigkeit, dann muß man sich anderer grammatikalischer Formen bedienen.

§ 4 Aber die Grenzen zwischen Tätigkeit und Eigenschaft sind fließend, die Regel wird nur Extremfällen ganz gerecht.
à drågåde Wand – als bautechnischer Begriff – ist richtig:
à drågåde Kuah – eine trächtige Kuh – ist auch richtig.
à drågådå Mewibaggå – ein Möbelpacker, der gerade einen Schrank schleppt – aber kann man nicht sagen; hier ist *tragend* eine momentane Tätigkeit.

À kochåde Hausfrau gibt es nicht; denn die Hausfrau tut kochen. Aber es gibt *à kochåds Wasså:* hier überwiegt die Eigenschaft kochendheiß. – Man kann einen *låffådn Modoå (= einen laufenden Motor)* hören, jedoch nicht *låffåde Kindå* sehen, die in die Schule eilen.

Reiddåde Schutzleid (= reitende Schutzleute) sind unmöglich, obwohl *reitend,* im Sinne von *beritten,* durchaus adjektivischen Charakter hat, und man kann nicht von einer *liåwådn Muåddå* sprechen, auch wenn man weiß, daß die ausgestrahlte Liebe geradezu notwendig zur Mutter gehört. – Dagegen ist es ohne weiteres statthaft, *à singgåds Schiff* zu sehen oder sich über einen *rinnådn Wassåhahn* zu beschweren, obgleich bezweifelt werden muß, daß das Sinken zu den Eigenschaften des Schiffes und das Rinnen zum Wesen des Wasserhahns gehört. – Man kann *brennåde Zigåräddn* aus dem *fahrådn Zug* hinauswerfen, aber einen kohlebrennenden Köhler niemals als *brennåd* und jemanden, der im Auto sitzt, nicht als *fahråd* bezeichnen.

Der oben zitierte lachende Mann wäre bairisch nie ein *lachådå Mõ (*sondern: *à Mõ, wo lachd); gäbe es aber an einem Wallfahrtsort eine Madonna, die, statt andächtig zu blicken, lachte, dann würde man sagen, dies sei die *lachåde Maria võ Blånégg,* ebenso wie man von einem Bild, das Jesus nicht nur im Kornfeld, sondern hinterm Pfluge zeigte, richtig sagen würde, hier handle es sich um den *bfliågådn Jesus;* nicht die augenblickliche Tätigkeit wäre hier entscheidend, sondern die dauerhafte Eigenschaft des Mit-dem-Pflug-versehen-Seins.

So ist es auch statthaft, daß man seine Kinder *brüllåde Deifin (= brüllende Teufel)* nennt, da man nicht einen einmaligen Aufschrei, sondern die allgemeine Schreihälsigkeit tadeln will.

§ 5 Nähere Bestimmungen kann das Partizip Präsens nie aufnehmen. Es gibt zwar ein *kochåds Wasså,* nicht aber *à schõ lang kochåds Wasså,* zwar *àn gschiåglådn Briåfdrägå (= einen schielenden Briefträger),* aber keinen *mid n linggn Aug gschiåglådn Briåfdrägå.*

§ 6 Hochdeutsch *sie ließen ihn sterbend liegen* hieße bairisch *die ham àn aiså schdeåwådå lieng lassn* oder *die ham àn schdeåwådå lieng lassn* – worüber Näheres auf Seite 171f. zu lesen ist.

§ 7 Formen wie *Rennåds (= Wettrennen),* *Råffåds (= Rauferei)* mögen substantivierte Partizipien sein.

§ 1 Das bairische Futur bietet keinerlei Probleme; es wird genauso wie hochdeutsch mit *ich werde = i weà* gebildet: *i weà – du weàsd – eà weàd – mià weàn – ià weàds – de weàn.*

Auch das Futur II entspricht dem hochdeutschen:

ich werde gewesen sein   =   *i weà gwen sēi*
ich werde gehabt haben   =   *i weà kabd håm.*

§ 2 Die Fälle, in denen man das Futur benutzt, um von zukünftigen Ereignissen zu sprechen, sind sowohl in der Schriftsprache wie in der Mundart selten:

Ich werde morgen um fünf Uhr aufstehen.	= *I weà moàng um fümfe aufschdēh.*

Meist benutzt man die Form des Präsens:

Ich fahre morgen zurück.	= *I fahr moàng reduà.*
Nächstes Jahr komme ich wieder.	= *Näxds Joà kimm i wiedà.*

§ 3 Dennoch ist das Futur nicht ohne Wichtigkeit. Wenn es auch nur selten in die Zukunft weist, andere Funktionen hat es genug, sogar das Futur II – wobei die bairischen Gepflogenheiten ziemlich genau den schriftdeutschen entsprechen: Das Futur dient dazu, Aufforderungen, Vermutungen, Verwunderung, Erwartung, Versicherung und dergleichen auszudrücken.

Vermutung:

Vater wird in der Garage sein.	= *Dà Vaddà weàd in dà Kàràsch sēi.*
Da werden sie dich wieder betrogen haben.	= *Dà weàn s di wiedà ausgschmiàd håm.*

Versicherung:

Das werden wir schon hinbekommen.	= *Dees weàmà schō griàng.*
Das werden wir gleich aufgeräumt haben.	= *Dees weàmà glei aufgråmd håm.*

Aufforderung:

Du wirst dableiben!	= *Du weàsd dåbleim!*
Das Mädchen werdet ihr in Ruhe lassen.	= *Dees Màdl weàds ees in Ruàh lassn.*

Drohung:

Euch werde ich helfen.	= *Eich weàr i in d Schuàh nēihäiffà.*

Verwunderte Frage:

Was wird er gewollt haben?	= *Wås weàd deà woin håm?*

Vorwurf:

Du wirst so ein Dummkopf sein!	=	*Du weàsd dàr à so à Däbb sēi!*

auch auf die Vergangenheit bezüglich:

Du wirst (dir) (ein) so ein Büffel	=	*Du weàsd dàr à so à Biffe*
gewesen sein als Kind.		*gwen sēi ais Kind.*

Erwartung:

Da wirst du staunen.	=	*Då weàsd schaung.*
Der wird eine Freude haben.		*Deà weàd à Freid håm.*

§ 1 Das Bairische, sagt man, kennt kein Imperfekt, es setzt an seine Stelle stets das Perfekt. Das stimmt im Prinzip – für den Indikativ –, aber nicht ganz.

für	*ich ging*	sagt man	*i bin gangà*
für	*du sahst*	sagt man	*du håsd gsäng*
für	*wir zahlten*	sagt man	*mià ham zåid.*

Aber für *ich war* kann man bairisch sowohl *i bī gwen* als auch *i war* sagen.

Warum wurden die Möbel gestern nicht geliefert?
Weil unser Fahrer krank war.

Wårum sàn de Mewen gestàn need gliefàd woàn?
Wei unsà Fahrà grangg war.

Es besteht kein Unterschied im Gebrauch und in der Bedeutung zwischen *i war* und *i bin gwen.*

§ 2 Man kann behaupten, das Bairische habe noch ein Imperfekt:

i woidd = *ich wollte*
I woidd eich no bsuàchà = *Ich wollte euch noch besuchen.*

Man kann auch sagen, das sei kein Indikativ, keine Wirklichkeitsform, sondern eher ein Optativ (die Wunschform), und es ist kaum zu klären, ob das zutrifft.

Deà kàndd schō, wann à woidd = *Er könnte schon, wenn er wollte –*
ist zweifellos ein Optativ: ... *wenn er wollen würde.*

Was aber ist *woidd* in Sätzen wie:

I woidd um fümfe aufschdēh = *Ich wollte um fünf Uhr aufstehen*
oder: *I woidd no schnäi in g Kiàchà nēischàng* = *Ich wollte noch schnell in die Kirche hineinschauen?*

Und ist *woidd* nicht ganz eindeutig ein Indikativ, wenn man auf die Frage: *Warum hast du die Türe aufgemacht?* – antwortet:

Ich wollte etwas frische Luft hereinlassen.

I woidd à weng à frische Luffd rēilassn.

So muß man zusammenfassend doch feststellen: Es gibt auch das Imperfekt *i woidd.*

§ 3 Ähnliche Überlegungen mit demselben Ergebnis ließen sich auch für *i soidd = ich sollte* anstellen.

§ 4 Das Perfekt wird als die »vollendete Gegenwart« bezeichnet.

»Merke«, steht in der Schulgrammatik*, »mit dem Perfekt be-
zeichnen wir eine (soeben) zu Ende gegangene, nicht mehr fort-
dauernde Handlung oder einen (soeben) beendeten Zustand,
der bis nahe an die Gegenwart heranreicht.« – »Das Imperfekt
ist die Zeitform für alle Berichte und Schilderungen, die Ereig-
nisse und Zustände früherer Tage wiedergeben.« – Das Perfekt
»eignet sich nicht zu längerer Erzählung, weil die Hilfszeit-
wörter *haben* und *sein* darin immer wiederkehren müssen. Sie
machen die Sätze eintönig und schwerfällig. Das Tätigkeitswort
selbst ist in die starre Form des Part. Perf. gepreßt, wodurch die
Schwerfälligkeit des Ausdrucks noch gesteigert wird. Deshalb
ist diese Art der Erzählung nicht gut.«

Dies kann man im Bairischen nicht beherzigen; die bairische Sprache ist
auf das Perfekt, trotz seiner Mängel, angewiesen. Sie muß es benutzen,
auch wenn von noch so historischen Ereignissen berichtet wird:

An eine Rettung konnte Leonidas
nicht mehr denken, nun wollte er
sein Leben so teuer wie möglich
verkaufen. Er fiel, die Boioter er-
gaben sich, der Rest der Spartaner
wurde auf dem später nach Leonidas
benannten Hügel in der Mittel-
enge zusammengehauen. Hier
wurden neuerdings bei griechischen
Ausgrabungen eine große Anzahl
von Pfeilspitzen der verschiedenen
persischen Truppenteile gefunden.

Eine ähnliche taktische Lage hat
sich seither vielfach wiederholt.
Trotzdem blieb der Kampf an den
Thermopylen berühmt als leuch-
tendes Beispiel von Mannesmut,
der nicht ans eigene Leben denkt,
sondern an die Erfüllung der
Pflicht. Der Dichter Simonides
schrieb dazu unsterbliche Verse,
die auf einem Gedenkstein am
Schlachtort eingemeißelt wurden.
Durch Friedrich Schiller sind
diese Worte bis zum heutigen
Tage Besitz des deutschen Volkes:

Daß dees guåd gähd, då war fiån
Leonidås kõã Drõdenggå meå.
Jetz woidd å wenigsdns sẽi Leem
so deiå wiå meglich våkåffå. Er is
gfåin, b Boioddå ham aufgeem,
und de andån Schbårdånå, de wo
no üwåbliem gwen sån, die ham s
in då middlån Eng zammkaud,
auf dem Buggl, den wo må nachå
nachn Leonidås dauffd håd. Es is
no goå need lang heå, då håd må
bein Ausgrååm ån Hauffå Bfeil-
schbitzn võ die våschiednå
peåsischn Regimenddå gfunddn.
Soichåne Sachån sån seiddem no
efdås bassiåd. Awå drotzdem
woåß heid no å jåds võ den Kampf
bei die Thermopylen; weil dees is
dees hächsde Beischbui võ schnei-
dige Hund, die wo si nix um
eåhnåne Leem gschissn ham, son-
dån eåhnå Bflichd und Schuidikeit
dõ ham. Då Simonides, deå
Dichddå, håd dufdde Veåsål då
drüwå gschriem, de ham s nachåd
in ån Schdõå ẽigmoåßld, deå wo
auf den Schlachddfäid schdåhd.
Und duåch dees, daß s då Schillå
Friedrich auf deidsch dichdd håd,
kennån s miå heiddingdågs åiwei
no:

*Treuheit, Deutsche Sprachlehre für höhere Schulen.

Wanderer, kommst du nach Sparta, verkündige dorten, du habest uns hier liegen gesehen, wie das Gesetz es befahl.*

Du, båi vō Schbårddå weå frågd: du håsd uns fēi dåflaggå säng, gäi, gråđåso wiå s ås uns ōgschaffd ham, middn in Dreeg auf då Wiesn.

§5 Den Konjunktiv Imperfekt gibt es:

ich ginge = *i gàng*
ich sagte = *i sàgàd*

Er hat zwar mit der Vergangenheit nicht viel zu tun (siehe Seite 69), trotzdem aber ist er der Grund, weshalb der Indikativ Imperfekt im Bairischen abkam: Bei den schwachen Verben nämlich lautete er schon mittelhochdeutsch genauso wie der Indikativ; und im Neuhochdeutschen ist es nicht anders:

Gestern spielte ich schach. (Indikativ.)
Wenn ich mit dir spielte, würde ich verlieren. (Konjunktiv.)

Da nun der Konjunktiv Imperfekt im Bairischen sehr wichtig ist und oft gebraucht wird, wäre der Gleichklang störend, und so kommt es, daß der Indikativ Imperfekt durch den des Perfekts ersetzt wurde. So hat man zwei deutlich unterschiedene Formen:

ich rauchte (Indikativ) = *i håb grauchd*
ich rauchte (Konjunktiv) = *i rauchåd*.

Vor manchen Jahren schon, als andere dem Liebesglück, dem Geld= erwerb, den hohen Würden und Ritterorden nachliefen, hab' ich oft einsam und allein den bayerischen Dialekt betrachtet und zu meinem Leibwesen zu bemerken geglaubt, wie er täglich mehr verdorre und ein= schrumpfe. Bereits fehlte ihm außer vielen Endungen, welche, da sie meist nur tonlose e, des Mitleids der großen Welt kaum würdig sind, der Genitiv und das Pronomen possessivum femininum und das ein= fache Präteritum und der Conjunctiv des Präsens, ja fast des Imper= fectums, und was die Partikel betrifft, so war eigentlich in jeder Phrase der ärmlichste Nothstand zu bemerken. Auch mangelten viele hundert gute Haupt= und Eigenschafts= und Redewörter, und wenn man beobachtete, wie sich die alten Leute immerhin noch mit mehr Abwechslung und Reichthum ausdrückten, als die jungen, so konnte man wirklich eine Angst empfinden, ob die Sprache am Ende nicht ganz „ausgehen" werde. Und was dann? Sollte der Fall nicht denkbar sein, daß ein Volk, dem alle Wörter und Flexionen erstorben oder zu un= brauchbaren Resten verkümmert sind, am Ende das Mündliche einfach für abgethan erklärt und sich auf die Zeichensprache wirft?

Aus: Ludwig Steub, Wanderungen im bayerischen Gebirge. München 1862.

* aus: Kirsten-Kraiker, Griechenlandkunde, Heidelberg 1956.

§ 1 Das II. Partizip (oder Partizip Perfekt) wird im Deutschen meist mit der Vorsilbe *ge-* gebildet: *ge-kommen, ge-sehen, ge-siegt.* Auch auf bairisch – nur paßt sich hier das *ge-* den nachfolgenden Lauten an. Während die Vorsilbe hochdeutsch stets zur Gänze ausgesprochen wird, fällt sie im Bairischen, je nachdem, womit der Stamm beginnt, entweder weg, oder sie wird zu *g-* verkürzt (was man als Synkope bezeichnet): *kemà – gsäng – gwunà.*

Hochdeutsche Vorsilbe *ge-* vor	Bairisch	Beispiele
Vokal	*g-*	*gangld* (= *geangelt*); *gessn* (= *geges-sen*); *godld* (= *geodelt* = *mit Jauche gedüngt*); *gimbbfd* (= *geimpft*).
b (p)	entfällt	*bunddn* (= *gebunden*); *blàsn* (= *ge-blasen*); *bfäffàd* (= *gepfeffert*); *blüäd* (= *geblüht*).
d (t)	entfällt	*drunggà* (= *getrunken*); *dauffd* (= *ge-tauft*); *deixld* (= *gedeichselt* = *in Ordnung gebracht*).
f (v)	*g-*	*gfressn* (= *gefressen*); *gfàin* (= *ge-fallen*); *gfäid* (= *gefehlt*); *gfroàn* (= *gefroren*).
g	entfällt	*gangà* (= *gegangen*); *geem* (= *gegeben*); *goiddn* (= *gegolten*); *gràm* (= *gegra-ben*).
h	*ge-* wird zu *g-* und verbindet sich mit dem nachfolgenden *h* zu *k*	*koiffà* (= *geholfen*); *keàd* (= *gehört*); *kàiddn* (= *gehalten*); *kabd* (= *gehabt*).
j	*g-*	*gjodld* (= *gejodelt*); *gjàmmad* (= *ge-jammert*); *gjuchzd* (= *gejauchzt*); *gjàgd* (= *gejagt*).
k + Vokal	entfällt	*kochd* (= *gekocht*); *kàffd* (= *gekauft*); *kend* (= *gekannt*); *kichàd* (= *ge-kichert*).
k + *l*, *n* oder *r*	entfällt, *k* wird *g*	*glungà* (= *geklungen*); *gnabbàd* (= *ge-knappert*); *grochà* (= *gekrochen*); *grachd* (= *gekracht*).
l	*g-*	*glesn* (= *gelesen*); *glàffà* oder *gloffà* (= *gelaufen*); *glong* (= *gelogen*); *glachd* (= *gelacht*).

m	*g-*	gmoànd (= gemeint); gmischd (= gemischt); gmachd (= gemacht); gmàin (= gemalt).
n	*g-*	gnàhd (= genäht); gnàgld (= genagelt); gneißd (= geneißt = bemerkt); gnutzd (= genützt).
q	entfällt	quoin (= gequollen); qäddschd (= gequetscht); quiegsd (= gequiekt); quengld (= gequengelt).
r	*g-*	gràffd (= gerauft); grubbfd (= gerupft); grauchd (= geraucht); gràdld (= geradelt).
s (sch, sp, st)	*g-*	gsungà (= gesungen); gschiagld (= geschielt); gschbuid (= gespielt); gschdunggà (= gestunken).
w	*g-*	gwoànd (= geweint); gwundàd (= gewundert); gwedd (= gewettet); gwuisld (= gewinselt).
z	entfällt	zàid (= ge- oder bezahlt); zong (= gezogen); zoàgd (= gezeigt); zeichned (= gezeichnet).

§ 2 Im Hochdeutschen entfällt das *ge-*, wenn das Verbum nicht auf der ersten Silbe betont wird: *verbinden – verbunden; beschäftigen – beschäftigt; genieren – geniert.*

Dies trifft auch aufs Bairische zu, mit einer Ausnahme jedoch: wer studiert hat, ist nicht ein Studierter, sondern *à Gschdudiàdà;* offenbar will man's hier, in Anbetracht des hohen Bildungsgutes, besonders richtig machen.

§ 3 Das Partizip *gebildet* müßte bairisch eigentlich *buidd* heißen: tatsächlich aber sagt man, in parodistischer Nachahmung der feinen Sprache des Gebildeten: *gebülded.* – Während: *Was haben Sie sich da eingebildet? – Wàs ham S Eàhnà dà eibuidd?* heißt.

§ 4 Einige Verben, an die sich ein reiner Infinitiv anschließen kann: *wollen|sollen|können|müssen|dürfen|mögen|brauchen|lassen|hören|sehen|heißen* nehmen schriftdeutsch, wenn dieser Infinitiv bei ihnen steht, auch selber statt des II. Partizips die Infinitivform an:

Er hätte kommen sollen. – Ich habe dich gehen sehen.* – Dazu hätten Sie nicht schweigen dürfen. – Hast du es ihm ausrichten lassen?

Auch bairisch ist das so, nur mit dem Unterschied, daß diese Verben, mit Ausnahme von *hören, sehen, brauchen* und manchmal *lassen,* die Partizipform auch dann nicht zurückbekommen, wenn kein Infinitiv bei ihnen steht:

---

* Nicht wie im Lied: *O Donna Clara, ich hab dich tanzen gesehn.*

Du hast es so gewollt.	=	*Du håsd às à so woin.*
Ich habe es nicht gekonnt.	=	*I håbs need kennà.*
Hast du den Hund hinausgelassen?	=	*Håsd du àn Hund nauslassn?*
Ich habe ihn noch nie gemocht.	=	*I håb n no nià meeng.*
Natürlich hättest du gedurft.	=	*Nàdiàle hädsd deàffà.*

§ 5 Das hochdeutsche Partizip II von *werden* heißt, wenn *werden* als Hilfszeitwort verwendet wird: *worden,* ohne *ge-: Du bist gesehen worden.* – Ist *werden* selbständiges Verbum, dann hat es das Partizip *geworden: Sie ist dick geworden.* Bairisch bleibt's in jedem Fall bei *woàn:*

Miàr is wås gschdoin woàn.	=	*Mir ist etwas gestohlen worden.*
I bi kõà Bfarrà woàn.	=	*Ich bin kein Pfarrer geworden.*

§ 6 Schwache Verben nennt man die, die – hochdeutsch – das Imperfekt mithilfe der Vergangenheitssilbe *-te* und das Partizip Perfekt auf *-t* bilden:

sagen	–	*sagte*	–	*gesagt*
wohnen	–	*wohnte*	–	*gewohnt*
lieben	–	*liebte*	–	*geliebt.*

Die starken Verben bilden ihr Partizip auf *-en* und das Imperfekt ohne *-te,* durch Veränderung des Vokales in der Stammsilbe:

schreiben	–	*schrieb*	–	*geschrieben*
singen	–	*sang*	–	*gesungen*
essen	–	*aß*	–	*gegessen.*

Soweit diese Regel das Partizip betrifft (ein bairisches Imperfekt gibt es ja kaum), trifft sie grundsätzlich auch fürs Bairische zu; jedoch mit einigen Ausnahmen:

angezündet	=	*õzunddn*	(aber auch *õzindd*)
aufgehoben	=	*aufkebbd*	(aber auch *aufkoom*)
eingeschaltet	=	*eigschàiddn*	(aber auch *eigschàidd*)
erwischt	=	*dàwuschn*	(aber auch *dàwischdd*)
gefroren	=	*gfreàd*	(aber meist *gfroàn*)
gebacken	=	*baggd*	(aber auch *baggà*)
gebeten	=	*bidd*	
gefangen	=	*gfangd*	(aber auch *gfangà*)
gefürchtet	=	*gfoàchddn*	(aber auch *gfiàchdd*)
gehangen	=	*kenggd*	
gehauen	=	*kaud*	
geläutet	=	*gliddn*	(aber auch *gleidd*)
gemalt	=	*gmàin*	(aber auch *gmàid*)
geschienen	=	*gscheind*	(aber auch *gschienà*)
geschneit	=	*gschniem*	(aber auch *gschneid*)
gesessen	=	*gsitzd*	(aber meist *gsessn*)
gewünscht	=	*gwunschn*	(aber auch *gwinschdd*)
gescheut	=	*gschichà*	
gestreift	=	*gschdriffà*	(aber auch *gschdroàfd*)

§ 7 Das Partizip II von *scheren* heißt auch auf bairisch *gschoàn,* doch nicht seit altersher; dies zeigt das Adjektiv *gscheàd,* das *ungeschlacht, grob, ordinär, bäurisch, unverschämt* bedeutet. Als *Gscheàde* bezeichnete man früher die leibeigenen Bauern, die geschorenes – geschertes – Haar tragen mußten.

§ 8 Zwei Partizip-Perfekt-Formen bildet im Bairischen das Verbum *turnen.* Im Infinitiv heißt es *tuànà* oder auch *tuànen.* Zu *tuànà* lautet das Partizip ganz regelmäßig *tuànd.* Wer jedoch *tuànen* sagt, kommt – offenbar analog zu *sammen (= sammeln), zabben (= zappeln)* usw. – zu *tuàned.*

§ 9 Partizipien sind Formen des Verbums. Es gibt jedoch auch solche, die nur ihrer Gestalt nach Partizipien sind, nur nach dem Muster des Partizips gebildet wurden, aber von Substantiven oder Adjektiven stammen. Hochdeutsche Beispiele: *gestirnt* (von: *Stern) ; gelaunt (*von: *Laune) ; geblümt (*von: *Blume) ; gescheckt (*von: *scheckig) ; die Verba *stirnen, *launen, blümen* und *schecken* gibt es nicht.
Bairische Scheinpartizipien:

    kaisld   = *gehäuselt = kariert ;*
    gmàtzd = etwa: *verhext* (es steckt eine *Matz,* eine *Metze,* drin).

§ 10 Das Partizip II wird teils mit dem Hilfszeitwort *haben,* teils mit *sein* verbunden. Mit *haben,* wenn das Verbum transitiv ist (das heißt: ein Akkusativobjekt bei sich haben kann), oder wenn es ein Verhalten beschreibt; mit *sein,* wenn ein intransitives Verbum eine Zustands- oder Ortsveränderung oder einen neu erreichten Zustand ausdrückt:

    ich habe (den Stein) *geworfen*   (transitiv)
    ich habe gearbeitet   (Verhalten)
    ich bin gefallen   (Zustandsveränderung)

Nord- und auch schriftdeutsch sagt man : *ich habe gesessen, ich habe gestanden, ich habe gelegen.* – Das Gelegen-Haben wird als Verhalten aufgefaßt.
Süddeutsch heißt's : *ich bin gesessen, bin gestanden, bin gelegen.* Das Gelegen-Sein gilt als ein Zustand.

Auch *ich bin geritten, bin geschwommen, bin gerudert, bin dem Hund auf den Schwanz getreten,* heißt es bairisch – im Sinn der Ortsveränderung, nicht des Verhaltens. Dagegen kann man statt *das Kind ist eingeschlafen* sagen: *es hat eingeschlafen,* indem man das Einschlafen nicht als eine Veränderung des Zustands auffaßt, sondern als ein mehr oder weniger lang währendes Verhalten. – Ebenso: *Wià hàds eich gangà?* für *Wie ist es euch ergangen?* Und: *I hàb dein Vaddà begengd* für *Ich bin deinem Vater begegnet.*

§ 1 Das Plusquamperfekt benötigt man – wie schon sein lateinischer Name: »*plus quam perfectum*« = »*mehr als vollendet*« sagt –, wenn man Vergangenes erzählt, um etwas auszudrücken, was in der Vergangenheit bereits vollendet war:

Ich aß gerade, da klingelte es	heißt:	*Ich saß gerade beim Essen, da klingelte es.*
Ich hatte gerade gegessen,	heißt:	*Ich war gerade mit dem Essen fertig,*
da klingelte es		*da klingelte es.*

Schriftdeutsch setzt sich das Plusquamperfekt zusammen aus dem Imperfekt von *haben* oder *sein* und dem Partizip Perfekt: *Ich hatte gesagt.* – *Ich war gegangen.*

 Da im Bairischen das Imperfekt von *ich habe* durch das Perfekt *ich habe gehabt* ersetzt wird, muß auch das Plusquamperfekt: *I håb gsågd kabd* = *Ich habe gesagt gehabt* heißen.

Wir hatten unser Bier dummerweise	=	*Mià ham unsà Bià blädàweis*
schon bezahlt, als das Haus einstürzte.		*schō zåid kabd, wià s Haus eīgfåin is.*
Ich hatte ihm eigens gesagt,	=	*I hab s eàhm exdrà gsåggd kabd,*
er solle zu Hause bleiben.		*eà soi dàhoàmbleim.*
Als ihr ankamt, waren wir gerade	=	*Wiàds ees kemà seids, sàn mià gråd*
weggegangen.		*im Momendd fuàddgangà gween.*

§ 2 Bairisch *ich war* gibt es (siehe Seite 53); deshalb wird man in städtischer Sprache durchaus hören können: *Mià warn schō gangà, wià dà Doni kemàr is* = *Wir waren schon gegangen, als Toni kam.* Aber auch hier zieht man im allgemeinen das Perfekt *Ich bin gewesen* – vor und sagt für *Ich war gegangen* – lieber *I bin gangà gween* = *Ich bin gegangen gewesen.*

§ 3 Diese Form ist nicht auf den bairischen Dialekt allein beschränkt. In Walter Jungs Grammatik* liest man: »Der umgangssprachliche Gebrauch des Perfekts für das Präteritum hat in der Volkssprache bereits zu einer doppelt umschriebenen Form für die eigentliche Funktion des Perfekts ... geführt: Ich habe die Brötchen geholt gehabt. Die Rose ist erblüht gewesen.«

 Man sieht's am Brötchen: Auch nördlichere Menschen sagen so. Allerdings meinen sie's anders: im Bairischen handelt es sich nicht um eine »doppelt umschriebene Form« des Perfekts, sondern um ein echtes Plusquamperfekt.

---

* Jung, Grammatik der deutschen Sprache.

§ 1 Nebst den schwachen und den starken Verben (siehe Seite 58), die sich im Präsens nicht voneinander unterscheiden, gibt es auch unregelmäßige Verben. Die hochdeutsch unregelmäßigen schwachen Verben *rennen, nennen, kennen, brennen, wenden* und *senden,* die im Infinitiv und in den Personalformen des Präsens ihren ursprünglichen Stammvokal *a* in *e* verändern, sind bairisch regelmäßig:

gerannt	=	*grend*
genannt	=	*gnend*
gekannt	=	*kend*
gebrannt	=	*brend*
gewandt	=	*gwendd**
gesandt	=	bairisch ungebräuchlich, man sagt statt *gesandt* : *gschiggd.*

§ 2 Auch das schriftdeutsch unregelmäßige *denken (dachte – gedacht)* ist im Bairischen regelmäßig:

ich habe mir nichts gedacht = *i håb mà nix denggd.*

In der städtischen Sprache kommt auch *gedachd* oder manchmal *dachd* vor.

§ 3 *Bringen* ist auch in Bayern unregelmäßig:

ich habe gebracht = *i håb bråchd.*

§ 4 Die Unregelmäßigkeit der Verben *wollen|können|mögen|müssen|wissen,* die im Wechsel des Stammvokales in der Ein- und Mehrzahl des Präsens besteht, tritt auch im Bairischen auf:

ich will|kann|mag|muß|weiß	=	*i wui|kõ|måg|muàß|woàß*
du willst|kannst|magst|mußt|weißt	=	*du wuisd|konsd|mågsd|muàßd|woàßd*
er will|kann|mag|muß|weiß	=	*eà wui|kõ|måg|muàß|woàß*
wir wollen|können|mögen|müssen| wissen	=	*mià woin|kenà|meng|miàssn| wissn*
ihr wollt|könnt|mögt|müßt|wißt	=	*;à woidds|kennds|megds|miàßds| wissds*
sie wollen|können|mögen|müssen| wissen	=	*de woin|kenà|meng|miàssn| wissn*

---

* Davon ist das Adjektiv *gewandt* zu unterscheiden, das bairisch *gwàndd* heißt und in der Bedeutung *praktisch, günstig* gebraucht wird.

§ 5 In der Schriftsprache gehört auch *dürfen* zu den stammvokalwech-
selnden Verben: *ich darf – wir dürfen*. Bairisch wird *dürfen* = *deàffà* regel-
mäßig, mit gleichbleibendem Stammvokal, konjugiert:

ich darf	=	*i deàf*
du darfst	=	*du deàfsd*
er darf	=	*eà deàf*
wir dürfen	=	*mià deàffà* (oder: *deàffàn*)
ihr dürft	=	*ià deàffds*
sie dürfen	=	*de deàffà* (oder: *deàffàn* oder: *deàffànd*).

Der Konjunktiv Imperfekt *ich dürfte* heißt bairisch *i deàffàd*.

§ 1 Die deutsche Sprache kennt drei temporale Hilfsverben, die man benötigt, um die verschiedenen Zeitformen zu bilden: *haben, sein* und *werden*. Bairisch gibt es vier: *håm, sẽi, weàn* und *dõã*. Wie hochdeutsch, können sie alle auch als selbständige Zeitwörter verwendet werden.

§ 2   *haben*   =   *håm.*

ich habe	=	*i håb*	*habe ich*	=	*håw i*
du hast	=	*du håsd*	*hast du*	=	*håsd*
er|sie|es hat	=	*eà|sie|es håd*	*hat er|sie|es*	=	*håd à|håd s|håds*
wir haben	=	*mià ham*	*haben wir*	=	*hammà*
ihr habt	=	*ià habds*	*habt ihr*	=	*habds*
sie haben	=	*de ham*	*haben sie*	=	*ham s*

§ 3 Der Konjunktiv Imperfekt (ich hätte …) heißt: *i häd, du hädsd, eà häd, mià hän, ià hädds, de hän* (oder: *hädn* oder: *häddn*). Das II. Partizip: *gehabt* = *kabd. I håb kabd …*

§ 4 Den Indikativ Imperfekt *ich hatte* gibt es bairisch nicht. Das Plusquamperfekt *ich hatte gehabt* müßte bairisch *i håb kabd kabd* heißen; diese monströse Form wird durch das Perfekt ersetzt:

Obwohl wir nur zwei Flaschen Wein gehabt hatten, mußten wir hundert Mark bezahlen.	=	*Drotzdem daß mà bloß zwoà Flaschn Wein kabd ham, hammà hundàd Màåg zàin miàssn.*

§ 5   *sein*   =   *sẽi.*

ich bin	=	*i bin|bĩ|bi*	*bin ich*	=	*bin i*
du bist	=	*du bisd*	*bist du*	=	*bisd*
er|sie|es ist	=	*eà|sie|es is*	*ist er|sie|es*	=	*is à|is s|is s*
wir sind	=	*mià sàn|hàn*	*sind wir*	=	*sàmmà|hàmmà*
ihr seid	=	*ià seids*	*seid ihr*	=	*seids*
sie sind	=	*de sàn|hàn|hànd*	*sind sie*	=	*sàns|hàns*

§ 6 Der Imperativ von *sein: sei\|seid* heißt in der Einzahl *sei* und in der Mehrzahl *seids*. Das Partizip II: *gewesen* = *gwesn* oder, zusammengezogen: *gween.* Ein Partizip Präsens *seiend* gibt es nicht.

§ 7 Aus *i bin* kann durch Wegfall des *n* ein nasaliertes *i bĩ* werden. Diese Nasalierung schwindet, je unbetonter das *bi* im Satze steht, immer mehr (siehe Seite 18 f.). In der umgedrehten Stellung, mit nachgesetztem *i (bin ich)* tritt das *n* als Bindelaut (siehe Seite 32) zwischen den beiden *i* wieder auf: *bin i.*

§ 8 Neben *mià sàn* und *de sàn* gibt es auch die bäuerliche Form *mià hàn* und *de hàn* respektive *de hànd*. *Sind wir* heißt, neben *sàmmà*, auch *hàmmà*, mit hellem *à;* es ist sehr wichtig, daß man darauf achtet; denn *hàmmà* mit dunklem *a*, bedeutet – nebst *Hammer* – auch *haben wir* und *haben mir*.

Du, àn Hammà hammà vàgessn!	=	*Du, den Hammer haben wir vergessen!*
Hàmmà ohne Hammà dà! Dees is bläd. I hàb gmoànd, de hammà zwoà Hàmmà eìbàggld.	=	*Sind wir ohne Hammer da! Das ist blöd. Ich habe gemeint, sie haben mir zwei Hämmer eingepackt.*

Auch *hàns (= haben sie)* kann zu Verwechslungen führen:

Hans!	=	*Hans!*
Hàn S?	=	*Wie bitte?*
Hàns need dà, deine Leid?	=	*Sind sie nicht da, deine Leute?*

§ 9 *Sein* ist auch insofern ein interessantes Verbum, als es im Unterschied zu fast allen anderen ein unzweifelhaftes Imperfekt bildet (siehe Seite 53). *I war, du warsd, eà war* – oder *i wa, du wasd, eà wa* – steht gleichbedeutend neben dem Perfekt *i bin gwesn*.

§ 10 Der Konjunktiv *wäre* heißt bairisch *wàâr* oder *wàâ. Ich sei, du seist ...*, der Konjunktiv Präsens, ist – siehe Seite 69 – im Bairischen unbekannt.

§ 11 Zum Hilfszeitwort *werden*, bairisch *weàn*, ist zu sagen, daß es bairisch ebenso wie schriftdeutsch zur Bildung des Futurs und des Passivs verwendet wird:

ich werde gehen	=	*i weà gēh*
du wirst eingesperrt	=	*du weàsd eīgschbeàd.*

§ 12 *Werden* gehört hochdeutsch zu den Verben mit *e-i*-Stammvokal-wechsel: *ich werde, du wirst ...* Das bairische *weàn* macht diesen Wechsel nicht mit, es bleibt immer beim *e:*

ich werde	=	*i weà*
du wirst	=	*du weàsd*
er/sie/es wird	=	*eà/sie/es weàd*
wir werden	=	*mià weàn*
ihr werdet	=	*ià weàds*
sie werden	=	*de weàn*

§ 13 Das Partizip II heißt bairisch immer *woàn*, gleich ob es sich um das Hilfsverbum *werden* oder um das selbständige Verbum *geworden* handelt. (Siehe Seite 58.) *Gwoàn* gibt es nicht.

§ 14 Mit dem Konjunktiv *würde* hat man's schwerer.

Ich würde gefragt.	=	*I weàràd gfràgd.*
Ich würde gefragt werden.	=	*I dààd gfràgd weàn.*
Ich würde krank.	=	*I weàràd grangg.*
		Oder: *I wuàràd grangg.*

Diese drei Beispiele demonstrieren drei Regeln:

Erstens: Wird der Konjunktiv des Passivs aus *würde* und dem II. Partizip gebildet, dann sagt man *weàràd: Dees Haus weàràd baud.* (= *Das Haus würde gebaut.*) – *Meī Auddo weàràd grichdd.* (= *Mein Auto würde gerichtet.*)

Zweitens: Wird der Passiv-Konjunktiv aus *würde* und dem II. Partizip und *werden* gebildet, dann muß man *dààd weàn* sagen: *Dees Haus dààd schō baud weàn.* (= *Das Haus würde schon gebaut werden.*) – *Meī Auddo dààd schō grichdd weàn.*(= *Mein Auto würde schon gerichtet werden.*)

Drittens: Gehört der Konjunktiv *würde* zum selbständigen Verbum *werden*, dann heißt er *weàràd* oder *wuàràd: Weàràdsd du à Kaminkehrà?* (= *Würdest du Kaminkehrer?*) – *Wannsd zun Dogdà gàngsd, wuràdsd glei wiedà gsund.* (= *Wenn du zum Arzt gingest, würdest du gleich wieder gesund.*) – Die Form *wuàràd* kann nur beim selbständigen Verbum benutzt werden. Also nie: *I wuàràd gschlàng* sondern immer: *i weàràd gschlàng (ich würde geschlagen).*

§ 15 Völlig verkehrt wäre es, das Hilfsverbum *weàràd* beim aktiven Konjunktiv zu benützen:

Ich würde schreiben	heißt nie:	*I weàràd schreim*, sondern immer: *i dààd schreim.*
Würden Sie mir sagen?	heißt nie:	*Weàràdn Sie mià sàng?*, sondern immer: *Dààn Sie mià sàng?*
Ich würde mich schämen	heißt nie:	*I weàràd mi schàmmà*, sondern immer: *I dààd mi schàmmà.*

§ 16 *Tun* wird in zahlreichen Dialekten als Hilfszeitwort gebraucht. Die bairische Sprache käme ohne *tun* gar nicht aus. Der Infinitiv *tun* heißt *dōà;* das II. Partizip: *getan* = *dō.*

§ 17

ich tu	= *i duà*	*tu ich*	= *duàr i*
du tust	= *du duàsd*	*tust du*	= *duàsd*
er|sie|es tut	= *eà|sie|es duàd*	*tut er|sie|es*	= *duàd à|duàd s|duàd s*
wir tun	= *mià deàn|dàn*	*tun wir*	= *deàmà|dàmmà*
ihr tut	= *ià deàds|dàds| duàds*	*tut ihr*	= *deàds|dàds*
sie tun	= *de deàn|dàn| duàn|doàn*	*tun sie*	= *deàn s|dàn s| duàn s|doàn s*

§ 18 Der Konjunktiv:

ich täte	= *i dààd*	*täte ich*	= *dààd i*
du tätest	= *du dààdsd*	*tätest du*	= *dààdsd*
er|sie|es täte	= *eà|sie|es dààd*	*täte er|sie|es*	= *dààd à|dààd s|dààds*
wir täten	= *mià dààdn|dààn*	*täten wir*	= *dààdmà*
ihr tätet	= *ià dààds*	*tätet ihr*	= *dààds*
sie täten	= *de dààdn|dààn*	*täten sie*	= *dààdn s|dààn s*

§ 19 *Deàmmà* ist zweideutig. Es kann sowohl bedeuten: *tun wir* als auch *tun mir*. Daher kommt der beliebte Dialog:

> *Wås deàmmà jetz?* = *Was tun wir (mir) jetzt?*
> *B Fiàss wäh.* = *Die Füße weh.*

§ 20 Ob man für *sie tun*: *de deàn, de dàn, de duàn* oder *de doàn* sagt, ändert nichts an der Aussage. Die Vokalfarbe ist gegendweise verschieden, die Form *deàn* wohl die häufigste.

§ 21 Der Imperativ heißt in der Einzahl *duà*, in der Mehrzahl *deàds*: *Duà schēē essn! – Deàds eià Hausaufgàb machà! (= Tu schön essen! – Tut eure Hausaufgabe machen!)* – klingt netter und verbindlicher als der Befehl: *Iß! – Machds eià Hausaufgàb!* Paradoxerweise werden *duà* und *deàds* auch als Aufforderung zu sozusagen Un-Tätigkeiten verwendet: *Duà jetz schlaffà! (= Tu jetzt schlafen!) – Deàds à Ruàh geem! (= Tut Ruhe geben!)* – Von eigentlichem Tun kann hier kaum die Rede sein; das *duà* und *deàds* dient nur als Einleitung: Achtung, es folgt ein Befehl!

§ 22 Man kann wahlweise sagen: *B Màmmà kochd. –* Oder: *B Màmmà duàd kochà. –* Beides bedeutet dasselbe: *Die Mutter kocht.* Die zweite Form ist nur umständlicher, gleichwohl aber überaus beliebt:

Wir arbeiten.	= *Mià awàdn.* Oder: *Mià deàn awàdn.*
Spielt ihr heute noch fußball?	= *Schbuids ees heid nō fuàßbài?* Oder: *Deàds ees heid nō fuàßbàischbuin?*
Meine Frau bügelt.	= *Mēī Frau bigld.* Oder: *Mēī Frau duàd bigln.*
Mein Junge bohrt in der Nase.	= *Mēī Buà boàd Nåsn.* Oder: *Mēī Buà duàd nåsnboàn.*

§ 23 Die Frage: *Was tut er?* – ruft die *tun*-Antwort: *Middàgessn duàd à. (= Mittagessen tut er.) – Im Bedd flaggà duàd à. (= Im Bett liegen tut er.) –* geradezu hervor. In Sätzen wie:

> *Dàwischn bàl i eich duà.* = *Erwischen wenn ich euch tu.*
> *Bfeiffà duàr i dà wås.* = *Pfeifen tu ich dir etwas.*

hat das *duà* eine andere Funktion: hier ermöglicht es die Voranstellung des Wortes, auf das es ankommt. Die Aussage klingt so weitaus bedrohlicher als: *Wenn ich euch erwische. – Ich pfeif dir etwas.*

§ 24 In Verbindung mit andern Hilfsverben und mit den Modalverben *können, müssen, dürfen, wollen, sollen, mögen* kann *tun* im Indikativ nicht vorangesetzt werden. Man sagt nicht: *I duà woin (= Ich tu wollen.) – Du duàsd kenà. (= Du tust können.).* Wohl aber wird *tun* nachgestellt verwendet: *Woin duàr i schō. (= Wollen tu ich schon.) – Kenà duàsd àiss. (= Können tust du alles.)* Und dient dann wieder wie soeben der betonten Anfangsstellung des wichtigen Wortes.

Im Konjunktiv ist die Voranstellung erlaubt: *I dààd schō meng (= ich würde schon mögen); dees dààdsd glei kenà = das würdest du gleich können).*

§ 25 Als Hilfsverbum läßt sich *tun* nur im Präsens verwenden, in der Vergangenheit und im Futur niemals: *Mià ham awàdn dõ* (= *Wir haben arbeiten getan)* oder: *Mià weàn lesn dõã* (= *Wir werden lesen tun)* wäre unmöglich.

§ 26 Ein weites Feld für den Gebrauch des Hilfszeitwortes *tun* ist der umschriebene Konjunktiv Imperfekt Aktiv, hochdeutsch: *ich würde schlafen,* bairisch: *i dààd schlaffa.*

> *Würdest du mir helfen?*   =   *Dààdsd mà du häiffà?*
> *Da würdest du dich auch ärgern.* = *Då dààd à dàr àà schdinggà.*

§ 27 Wie alle Hilfszeitwörter ist *tun* nebenbei auch noch ein selbständiges Verbum:

> *Was tust denn du?*   =   *Wås duàsd denn du?*
> *Hast du nichts zu tun?*   =   *Håsd du nix zun Dõã?*
> *Er tut nichts als dauernd*   =   *Deà duàd nix ais wià dauànd*
> *schimpfen.*   *schimbffà.*
> *Das täte ich nicht.*   =   *Dees dààd i need.*

§ 28 Man kann auch das Hilfsverbum *tun* mit dem selbständigen Verbum *tun* kombinieren:

> *Wanns ees bloß à bißl wås dõã dààds!* = *Wenn ihr nur ein wenig tun tätet!*
>   *(= Wenn ihr nur ein wenig arbeiten*
>   *würdet!)*
> *Wannsd need âiwei dàhinddà heà*   = *Wenn du nicht immer hinterher*
> *wààrsd, dààn de iwàhaubds nix dõã.*   *wärest, würden die überhaupt nichts*
>   *tun.*
> *Siè, dààn S mà dees då nẽĩdõã?*   = *Würden Sie mir das da hineintun?*

§ 29 Und man kann mithilfe des Wörtchens *tun* einige hübsche zusammengesetzte Verben bilden. Zum Beispiel:

> etwas *dàdõã*   =   etwas *trotz großer Mühe erreichen*
> einen Schal *umdõã* = einen Schal *umlegen*
> *wuiddõã*   =   *wild tun = sich wild aufführen.*

§ 30 Zur Umschreibung von Ereignissen, die hochdeutsch durch ein Verbum ausgedrückt werden, kann man bairisch bisweilen *tun* mit einem Substantiv benutzen (siehe Seite 115 f):

> *es knallt*   =   *es duàd àn Gnallà*
> *es kracht*   =   *es duàd àn Grachà*
> *ein dumpfer Ton erklingt*   =   *es duàd àn Dumbbfm.*

§ 31 Von den modalen Hilfsverben fällt, abgesehen von gewissen Formeigenwilligkeiten – siehe Seite 61 f. –, *mögen* etwa aus der Reihe: Häufig wird der Indikativ *er mag* in Zusammenhängen verwendet, die nach hochdeutschem Sprachgefühl eher den Konjunktiv erwarten ließen: *Eà måg reen = Er mag reden = Er glaubt es nötig zu haben, sich darüber aufzuhalten.*

Sie meeng mi àn Schlàwinà hoàßn = *Sie mögen mich einen Gauner heißen =*
Sie wagen es, mich einen Gauner zu
nennęn.

§ 32 Beliebt ist *mögen* auch als Hilfsverbum des Imperativs:

Deine Schuàh màgsd dà schō = *Ich hoffe doch, du wirst dir deine*
àbbutzn!   *Schuhe abputzen!*
Dees Ràdl màgsd schō schdēhlassn! = *Das Fahrrad wirst du stehenlassen!*

§ 33 Die Konjunktivform *möchte* wird bairisch als Indikativ empfunden,
der Konjunktiv *ich möchte* daher nicht durch *i màchd,* sondern, vermehrt
um die Konjunktivendung *-àd,* durch *i màchàd* ausgedrückt.

I màchd àmài nach Amerika = *Ich will einmal nach Amerika.*
I màchàd àmài nach Amerika = *Ich würde gern einmal nach Amerika*
fahren.

§ 34 Der in manchen andern Dialekten übliche Gebrauch des Konjunk-
tivs: *Es möcht schön Wetter werden; der Vater möcht sich nimmer erholen* – in
der Bedeutung: *es sieht so aus, als ob* ... ist im Bairischen unbekannt.

§ 1 Der Konjunktiv Präsens: *Mutter schreibt, es gehe ihr gut* – kommt
bairisch nicht vor, beziehungsweise nur in ein paar festgefügten Formeln:

Häifgod	=	*Helfe Gott* (Segenswunsch, wenn jemand geniest hat)
Goddseidangg	=	*Gottseidank*
Vàgäidsgod oder *Gäidsgod*	=	*Vergelte es Gott* (Dank)
Gsengsgod	=	*Segne es Gott* (Antwort auf »*Vàgäidsgod*«)
Griàßdigood	=	*Gott grüße dich* (Begrüßung)
Bfiàddigood	=	*Gott behüte dich* (Abschied)
Gnad dà Godd	=	*Gott sei dir gnädig*

Sonst steht, wie meistens in der Umgangssprache, der Indikativ:
B Muàddà schreibd, es gähd ià guàd.

§ 2 Auch den Konjunktiv Perfekt gibt es bairisch nicht; auch ihn ersetzt
man durch den Indikativ: *Er sagt, er habe nichts gestohlen = Eà sàgd, eà hàd
nix gschdoin.* Oder auch, wie allgemein in der Umgangssprache, durch
den Konjunktiv des Plusquamperfekts: *Eà sàgd, eà häd nix gschdoin.*

Der Konjunktiv Plusquamperfekt: *ich wäre gegangen – du hättest dich
gewundert* – wird im Bairischen wie in der Schriftsprache gebildet und
gebraucht: *i wààr gangà – du häsd di gwundàd.*

§ 3 Der wichtigste Konjunktiv ist, bairisch ebenso wie schriftdeutsch,
der des Imperfekts. Er hat – wie auch im Hochdeutschen – mit der Ver-
gangenheit nicht mehr als den Namen gemein, sondern dient zum Aus-
druck des Nicht-Tatsächlichen, des Unbestimmten, des Gewünschten,
Möglichen in der Gegenwart, des irrealis. Er lautet hochdeutsch: *ich trüge*
oder, umschrieben: *ich würde tragen.*

§ 4 In der Umgangssprache wird der Konjunktiv Imperfekt vornehm-
lich in der umschriebenen Form verwendet: *Ich würde essen – ich würde
trinken.* – Dem entspricht bairisch: *I dààd essn* (siehe Seite 65).

Freunde klangvollen Sprachgutes bedauern dies zutiefst und zitieren
genüßlich Sätze wie: *Was hülfe es dem Menschen, wenn er die ganze Welt
gewönne?* – Neuumgangshochdeutsch hieße das: *Was würde es dem Menschen
helfen, wenn er die ganze Welt gewinnen würde?* – Bairisch dagegen: *Wàs
häiffàds àm Menschn, wann à de ganze Wäid gwinnàd?*

Dagegen heben die eingeborenen Dichter unserer Tage, welche sich der
Mundart bedienen, mit großer Begeisterung den Wolfklang, die Weich=
heit und Treuherzigkeit hervor.

Aus: Karl Weinhold. Bairische Grammatik. Berlin 1867.

In hochdeutscher Gebrauchssprache spricht zweierlei gegen den Gebrauch des unumschriebenen Konjunktivs Imperfekt:

1. Die Konjunktivform der starken Verben: *ich äße, ich flöhe, du frörest, er söffe, wir schwämmen* – wirken gekünstelt, altmodisch und komisch.

2. Die einfachen Konjunktivformen der schwachen Verben: *ich lebte, du maltest, er läutete* – haben den Fehler, daß sie genauso lauten wie der Indikativ des Imperfekts – was die Verständlichkeit gefährdet.

Im Bairischen bestehen diese Hemmungen nicht: Den Indikativ Imperfekt gibt es (von *war, wollte* und *sollte* abgesehen – siehe Seite 53) nicht, er verschwand just wegen der Verwechslungsmöglichkeit (siehe Seite 55), und die starken Verben haben nahezu alle eine schwache Konjunktivform angenommen, so daß eine unzumutbar gespreizte Rede nicht entstehen kann.

§ 5 Die bairische Entwicklung ist hier erheblich weiter fortgeschritten als die hochdeutsche, die diesen Ersatz nur sehr zögernd vollzieht. Immerhin haben sich auch in der Schriftsprache schon einige schwache Formen durchgesetzt und die früher korrekten starken abgelöst. Zum Beispiel erlaubt es die Duden-Grammatik, daß man sagt:

für	*dänge*	(zu *dingen*)	*dingte*
für	*göre*	(zu *gären*)	*gärte*
für	*glömme*	(zu *glimmen*)	*glimmte*
für	*klömme*	(zu *klimmen*)	*klimmte*
für	*köre*	(zu *küren*)	*kürte*
für	*mölke*	(zu *melken*)	*melkte*
für	*söge*	(zu *saugen*)	*saugte*
für	*sötte*	(zu *sieden*)	*siedete*
für	*stöbe*	(zu *stieben*)	*stiebte*
für	*tröffe*	(zu *triefen*)	*triefte*
für	*wöbe*	(zu *weben*)	*webte*

§ 6 Die schwachen Konjunktivformen fehlen im Bairischen nur bei den vier Verben: *haben, sein, können, tun.*

ich hätte	=	*i häd*
ich wäre	=	*i wåår*
ich könnte	=	*i kåndd (*oder *kundd* oder *kånddåd* oder *kunddåd)*
ich täte	=	*i dååd*

§ 7 Von allen andern Verben wird der Konjunktiv schwach, aus dem Stamm und der Endung *-åd,* gebildet oder kann zumindest so gebildet werden; es ist gleichgültig, ob sich's um hochdeutsch starke oder schwache Zeitwörter handelt:

ich zeigte (schwach)	=	*i zoågåd*
ich grüßte (schwach)	=	*i griåssåd*
ich büke (stark)	=	*i baggåd*
ich schösse (stark)	=	*i schiåssåd*
ich trüge (stark)	=	*i dråågåd*

Dies ist ein großer Vorzug des Bairischen. *Ich backte, ich schießte, ich tragte* kann man hochdeutsch (noch) nicht sagen. Bairisch kann man, und darum steht hier dem Gebrauch des unumschriebenen, direkten Konjunktives nichts im Weg; denn er klingt auch bei den stärksten Verben nicht sonderbar:

du dröschest	=	*du dreschàdsd*
ich schwänge	=	*i schwingàd*
ihr stänket	=	*ees schdinggàds*
er schisse	=	*deà scheissàd*

§ 8 Ein paar Dutzend starke Konjunktivformen sind auch im Bairischen noch erhalten. Sie können alle – von den vier obengenannten Ausnahmen abgesehen – durch schwache – die meisten überdies auch noch durch gemischte – ersetzt werden.

Auch sie sterben allmählich aus. Aus der Liste der möglichen starken Formen kann man etliche (die mit † bezeichneten) zumindest in der Stadt kaum mehr gebrauchen, ohne Verwunderung zu erregen.

hochdeutsch	starke Form	schwache Form	gemischte Form
äße	*ààß †*	*essàd*	*ààßàd †*
bliebe	*bliàb †*	*bleiwàd*	
bräche	*brààch †*	*brechàd*	
fände	*fànd*	*finddàd*	*fàndàd*
fragte	*friàg †*	*fràgàd*	
fräße	*fràòß †*	*fressàd*	
gäbe	*gààb*	*gewàd*	*gààwàd*
geschähe	*gschàh*	*gschààd*	
ginge	*gàng*	*gääd*	*gàngàd*
hätte	*häd*		
hinge	*hàng*	*héngad*	*hàngàd*
käme	*kààm*	*kemàd*	*kààmàd*
läge	*làag*	*liegàd*	*làagàd*
läse	*làas †*	*lesàd*	
liefe	*liàf †*	*làffàd*	
ließe	*liàß*	*lassàd*	*liàßad*
nähme	*nàhm*	*nehmàd*	*nàhmàd*
regnete	*ràng**	*rengàd*	
sähe	*sààh*	*sääd*	
sänge	*sàng*	*singàd*	*sàngàd*
schlüge	*schliàg †*	*schlàgàd*	
spränge	*schbràng*	*schbringàd*	*schbràngàd*

---

* Der starke Konjunktiv zu *regnen* : *ràng* gehört zur Gruppe »Sprachhumor«: *Wanns bloß need àso ràng! (= Wenn es nur nicht so regnete!)* – Er entspricht dem Partizip *dàwuschn* für *dàwischdd (*erwischt*)* und dem hochdeutsch-lustigen *gerochen* für *gerächt* (das allerdings Schiller: Das sollte ungerochen der Gauklerin gelungen sein? – Don Carlos II, 9.) noch ganz ernsthaft verwendete).

stänke	*schdàngg* †	*schdinggàd*	
stünde	*schdàndd*	*schdäàd*	*schdànddàd*
täte	*dàad*		
träfe	*dràaf*	*dreffàd*	*dràafàd*
tränke	*dràngg*	*dringgàd*	
trüge	*driàg* †	*dràgàd*	
vergäße	*vàgàaß*	*vàgessàd*	*vàgàßàd*
verschwände	*vàschwàndd*	*vàschwinddàd*	*vàschwànddàd*
wäre	*wàar*		

§ 9 Eine gewisse Formenauswahl hat man auch beim Konjunktiv einiger
unregelmäßiger Verben:

hochdeutsch	bairisch
brächte	*bringàd, bràchd, bràchdàd*
könnte	*kànndd, kundd, kànddàd, kunddàd*
müßte	*miàssàd, miàßd*
sollte	*soidd, soiddàd*
wollte	*woidd, woiddàd*
wüßte	*wißd, wissàd.*

Auch für das hochdeutsch regelmäßige Verbum *brauchen* kennt die
bairische Sprache mehrere Konjunktivalternativen: *brauchte = brauchàd,
bràchàd, braichd, braichàd*. Der Konjunktiv *ich brauchte* heißt auf bairisch-
hochdeutsch *ich bräuchte;* daher kommt bairisch-mundartlich *braichd*.
Bräuchte ist allerdings nicht richtig; als schwaches Verbum hat *brauchen*
keinen Umlaut.

§ 10 Der Gebrauch des bairischen Konjunktivs umfaßt so ziemlich den
gesamten Bereich, den der Konjunktiv auch in der Hoch- und Umgangs-
sprache hat:

Aufforderung:
Würden Sie ein wenig zusammen-   =   *Dàan Sie à wengàl zamruggà?*
rücken?

Unbestimmtheit:
Ich würde schon meinen.   =   *I moànàd schō.*

Bedingung:
Wenn ich könnte, würde ich bis   =   *I wann kunnd, i schlaffàd bis um*
zwölf Uhr Mittag schlafen.   *zwöife middàg.*

Wunsch:
Wenn ich nur Geld hätte!   =   *Wann i bloß à Gäid hädd!*

§ 11 Auch das eigentümliche *Das hätten wir – Da wären wir – Das wäre
erledigt* – für ein mit Mühe erreichtes Ergebnis gebraucht man im Bairi-
schen: *Dees häddmà – Dà wàarmà – Dees wàar gschäng.*

§ 12 Die deutsche Sprache kennt auch den Konjunktiv der Höflichkeit:
Ich würde sagen. – Ich hätte gern Schweinebraten. – Dahinter steht die bairische
Courtoisie nicht zurück: *I dàad sàng. – I häd geàn àn Schweinsbràan.* –

I griàgàd dees Buàch dà. Zu erklären ist diese Form als Ellipse, aus dem Ausfall eines Satzteils, etwa: *wenn Sie so freundlich sein wollen* – oder: *wenn's Ihnen nichts ausmacht.* Die bairische Konjunktivhöflichkeit geht sogar noch weiter:

Mià wààn de Maurà, de wo Eàhnà	=	*Wir wären die Maurer, die Ihr*
Haus baun soin.		*Haus bauen sollen.*
I wààr àn Schhànglàmoàsddà	=	*Ich wäre die Frau des Spengler-*
Schàichhuàwà sēī Frau.		*meisters Schelchhuber.*
I wàà dà Vàlegà Heimàràn.	=	*Ich wäre der Verleger Heimeran.*

§ 1 Als eigentlicher Imperativ wird in den Grammatiken nur der Befehl an die 2. Person des Singulars und des Plurals bezeichnet: *sing(e) – singt; schweig(e) – schweigt.* Die Aufforderung an 1. und 3. Personen gilt als »imperativischer« oder »optativischer Konjunktiv« – was indessen keinen Hinderungsgrund darstellt, sie gemeinsam mit dem Imperativ vorzustellen.

1. Person Singular:	kein Imperativ —	
2. Person Singular:	*gäh*	*gäh zun Doggdà*
		(= geh zum Doktor!)
3. Person Singular:	*gähd (oànà)*	*gähd oànà zun Doggdà*
		(= geht einer zum Doktor!)
1. Person Plural:	*gemmà*	*gemmà zun Doggdà*
		(= gehen wir zum Doktor!)
2. Person Plural:	*gähds*	*gähds zun Doggdà*
		(= geht zum Doktor!)
3. Person Plural:	*gengà (õã)*	*gengàr oã zun Doggdà!*
		(= gehen welche zum Doktor!)
Höflichkeitsform:	*gengà S*	*gengà S zun Doggdà!*
		(= gehen Sie zum Doktor!)

§ 2 Der Imperativ der 1. Person Plural: *gemmà, kàffmà, deàmmà, schiàmmà* (= *gehen wir, kaufen wir, tun wir, schieben wir*) dient auch – wie insbesondere in Österreich – als höflicherer, verbindlicherer Ersatz für den der 2. Person Plural. *Gemmà* kann nicht nur im Sinn von *gehen wir,* sondern auch – von einem, der selbst zu gehen gar nicht vorhat – als Aufforderung an andere benutzt werden. *Gemmà* heißt dann soviel wie *gähds* (= *geht*), klingt aber, indem man sich selbst wenigstens pro forma mitauffordert, freundlicher und netter. Dies entspricht der – umgangssprachlich und auch bairisch – nicht seltenen Gewohnheit der leutseligen wir-Anrede:

No wià gähds uns denn heid?   =   *Na, wie geht es uns denn heute?*
Hammà wiedà z vui Bià gsuffà?   *Haben wir wieder zuviel Bier getrunken?*

§ 3 Der wir-Imperativ von *sein* heißt *sàmmà* = *sind wir* beziehungsweise *seien wir.*

Sàmmà do need bläd	=	*Seien wir doch nicht blöde*
sàmmà gscheid	=	*seien wir klug*
sàmmà wiedà guàd	=	*seien wir wieder gut*
sàmmà Freindd	=	*seien wir Freunde.*

Man kann das *sàmmà* nicht nur vor Adjektive und Substantive stellen, sondern auch vor das Partizip *gangà* (= *gegangen*): *sàmmà gangà,* wörtlich: *seien wir gegangen,* bedeutet: *gehen wir.* Vermutlich ist diese Wendung aus:

Wenn das so ist, dann sind wir schon soviel wie gegangen – zu einem Imperativ verkürzt worden.

§ 4 Das Endungs-*e* der 2. Person Einzahl: *lauf-e, geh-e, denk-e* wird auch hochdeutsch nur in sehr gehobener Rede benutzt. In der Umgangssprache und natürlich auch im Dialekt fällt es weg: *lauf – geh – denk = laaf – gäh – dengg*. Verben, die auf Konsonant + *-ern, -eln* oder *-nen* endigen, müssen im Schriftdeutschen, damit nicht eine äußerst sonderbare Form entsteht, das Imperativ-*e* behalten. Bairisch tritt an Stelle des *-e* ein *-ed* beziehungsweise *-d* auf:

> *zeichne* = *zeichned* (Plural: *zeichneds*)
> *sammle* = *sammed* (Plural: *sammeds*)
> *pisse* = *bisld* (Plural: *bislds*)

(Ebenso heißt die 1. Person Präsens Indikativ dieser Verben: *i zeichned, i sammed, i bisld* etc. – siehe Seite 47).

§ 5 Ebenso wie im Indikativ, tritt also bei der Befehlsform in der 2. Person Plural die Dual-Endung *-s* (siehe Seite 126) an das Wortende. Sie bleibt auch erhalten, wenn das Personalpronomen *ihr (= iå* oder *ees)* in seiner vollen Form dazukommt:

> *Drågds dees hoåm!* = *Tragt das heim!*
> *Drågds ees dees hoåm!* = *Tragt ihr das heim!*

§ 6 Schriftdeutsch kann hinter die Imperativform, wenn man das *du* oder das *ihr* besonders betonen will, das Pronomen gesetzt werden: *Nimm das Buch!* oder *Nimm du das Buch!* – Das geht bairisch genauso: *Nimm du dees Buåch!*

Bairisch ist es überdies noch möglich, das Pronomen voranzustellen: *Du håidd dēi Mai! (= Du halte dein Maul!).* – Es handelt sich hier nicht um die Anrede *Du : Du! Hoidd dēi Mai!*, die – man braucht sich's nur vorzusagen – erstens eine stärkere Betonung des Pronomens, zweitens eine gewisse Pause zwischen *du* und *håidd* verlangt.

§ 7 Schriftdeutsch hieße die 3. Person Einzahl: *(Es) singe jemand ein Lied!* – Die Form entspricht dem Konjunktiv Präsens. Da es diesen Konjunktiv im Bairischen nicht gibt, wird er durch die Indikativform ersetzt: *Singd oånår å Liåd!* – Dazu tritt ein unbestimmtes Pronomen: *oånà, weà* im Singular, *õå* im Plural:

> *Gåhd oånà naus!* = *Gehe einer hinaus!*
> *Schågd weà nach die Kindà!* = *Schaue jemand nach den Kindern!*
> *Låffån õå zun Bfarrà niwà!* = *Laufen welche zum Pfarrer hinüber!*

§ 8 Der Imperativ von *sein* heißt, wie hochdeutsch *sei: sei – is oånà – såmmà – seids – sån õå.* Die 2. Person Singular kann, insbesondere vor *schdåàd (= still)*, auch *bi* heißen: *Bi schdåàd!*

Der Sie-Imperativ von *sein: Seien Sie so gut!* – lautet bairisch *S : San S,* in halbhochdeutscher Sprache sagt man nicht etwa *sein S,* sondern: *Sind S so gut.*

§ 9 Zu *werden* gehört der Imperativ *weà: weà, weàd oànà, weàmà, weàds, weàn ôà.*

Weà hàid à Beamddà, na brauchsd   =   *Werde halt Beamter, dann brauchst*
nix awàdn.   *du nichts zu arbeiten.*

§ 10 Sonstige Ausdrucksformen des Befehls hat das Bairische mit dem Hochdeutschen gemeinsam:

Daß du ja kommst!	=	*Daß d ja kimmsd!*
Jetzt wird gegessen!	=	*Jetz weàd gessn!*
Du gehst!	=	*Du gähsd!*

Statt *du gähsd!* kann man bairisch auch, unter Verzicht auf das Pronomen, *gähsd!* sagen – eine Form, die vor allem bei vertreibenden Ausrufen sehr gebräuchlich ist: *Schleichsd di! – Schaugsd, daß d weidàkimmsd! – Vàschwindsd!* und aus der Frageform – *Verschwindest du?* – zum Imperativ degenerierte.

§ 11 Besonders häufig wird der Imperativ mit dem Hilfszeitwort *tun* umschrieben; er klingt dann weniger schroff (siehe Seite 66):

Haltet euch zurück!	=	*Deàds eich zrugghàiddn!*
Werdet nicht frech!	=	*Duàds need fräch weàn!*
Tanzen wir wieder!	=	*Deàmmà wiedà danzn!*

§ 12 Die Umgangssprache kennt mehrere Imperative, die zu bedeutungsentleerten Interjektionen erstarrt sind: *Komm, stell dich nicht so an! – Geh, das ist doch Unsinn! – Schau, das hab ich nicht so gemeint. – Hör zu, ich brauche fünfzig Mark. – Paß auf, wir kommen morgen zurück.* Alle diese Einleitungsformeln gibt es auch im Bairischen – außer *hör zu,* das bairisch *hoàch (= horch)* heißt.

Die erstaunlichste Entwicklung hat *gäh!* genommen. *Gäh* hat eine reiche Bedeutungsskala:

Gäh, kànddn S mà Eàhnà Giàß-   =   *Ach bitte, könnten Sie mir Ihre Gieß-*
kannà leihn? Mià ham s die meine   *kanne leihen? Mir wurde die meinige*
gschdoin.   *gestohlen.*

Gäh, wàs S need sàng! Gäh, Hansi,   *Wirklich? Was Sie nicht sagen! Sei so*
gäh zuà Màmmà und laß dà g Giàß-   *gut, Hänschen, geh zu Mutter und laß*
kannà geem.   *dir die Gießkanne geben.*

Gäh schick di à weng!   *Los, beeile dich ein wenig!*

Gäh, wàs hàsd denn jetz bràchd,   *Nein, was hast du denn jetzt gebracht,*
de gross Kannà nadiàle!   *die große Kanne natürlich!*

Wàmmà kôà grässàne need ham.   *Wenn wir doch keine größere haben.*
Gähgäh, machds hàid eire Aung auf!   *Papperlapapp, macht doch eure*
                                                          Augen auf!

Man sieht: *gäh* hat aufmunternde, bittende, ablehnende etc. Bedeutung. Und: *gäh* kann selbst Siezpersonen gegenüber verwendet werden, obwohl es ja eigentlich der du-Imperativ von *gehen* ist. Aber als solcher wird es schon längst nicht mehr verstanden; der Imperativ *gäh = gehe!* wird auch deutlich länger ausgesprochen als die Interjektion *gäh!* Man kann ohne weiteres sagen: *Gäh, Heà Owàbuàgàmoàsdà* (aber auch: *Gengà S, Heà Owàbuàgàmoàsdà!*). Erst in *gäh weidà* (das die Bedeutungen: *Los, voran! Bleib mir vom Halse! Nein, was du nicht sagst!* und noch mehrere andere hat) wird *gäh* offenbar wieder als Befehlsform *gehe!* empfunden: *Gäh weidà, Heà Minisddà!* sagt nur, wer alle Leute duzt.

§ 13 Der beliebte Imperativ *Lägg mi am Arsch* hat eine weite Bedeutungs-skala, die von entschiedener Absage bis zu freudigster Überraschung reicht.

Auch *vàrregg do glei* (= *verrecke doch gleich*) kann gleichermaßen Ärger, Zorn, Erstaunen und Begeisterung ausdrücken, während *vàrregg Kaffää-haus,* trotz der Folgenschwere des Fluches, ginge er in Erfüllung, nur eine verhältnismäßig leichte Unmutsäußerung ist.

Ein sehr malerischer Schimpf-Imperativ verdient noch, daß man ihn erwähnt. Er lautet: *Scheißdiewandan!* und drückt Enttäuschung und Resignation aus. Das Interessante daran ist, daß er – aus unbekannten Gründen – niemals bairisch: *Scheiss d Wand ō!* ausgesprochen wird, sondern stets in korrekt hochdeutscher Form ertönt, wie *Vergißmein-nicht.*

Der bis zum Eckel getriebene Vorwurf der Grobheit, welchen man den Baiern zu machen pflegt, und den jedes ausländische Kind nachzu-lallen sich für berechtiget hält, ist doch wohl nur in Ansehung ihrer Sprache wahr und gegründet. Sie verschlucken viele Vocale, sprechen andere wie Doppellauter aus, und sind überdieß gewohnt, alles rund heraus bey seinem natürlichen Name zu nennen. Sie sagen ganz treuherzig aus Scherz zu einander, was Göy von Berlichingen im Heldenton dem Hauptmanne sagen läßt, der seine Veste auffordert. Eine rauhe Mundart (die man von einer rohen und dürftigen wohl unterscheiden muß) verdient nun zwar darum, weil sie rauh ist, eben kein Lob, — aber auch keine Verachtung, wenn sie nur körnicht, und expressiv ist. Rauh war die Sprache der Celten, rauh sind noch die Sprachen der Schweiger, Slavonier und anderer berühmter Nationen. Wenn gleich diese Rauhigkeit nicht von feinen, überzuckerten Sitten zeugt, so ist sie doch immer der Abbruck von Mannsinn, und Festigkeit. Indessen ward den Baiern wegen dieser unpolirten altdeutschen Art zu sprechen das beleidigende Prädicat grob zu Theile, da doch ihre thätige, und oft zuvorkommende Gefälligkeit, welche allein den Namen wahrer Höflichkeit verdient, von den strengsten reisenden Beobachtern aus eigener Erfahrung mit Beyfall anerkannt wird.

Aus: Andreas Zaupser, Versuch einer baierischen und oberpfälzischen Idiotikons. Nebst grammatikalischen Bemerkungen über diese zwo Mundarten und einer kleinen Sammlung von Sprüchwörtern und Volksliedern. München 1789.

Passiv

§ 1 Der allzu reichliche Gebrauch der Leideformen des Passivs gilt in der deutschen Sprache nicht als ein Kennzeichen des gepflegten Stils. Insbesondere, lehren die Schulgrammatiken, ist es verwerflich, das Passiv in den Fällen zu benutzen, in denen man den Täter kennt. Statt: *Von unsern braven Briefträgern wurden gestern zehntausend Briefe ausgetragen –* sollte man besser sagen: *Unsere braven Briefträger trugen gestern zehntausend Briefe aus.*

Das gilt für das Bairische nur mit Einschränkung, da es hier angesichts der Häufigkeit umschriebener Formen (siehe Seite 54, Perfekt) auf ein paar Partizipien hin oder her nicht ankommt.

Dà Michàl is vom Lehrà gwàdschd = *woàn*	*Michael ist vom Lehrer geohrfeigt worden*

steht an Schönheit dem aktiven Satz:

Dà Lehrà hàd àn Michàl gwàdschd =	*Der Lehrer hat Michael geohrfeigt*

nicht nach, im Gegenteil.

§ 2 Bei unbekanntem Täter bestehen die schriftsprachpflegerischen Bedenken nicht so sehr: *Jetzt wird die Straße repariert. – Karl wurde verhaftet. –* sind makellose Sätze. Auch bairisch: *Jetz weàd d Schdrass ràbbàriàd. – Dà Karä is vàhaffd woàn.* In solchen Fällen ist das Bairische sogar mehr als das Hochdeutsche geneigt, die aktive Form zu benutzen:

Jetz ràbbàriàn s d Schdrass. =	*Jetzt repariert man die Straße.*
An Karä ham s vàhaffd. =	*Karl hat man verhaftet.*

Wobei die nicht näher definierte Tätergruppe – hochdeutsch *man* – bairisch meistens *sie* genannt wird:

Hat man dich betrogen? =	*Ham s di ausgschmiàd?*
Endlich hat man ihn erwischt. =	*Endli ham s n dàwischd.*

§ 3 Reichlich verwendet wird das unpersönliche Passiv:

Am 1. Mai wird demonstriert. =	*Am eàschdn Mai weàd demonschdriàd.*
Beim Unterwirt wird gerauft. =	*Bein Unddàwiàdd weàd gràffd.*
Es wird gesungen. =	*Gsungà weàd.*
Heute wird fortgefahren. =	*Heid weàd fuàddgfahn.*

§ 4 Und das Befehls-Passiv:

Jetzt wird geschlafen! =	*Jetz weàd gschlaffà!*
Gegessen wird! =	*Gessn weàd!*

Ein Droh-Passiv ist in der Schülersprache gebräuchlich: Für: *Das sage ich* *(*oder *sagen wir)* dem Lehrer (oder Pfarrer oder sonst einer Respekts-person) hört man oft: *Dees weàd gsågd!* *(= Das wird gesagt).*

§ 1 Die Vorsilbe *be-*, so scheint es, ist im Bairischen nicht recht zuhause. Ein großer Teil der hochdeutschen *be-*Wörter fehlt im Dialekt: *beachten, beackern, bearbeiten, beantragen, beantworten* ... Wo die Vorsilbe *be-* aber vorkommt, bleibt sie fast immer unverdaut und unverändert stehen; das *e* fällt nicht, wie eigentlich zu erwarten wäre, aus:

es heißt nicht	*bnehmà*,	sondern	*benehmà (= benehmen)*
nicht	*bruign*,	sondern	*beruing (= beruhigen)*
nicht	*bläsdign*,	sondern	*beläsdign (= belästigen)*.

Vielleicht liegt das daran, daß die meisten dieser Wörter erst aus der Schriftsprache in die Mundart eingedrungen sind: *Beamdde (= Beamte), Beheàde (= Behörde), Beruf, Beeàn S uns wiedà (= beehren Sie uns wieder)* ..., und einfach in der Form, wie man sie bekam, übernommen wurden.

Der *e*-Ausfall ist übrigens in einigen schriftdeutschen Wörtern zu beobachten: *bleiben* hieß mittelhochdeutsch *belíben* (aus *be-* + einem vorgermanischen Wort *líban = kleben, haften*); *bang* kommt von *be-ange* und bedeutet soviel wie *beengt*.

§ 2 Bairisch fällt das *e* fast stets vor *s* (und *sch* und *st*) aus:

besoffen	=	*bsuffà*
besuchen	=	*bsuàchà*
bescheißen	=	*bscheissn*
bestellen	=	*bschdäin*
Besteck	=	*Bschdeeg*
besetzt	=	*bsetzd*

§ 3 In einigen Fällen wurde das ganze *be-* weggelassen:

beneiden	=	*neidn*
bezahlen	=	*zàin*.

Bei *behalten* wird die Vorsilbe *be-* durch *ge-* ersetzt: *kàiddn (= g'halten)*; dafür gibt es für *eingestehen* die bäuerliche Form *eibschdeh*.

§ 4 Statt *Kàidd deī Gäid (= behalte dein Geld)* kann man auch sagen: *Pàidd (= b'halt) deī Gäid*. Hier fiel das *e* offenbar nach dem Vorbild von *g'halt* aus. Denn alle andern Wörter, in denen auf die Vorsilbe *be-* ein *h* folgt, behalten *(pàiddn, kàiddn)* ihr *e*: *behandln, beheàschn (= beherrschen), behaubbdn (= behaupten)*.

§ 5 Nur aus *Behüt Gott* wurde *Bfiàgood*. Dieses mit Abstand am häufigsten vorkommende *be*-Wort hat sich durch den tagtäglichen Gebrauch so verschliffen. *Behüt Gott* ist der bairische Abschiedsgruß, dessen Pendant – zum Willkommen – *Griàsgood (Grüße dich Gott)* heißt. Die Formen wechseln je nach den Umständen:

Griàsgood, Bfiàgood	=	allgemein, Duz- und Siez-personen, einem oder mehreren gegenüber
Griàsdigood, Bfiàddigood	=	*Grüß dich Gott, Behüt dich Gott*
Griàsseichgood, Bfiàddeichgood	=	*Grüß euch Gott, Behüt euch Gott*
Griàsseàhnàgood, Bfiàddeàhnàgood	=	*Grüß Sie Gott, Behüt Sie Gott*
Griàsgood beinand, Bfiàgood beinand	=	*Grüß Gott alle miteinander, Behüt Gott alle miteinander*

Gott kann auch weggelassen werden:

Griàsdi, Bfiàddi	=	*Grüß dich, Behüt dich*
Griàsseich, Bfiàddeich	=	*Grüß euch, Behüt euch*
Griàsseàhnà, Bfiàddeàhnà	=	*Grüß Sie, Behüt Sie* (in sehr kolloquialer Rede).

§ 6 Die beiden Grußwörter können auch zum Ausdruck des Abscheus und der Enttäuschung verwendet werden: *Ja griàsdigood* und *ja bfiàddigood* bedeutet: *Um Himmelswillen.* In ornamentalerer Form – ebenfalls im Sinne von: *Du lieber Gott, das hat mir grade noch gefehlt* – lauten die Ausrufe: *Bfiàddigood, scheene Gengd (= Behüt dich Gott, schöne Gegend)* oder. *Griàsdigood, scheene Baiàrin (= Grüß dich Gott, schöne Bäuerin).*

Zur Kennzeichnung besonders stoffeliger und schweigsamer Menschen dient: *Deà hàd kõà Weàddl gsàgd, need griàsgood, need bfiàgood, need làggmiamarsch (= Er hat kein Wörtchen gesagt: nicht Grüßgott, nicht Behütgott, nicht Leck mich am Arsch.).*

§ 7 Eine geringe Rolle spielt die Vorsilbe *er-*. Sehr oft wird sie durch *der-* ersetzt (siehe Seite 82). Wo sie auftritt, heißt sie *eà-* : *eàlaum (= erlauben), eàfahn (= erfahren), eàledigd (= erledigt)* – es sei denn, daß dem *er-* ein Vokal folgt; dann wird das *-r* deutlich hörbar und verbindet fugenlos die Vorsilbe mit dem nachfolgenden Stamm:

nicht: *er-innern* sondern *eà-rinnàn*
nicht: *er-obern* sondern *eà-rowàn.*

§ 8 *Ver-*, ebenfalls häufig durch *der-* ersetzt, klingt bairisch – regional und auch individuell unterschiedlich – teils wie *và-*, teils auch beinah wie *vo-* :

verdienen = *vàdeànà* oder auch *vodeànà*
verlernen = *vàleànà* oder auch *voleànà*
verrecken = *vàreggà* oder auch *voreggà.*

Auch hier bindet das *r* als Bindelaut die Vorsilbe an den folgenden Stamm des Wortes, falls dieser mit einem Vokal beginnt:

nicht: *Ver-ein* sondern *Và-rein*
nicht: *ver-achten* sondern *và-rachddn.*

Allerdings gilt diese Regel hier nicht so ausnahmslos wie für die Vorsilbe *er-*. *Verirren* etwa hieße nicht *và-riàn*, sondern *và-iàn*, *veredeln* nicht *và-redln*, sondern *và-edln.*

§ 9 Ziemlich selten ist die Vorsilbe *zer-*, da sie fast immer durch *der-* ersetzt wird. Wo *zer-* gebraucht wird, kann es *z-* oder *zà-* heißen:

zerrissen	=	*zrissn*	oder auch	*zàrissn*
zerbrochen	=	*zbrochà*	oder auch	*zàbrochà*
zergehen	=	*zgēh*	oder auch	*zàgēh*
zerbeißen	=	*zbeissn*	oder auch	*zàbeissn*
zerlegen	=	*zleeng*	oder auch	*zàleeng*

§ 10 Die wichtigste der bairischen Vorsilben ist die Silbe *der-*. Man spricht sie *dà-*, stets mit stummem *r*, auch vor Vokal: *dàessn*, nicht *dàressn*. Sie ersetzt den größten Teil der Vorsilben *er-*, *ver-* und *zer-* und drückt die erfolgreiche Vollendung einer Tätigkeit aus, wobei das Ergebnis von unterschiedlicher Art sein kann:

dàschiàm   heißt: *mit Erfolg schieben,* so schieben, daß sich der Gegenstand bewegt;

dàziàng   heißt: dementsprechend: *ziehen, bis der Gegenstand in Bewegung kommt* oder an seinem Bestimmungsort angelangt ist;

dàweàffà   heißt: nicht, was logisch wäre: werfen, bis der Gegenstand fliegt, sondern: *jemanden zutode oder etwas kaputt werfen;*

dàessn   heißt: mit Erfolg hinunterwürgen: *wanns sēi muàß, dàiiß i dà fuchzehn Gnedl (= wenn es sein muß, bringe ich es fertig, fünfzehn Knödel zu essen).*

dasauffa   Folgerichtig müßte man zwanzig Maß Bier *dàsauffà* können. Das aber kann man nicht: *dàsauffà* heißt *ersaufen;* auch *dàdringgà* kann man das Bier nicht, denn auch *dàdringgà* bedeutet *ertrinken.*

§ 11 Nicht jedes *er-*, *ver-* oder *zer-* läßt sich durch *der-* ersetzen. *Vergessen* heißt *vàgessn*, und *zerlegen* heißt *zàleng*.

Zerlaufen   heißt: *zàlàffà (dàlàffà* dagegen bedeutet: *etwas durch Laufen erreichen).*

Erzählen   heißt   bairisch: *vàzäin* (ebenso wie *sich verzählen: dà hàw i mi vàzäid). Dàzäin* bedeutet: *in der Lage sein, etwas zu zählen.* Jemand zählt und zählt sein Geld, und das Zählen nimmt kein Ende. »*Moansd, daß d às heid nō dàzäisd?*«, wird er gefragt: *Meinst du, daß du heute noch mit dem Zählen fertig wirst?*

§ 12 Schon mittelhochdeutsch war die Vorsilbe *der-* geläufig: *derleben* für *erleben; derspehen* für *erspähen; dergeben* für *ergeben.* Es hat lang gedauert, bis die deutsche Sprache ihre endgültigen Präfixe gefunden hatte. Noch im 18. Jahrhundert gab es *errufen = so rufen, daß man gehört wird* – was bairisch *dàschrein* heißt; und *ertreten = zertreten =* bairisch *dàdreen.*

§ 13 Hier folgt nun eine Liste wichtiger bairischer *der*-Zeitwörter:

dàbàà<u>z</u>n	=	*<u>z</u>u Brei – <u>z</u>u Bààz – drücken*
dàbädln	=	*erbetteln*
dàbaggà	=	*bewältigen*
dàbarmà	=	*erbarmen*
dàbeissn	=	*<u>z</u>erbeißen*
dàblädàn	=	*<u>z</u>erstören*
dàbläggà	=	*auslachen, verspotten*
dàbräsln	=	*<u>z</u>erbröseln, <u>z</u>erkrümeln, erschöpfen*
dàdädschn	=	*<u>z</u>erdrücken*
dàdōā	=	*verkraften, fertigbringen, erreichen*
dàdràng	=	nicht: *ertragen*, sondern wie *dàschläbba*, es schaffen, etwas Schweres *<u>z</u>u tragen*
dàdreen	=	*<u>z</u>ertreten*
dàdruggà	=	*erdrücken*
dàessn	=	*aufessen können*
si *dàfàin*	=	*<u>z</u>u Tode fallen*
si *dàfangà*	=	*sich fangen*
dàfein	=	*verfaulen*
dàfràng	=	*erfragen*
dàfriàn	=	*erfrieren*
dàgaddàn	=	*ergattern*
dàgàrmà	=	*erwürgen*
dàgeem	=	*ergiebig sein, ausgeben*
dàglangà	=	*(vorwiegend mit den Händen) erreichen*
dàgrafdn	=	*verkraften*
dàgrain	=	*durch Kratzen mit den Krallen schwer verletzen*
dàhåiddn	=	*(jemanden) erhalten*
dàhåiddn	=	*festhalten können*
dàheem	=	*(etwas Schweres) halten oder hochheben können*
si *dàhenga*	=	*sich erhängen*
dàhoà<u>z</u>en	=	*(einen Raum) hinreichend hei<u>z</u>en können*
dàhungàn	=	*verhungern*
si *dàkeàwen*	=	*sich hinfallend überschlagen*
dàkemà	=	*erschrecken*
dàkena	=	*anerkennen*
si *dàkugln*	=	*sich überschlagen und ins Rollen kommen*
dàlaffa	=	*etwas durch Laufen erreichen*
dàlangà	=	*dasselbe wie dàglangà*
dàleànà	=	*erlernen*
dàleem	=	*erleben*
dàlein	=	*dulden (derleiden)*
dàluàn	=	*erspähen*
dàmachà	=	*bewältigen, etwas aushalten*
dàmàndschn	=	*<u>z</u>erquetschen, <u>z</u>u Brei <u>z</u>erdrücken*
dàråàn	=	*erraten*
dàreiddn	=	*bändigen, im Zaume halten*
dàrennà	=	*ganz anders als dàlàffà, nämlich jemanden oder sich <u>z</u>u Tode rennen*

dàsauffà	=	*ertrinken*
dàschbächdn	=	*erspähen*
dàschbarn	=	*ersparen*
dàschdässn	=	*jemand oder etwas durch Stoßen zerstören*
dàschdechà	=	*erstechen*
dàschdēh	=	*so lange stehen können, wie es nötig ist*
dàschdeing	=	*erklettern (mit Mühe noch)*
dàschdiggà	=	*ersticken*
dàschiàm	=	*etwas schieben können*
dàschiàssn	=	*erschießen*
dàschläbbà	=	*schleppen können*
dàschlàng	=	*erschlagen*
dàschmeißn	=	*zerdeppern*
dàschnaufà	=	*genug Atem haben, um etwas zu schaffen*
dàschreggà	=	*erschrecken* (transitiv und intransitiv)
dàschrein	=	*jemand durch Rufen erreichen*
dàwarddn	=	*erwarten* im Sinne von: *so lang warten, bis etwas eintritt*
dàweggà	=	*jemand aufwecken können*
dàwiàgln	=	*erwürgen*
dàwischn	=	*erwischen*
dàwoàggà	=	*zerweichen, aufweichen*
dàwuzln	=	*etwas zu Krümeln reiben*
dàzàin	=	*etwas zahlen können*
dàziàng	=	*etwas ziehen können.*

§ 14 Die Liste ist nicht vollständig; sie kann es schon deshalb nicht sein, weil man eine endlose Zahl von Tätigkeitswörtern durch Voransetzen der Silbe *der-* bei Bedarf zu Erfolgsverben machen kann, ohne daß die so entstandenen Wörter einen festen Platz im Vokabular des Dialekts zu beanspruchen hätten. Für: *Ich bringe es nicht fertig, sein Gesicht zu malen –* könnte man sagen: *Den sēi Gsichdd dàmàl i need.* Für: *Man kann gar nicht soviel gießen, wie bei dieser Hitze vertrocknet – Dees dàgiàßd need, wàs bei derà Hitz vàdroggned.* Für: *Das wirst du auch durch Beten nicht erreichen – Dees dàbäddsd need.*

§ 15 Nicht jedes Verbum kann mit *dà-* verbunden werden. So kann man beispielsweise nichts *dàsuàchà (suchen, bis man es gefunden hat)*, kann keine Wohnung *dàmiedn,* nichts *dàfluàchà (*bloß *vàfluàchà)* und nichts *dàsàng (*etwa: *solange sagen, bis es endlich verstanden wird).*

Es gibt keine Regel dafür, was geht und was nicht geht. Dies muß das Sprachgefühl von Fall zu Fall entscheiden.

§ 16 Die sonstigen Präfixe zeichnen sich im Bairischen nicht durch nennenswerte Eigentümlichkeiten aus. Vorsilbe *ge-* siehe Seite 56f. und 112ff.; Vorsilbe *an-* siehe Seite 186.

§ 1 Dem hochdeutschen bestimmten Artikel *der/die/das* entsprechen bairisch *deà/de/dees.* Je nachdem, ob der Artikel stärker oder schwach betont ist oder ob er in Gesellschaft einer Präposition auftritt, nimmt er verschiedene Formen an:

Singular Maskulinum: *der Ochse = deà Ox.*

		betont	unbetont	hinter Präpositionen
Nominativ:	*der Ochse*	*deà Ox*	*dà Ox*	—
Genitiv*:	*des Ochsen*	—	—	—
Dativ:	*dem Ochsen*	*dem/den**Oxn*	*àm/àn Oxn*	*n/m Oxn*
Akkusativ:	*den Ochsen*	*den Oxn*	*àn Oxn*	*n Oxn*

Femininum: *die Kuh = de Kuàh*

		betont	unbetont	
Nominativ:	*die Kuh*	*de Kuàh*	*d Kuàh*	—
Genitiv*:	*der Kuh*	—	—	—
Dativ:	*der Kuh*	*derà Kuàh*	*dà Kuàh*	*dà Kuàh*
Akkusativ:	*die Kuh*	*de Kuàh*	*d Kuàh*	*d Kuàh*

Neutrum: *das Schaf = dees*** Schàf*

		betont	unbetont	
Nominativ:	*das Schaf*	*dees Schàf*	*às/s Schàf*	—
Genitiv*:	*des Schafes*	—	—	—
Dativ:	*dem Schaf(e)*	*dem/den Schàf*	*àm/àn Schàf*	*m/n Schàf*
Akkusativ:	*das Schaf*	*dees Schàf*	*às/s Schàf*	*s Schàf*

Plural (Maskulinum, Femininum, Neutrum): *die Oxn/Kiàh/Schàf*

		betont	unbetont	
Nominativ:	*die Ochsen*	*de Oxn*	*d Oxn*	—
Genitiv*:	*der Ochsen*	—	—	—
Dativ:	*den Ochsen*	*dene Oxn*	*de Oxn*	*de Oxn*
Akkusativ:	*die Ochsen*	*de Oxn*	*d Oxn*	*d Oxn*

§ 2 Der bestimmte Artikel ist, schon im Althochdeutschen, aus dem Demonstrativpronomen (siehe Seite 143 ff.) hervorgegangen; indem er auf einen bestimmten, bekannten Gegenstand hinweist, hat er den demonstrativen Charakter auch behalten. Das hochdeutsche Demonstrativpronomen heißt *dieser, jener, derjenige* usw. und gelegentlich auch: *der.*

---

* Der Genitiv fehlt im Bairischen. Siehe Seite 96.
** Über die gleichlautenden Dativ- und Akkusativformen siehe Seite 97 ff.
*** Die Verwandlung von *das* in *dees* erklärt man sich so, daß hier ein enklitisch am Artikel hängendes *ist : das ist* den Umlaut veranlaßt hat.

Im Bairischen heißt es nur *deà|de|dees*. Dies verwischt die Grenzen etwas und macht es im Einzelfall oft schwer zu entscheiden: Ist *der* hier noch als Artikel oder schon demonstrativ aufzufassen? In: *Den Huàd màchd i mà kàffà* – ist *den* Demonstrativpronomen: *Diesen Hut möchte ich mir kaufen.* – In: *Wissn S wàs, i nimm den greànà Huàd (und need den rodn)* – ist *Jon* Artikel: *Wissen Sie was, ich nehme den grünen Hut (und nicht den roten).*

§ 3 Die auf die Konsonanten *n* und *m* zusammengeschrumpften Formen sind zum Gebrauch nach Präpositionen bestimmt; das gibt es auch in der Schriftsprache: *zu dem* = *zum; unter dem* = *unterm; bei dem* = *beim*. Im Bairischen ist die Zahl der möglichen Kontraktionen weitaus größer:

auf dem Dach	=	*aufm Dàch*
durch den Wald	=	*duàchn Wàid*
mit dem Kopf	=	*miin Koobf*
in den See	=	*in n Sää*
an den Tisch	=	*an n Düsch*

§ 4 Das zu *s* reduzierte *das* des Neutrums hängt sich nicht nur an Präpositionen an: *ins Haus, unters Bett*, es bildet auch in anderer Position neben *às* die unbetonte Form des Artikels:

Ich habe das Bier schon ausgetrunken	=	*I hàb às Bià schō ausdrunggà;*
		oder: *I hàb s Bià schō ausdrunggà;*
Das Auto springt nicht an	=	*Às Auddo schbringd need ō;*
		oder: *S Auddo schbringd need ō.*

§ 5 Am häufigsten wird der Artikel in der unbetonten Form verwendet: *Dà Ox und dà Esl sàn bei dà heilign Maria gschdandn und ham às Griskindl àbgschläggd* = *Der Ochse und der Esel sind bei der heiligen Maria gestanden und haben das Christkind abgeleckt.*

§ 6 Der Artikel *die* wird in unbetonter Stellung zu *d* verkürzt:

Die Mutter kocht die Suppe für die Kinder.	=	*D Muàddà kochd d Subbm fià d Kindà.*

So liest man es gewöhnlich. Hören tut man's anders. Denn das *d* spricht sich zwar vor Vokalen: *d Eisnbahn, d Annelies* – und auch vor manchen Konsonanten: *d Rengschbuàgà (= die Regensburger), d Wiàdd (= die Wirte)* – ganz bequem, vor andern aber nicht; ein Selbstversuch zeigt das ganz deutlich: Man sage schnell zwanzigmal hintereinander *d Bfiàsich (= die Pfirsiche)* und vergleiche dann das zwanzigste mit dem ersten *d Bfiàsich: d Bfiàsich, d Bfiàsich, d Bfiàsich, d Bfiàsich ... b Bfiàsich.* Diese Umwandlung von *d Bfiàsich* in *b Bfiàsich* geschieht ganz zwangsläufig, das *d* assimiliert sich an den folgenden Konsonanten (siehe Seite 34ff.), gleicht sich ihm an und kann dabei höchst verfremdete Gestalt annehmen, zum *b* werden, zum *k* werden, zum *g*, je nachdem, welche Mundstellung der nächste Laut erfordert.

Das sieht so aus:

d A	d Ånddn	(= die Enten)	wird zu	d Ånddn
d B	d Bayàn	(= die Bayern)		b Bayàn
d D	d Draum	(= die Trauben)		d Draum
d E	d Engàl	(= die Englein)		d Engàl
d F	d Flaschn	(= die Flaschen)		b Flaschn
d G	d Guàdl	(= die Bonbons)		g Guàdl
d H	d Heenà	(= die Hennen		d Heenà
		= die Hühner)		(eigentlich: teena)
d I	d Isa	(= die Isar)		d Isa
d K	d Koin	(= die Kohlen)		k Koin
d L	d Loàddà	(= die Leiter)		d Loàddà
d M	d Muàddà	(= die Mutter)		b Muàddà
d N	d Nässn	(= die Nässe)		d Nässn
d O	d Odlgruàm	(= die Jauchegrube)		d Odlgruàm
d P	d Breissn	(= die Preußen)		b Breissn
d Q	d Quäin	(= die Quelle)		g Quäin
d R	d Russn	(= die Russen)		d Russn
d S	d Subbm	(= die Suppe)		d Subbm
d Sch	d Schissl	(= die Schüssel)		d Schissl
d Sp	d Schbeis	(= die Speisekammer)		d Schbeis
d St	d Schdeàn	(= die Sterne)		d Schdeàn
d T	d Tàndde	(= die Tante)		t Tàndde
d U	d Uàschl	(= die Ursula)		d Uàschl
d V	d Veegl	(= die Vögel)		b Veegl
d W	d Wäid	(= die Welt)		d Wäid
d X	d Xàngln	(= die Gesänge)		g Xàngln
d Z	d Zenzi	(= die Kreszentia)		d Zenzi

§ 7 Das *gK, kK, bB* sind nicht nur stumme Schreibhilfszeichen, zur Beruhigung des Lesers, damit er sieht: der Artikel wurde nicht vergessen; mit scharfen Ohren kann man sie als härteres, vollmundiges, schärferes, längeres *k, g* oder *b* durchaus hören – oder sich wenigstens einbilden, daß man sie hört.

Wås sàn dees?	=	Was sind das?
Kiàh.	=	Kühe. (Nicht etwa Ziegen.)

Aber:

k Kiàh.	=	Die Kühe. (Während die Ziegen den Stall nebenan bewohnen.)

Wem es nicht gelingt, die feinen Lautunterschiede zu intonieren, der kann auf die Angleichung auch verzichten und anstatt *k Kiàh* einfach *d Kiàh* sagen. Wenn sonst an der Aussprache alles stimmt, fehlt es nicht weit.

§ 8 Wås sàn dees? De Kiàh. = Die Kühe (von denen ich dir erzählt habe).

Wann steht der volle Artikel, wann der schwache? – Nur mit Betonung und Nicht-Betonung kommt man nicht aus. Der volle Artikel wird auch verwendet, wenn sich an das Subjekt, zu dem der Artikel gehört, eine nähere Bestimmung anschließt; oder wenn diese nähere Bestimmung wenigstens gedanklich anzufügen ist:

Då sàn de Kindà,	=	*Da sind die Kinder,*
die b Fensddàscheim		*die die Fensterscheibe*
eïgschmissn ham;		*eingeworfen haben;*
võ derà roodhårign Frau;		*von jener rothaarigen Frau;*
auf die wosd aufbàssn soisd.		*auf die du aufpassen sollst.*

Der Artikel ist tonlos, wenn er ein Subjekt begleitet, das bekannt ist, oder wenn das Subjekt zum Gattungsbegriff generalisiert wird:

Då sàn k Kindà	=	*Da sind die Kinder*
awà wo d Äiddàn sàn,		*aber wo die Eltern sind,*
wissmà need;		*wissen wir nicht;*
jetz weàd dà Leàrà àà		*jetzt wird der Lehrer auch*
båid kemà.		*bald kommen.*
D Soidadn ham à Unifoàm õ.		*Die Soldaten haben eine*
		Uniform an.
		(Generalisierung)

§ 9 Der unbestimmte Artikel *ein/eine/ein* heißt bairisch *à*, nicht etwa *õã*, obgleich er vom Zahlwort abstammt.

Nominativ:

à Mõ (= ein Mann)	*à Frau (= eine Frau)*	*à Kind (= ein Kind)*

Dativ:

ànlàm Mõ	*àrà Frau*	*ànlàm Kind*

Akkusativ:

àn Mõ	*à Frau*	*à Kind*

§ 10 Man sieht: die unbetonte Form des bestimmten Artikels ist dem unbestimmten Artikel im Dativ und Akkusativ des Maskulinums und im Dativ des Neutrums gleich.

I håb àn Hausmoàsdà gsäng	kann heißen:	*ich habe den Hausmeister gesehen*
	und auch:	*ich habe einen Hausmeister gesehen.*
Dees Kàbbe keàd àm Drambahnschaffnà	kann heißen:	*diese Kappe gehört dem Straßenbahnschaffner*
	und auch:	*diese Kappe gehört einem Straßenbahnschaffner.*

Bestimmter und unbestimmter Artikel unterscheiden sich hier nicht im geringsten; man muß aus dem Zusammenhang erraten, um welchen es sich handelt. Oder fragen: *Wäichàn Hausmoàsdà? (= welchen Hausmeister?)*; dann erfährt man entweder: *Àn unsàn (= unseren)* oder: *Iàgàdoàn (= irgendeinen).*

§ 11 In gewissen Fällen wird der unbestimmte Artikel nicht nur einmal vor das Substantiv oder das Adjektiv gesetzt, sondern gleich doppelt verwendet; diese gewissen Fälle sind:

à so à ...	= ein so ein ...	für:	solch ein ...
			oder: so ein ...
à ganz à ...	= ein ganz ein ...	für:	ein ganz ...
à rächd à ...	= ein recht ein ...	für:	ein recht ...
à vui à ...	= ein viel ein ...	für:	ein viel ...
à bißl à ...	= ein bißchen ein ...	für:	ein bißchen ...
à weng à ...	= ein wenig ein ...	für:	ein wenig ...

Heid is à rächd à scheenà Dåg	=	heute ist ein recht schöner Tag
de machd àn ganz àn guàdn Kaffää	=	sie macht ganz guten Kaffee
i håb no à bißl à Gäid	=	ich habe noch ein bißchen Geld
i håb à vui à grässàs Haus ais wià	=	ich habe ein viel größeres Haus als
meī Nachbà		mein Nachbar.

Nicht möglich ist die zweifache Verwendung des Artikels bei zu: àn zu àn weidn Weeg gibt es nicht. Mit sehr hört man den doppelten Artikel manchmal in der Stadt: ein sehr ein altes Haus; hier haben sich Dialekt und Schriftsprache vermischt; sehr ist in der Mundart eigentlich nicht gebräuchlich.

§ 12 Die Verdoppelung des Artikels ist in jedem Kasus möglich; der Artikel muß dann beidemale mitgebeugt werden:

Nominativ:
à ganz à bràvà Hund   =   ein ganz (ein) braver Hund
Dativ:
mid àn ganz àn bràvn Hund   =   mit einem ganz (einem) braven Hund
Akkusativ:
fiàr àn ganz àn bràvn Hund   =   für einen ganz (einen) braven Hund.

§ 13 Der bestimmte Artikel kann nur in Verbindung mit ganz verdoppelt werden: deà ganz deà grosse Tuàm (= der ganz große Turm). Darum ist auch die Mehrzahlbildung nur mit ganz möglich:

Jetz kemàn de ganz de andàn   =   Jetz kommen die ganz (die) anderen
Ees seids de ganz de Gscheidn   =   Ihr seid die ganz (die) Gescheiten.

§ 14 In Verbindung mit ganz kann man auch Personal- und Possessivpronomen und wer und was und wo verdoppeln:

Du ganz du bràvà Hund   =   Du ganz braver Hund
Du bisd meī ganz meī liàbs Muggàl   =   Du bist mein ganz liebes Schätzchen
Dees war weà ganz weà Fremds   =   Das war ein ganz Fremder
I zoàg dà wås ganz wås Neis   =   Ich zeige dir etwas ganz Neues
Mià gengà wo ganz wo andàs hī   =   Wir gehen ganz woanders hin.

§ 15 Wer und was und wo können auch in der Gesellschaft von recht und viel zweifach auftreten:

I woaß wås rächd wås Guåds	=	*Ich weiß etwas recht Gutes*
Miå wan wo vui wo Scheenàs	=	*Wir waren wo, wo es viel schöner war.*

§ 16 Sogar das Zahlwort *zwoà (= zwei)* kann doppelt auftreten, und zwar in Verbindung mit *ganz*.

Dees sàn zwoà ganz zwoà	=	*Das sind zwei ganz*
Ausgschàmbde		*Unverschämte.*

Bei größeren Zahlen ist dies Verfahren ungebräuchlich. *Deà håd hundàdfuchzg ganz hundàdfuchzg mågåre Kiàh (= er hat hundertundfünfzig ganz hundertundfünfzig magere Kühe)* – kann man nicht sagen.

§ 17 Bei der verneinten Aussage – nur in Verbindung mit *so* – wird aus *ein so ein : kein so ein :*

I bin kōà so à Blädàl	=	*Ich bin kein solcher Blödmann*
Du håsd koàn so àn scheenà Mō	=	*Du hast keinen so schönen Mann*
wiàr i.		*wie ich.*

§ 18 Die doppelte Verwendung des Artikels ist nicht unumgänglich. Man kann statt *Deà håd à vui à diggåre Nåsn* auch schlicht *deà håd à vui diggåre Nåsn (= er hat eine viel dickere Nase)* sagen. Und man kann sich einer dritten Konstruktion bedienen, die darin besteht, daß der unbestimmte Artikel oder das Fragepronomen vor dem *viel, ganz, recht* oder *so* entfällt und nur nachgestellt verwendet wird. Hochdeutsch ist das nur bei *so* möglich: *So ein netter Mensch!*

Etwas ganz Neues	kann heißen:	*wås ganz neis*
	oder:	*wås ganz wås neis*
	oder:	*ganz wås neis.*
Ein recht schöner Tag	kann heißen:	*à rächd scheenà Dåg*
	oder:	*à rächd à scheenà Dåg*
	oder:	*rächd à scheenà Dåg.*
Ein viel größeres Auto	kann heißen:	*à vui grässàs Auddo*
	oder:	*à vui à grässàs Auddo*
	oder:	*vui à grässàs Auddo.*

§ 19 Der Artikel, sowohl der bestimmte wie der unbestimmte, wird im Bairischen häufiger verwendet als in der Schriftsprache, die zahlreiche Gelegenheiten kennt, bei denen der Artikel wegzufallen hat. Zum Beispiel vor Eigennamen. *Hans kommt* heißt auf bairisch: *dà Hans kimd,* und zwar ausnahmslos.

D Räsi is à Fliedschàl	=	*Resi ist ein leichtfertiges Mädchen*
Dà Hiddlà håds ållàwei gsågd	=	*Hitler hat es immer gesagt.*

Wenn man in der Stadt zuweilen hört: *Arnold hat gsagd* – oder: *Anita fahrd in Urlaub* –, so ist das falsches Bairisch und auf verderbliche Einflüsse der Schriftsprache zurückzuführen.

   Es heißt auch: *der Herr Maier, die Frau Huber* und *das (oder die) Fräulein Schleibinger* (was übrigens auch mittelhochdeutscher Brauch war). *Vater kommt nachhause* ist norddeutsche Rede; bairisch: *dà Vaddà kimd hoàm.* Nur *dà Godd (= der Gott)* gibt es nicht; hier behilft man sich mit *dà liàwe Godd (= der liebe Gott).*

§ 20 Auch Berufsbezeichnungen werden bairisch, im Gegensatz zur Schriftsprache, mit dem Artikel versehen:

Dà Bene is à Kaminkeàrà woàn	=	*Benedikt ist (ein) Schornsteinfeger geworden*
Moànsd du, wei dei Vaddàr à Millimō is, brauchsd du need Griàßgood sàng?	=	*Meinst du, weil dein Vater (ein) Milchmann ist, brauchst du nicht zu grüßen?*

§ 21 Abstrakte Begriffe, wenn sie als allgemeine Bezeichnungen eines Zustands oder eines Vorgangs dienen, haben hochdeutsch keinen Artikel bei sich, bairisch schon:

bei Nacht	=	*bei dà Nàchdd*
da hast du Glück gehabt	=	*dà hàsd à Gligg kabbd*
er macht nur Spaß	=	*deà machd bloß àn Gschbàss*
gib Ruhe	=	*giw à Ruàh*
wir machen Musik	=	*mià machàr à Musi*

§ 22 Ebenso fehlt der Artikel hochdeutsch (und steht bairisch) vor Stoffnamen, die eine unbestimmte Menge bezeichnen:

gibt es heute Suppe?	=	*gibds heid à Subbm?*
Mutter kocht Kaffee	=	*b Muàddà kochd àn Kaffää*
haben Sie Feuer?	=	*ham Sie à Feià?*
ich möchte Gemüse	=	*i mächd à Gmiàs*
heute kommt noch Schnee	=	*heid kimd no à Schnää*
mach Licht	=	*mach à Liàchd*
hast du Geld?	=	*hàsd à Gäid?*

§ 23 Einige Fälle gibt es allerdings, in denen auch auf bairisch der Artikel fehlt. So sagt man:

i hàb Zeid	=	*ich habe Zeit*
i hàb Angsd	=	*ich habe Angst*
i hàb Bauchwäh	=	*ich habe Leibschmerzen*
i hàb Zeidlang	=	*ich habe Sehnsucht.*

§ 1 Um zu wissen, wie ein hochdeutsches Substantiv zu deklinieren ist, benötigt man drei Formen: den Nominativ Singular: *der Hund,* den Nominativ Plural: *die Hunde* und den Genitiv des Singulars: *des Hundes.* Diese drei Formen werden in ordentlichen Wörterbüchern angegeben; die übrigen Fälle kann man sich daraus nach gewissen Regeln selbst ableiten.

Bairisch entfällt der Genitiv als Kennzeichen (siehe Seite 96); hier braucht man sich nur auf die beiden Nominative zu konzentrieren:

Nominativ Singular	Nominativ Plural	
Huàd	*Hiàd*	*(= Hut – Hüte)*
Bàm	*Bàmm*	*(= Baum – Bäume)*
Haus	*Haisà*	*(= Haus – Häuser)*
Aug	*Aung*	*(= Auge – Augen)*

§ 2 Besonders einfach ist der bairische Plural: Alle Fälle lauten in sämtlichen Geschlechtern wie der Nominativ; auch der Dativ bekommt kein *-n.*

Nominativ:
die Wände/Bücher/Bäume   *d Wend/Biàchà/Bàmm*
Dativ:
mit den Wänden/Büchern/Bäumen   *mid die Wend/Biàchà/Bàmm*
Akkusativ:
für die Wände/Bücher/Bäume   *fià die Wend/Biàchà/Bàmm.*

§ 3 Ebenso leicht faßlich sind die Singularfälle der sächlichen und weiblichen Wörter. Auch hier lauten Nominativ, Dativ und Akkusativ gleich:

Nominativ:	*das Geld*	*às Gäid*	*die Seife*	*d Soàffà*
Dativ:	*dem Geld(e)*	*àm Gäid*	*der Seife*	*dà Soàffà*
Akkusativ:	*das Geld*	*às Gäid*	*die Seife*	*d Soàffà*

§ 4 Für die starken Maskulina – die im Nominativ Plural entweder keine Endung haben oder auf *-e* oder auf *-er* ausgehen – gilt dasselbe.

Nur bei den schwachen, die man daran erkennt, daß sie im Plural auf *-n* oder *-en* endigen, ist zu beachten, daß sie diese Endung auch im Dativ und im Akkusativ Singular bekommen können (wenn auch nicht müssen), wie im Hochdeutschen:

der Mensch/der Preuße   die Menschen/die Preußen

Nominativ:	*dà Mensch*	*dà Breiss*
Dativ	*(mid) dem Mensch(n)*	*(mid) dem Breiss(n)*
Akkusativ:	*(fià) den Mensch(n)*	*(fià) den Breiss(n).*

§ 5 Das hochdeutsche Endungs-*e* des Plurals verstummt im Bairischen:

Tische	=	*Düsch*
Mäuse	=	*Mais*
Füße	=	*Fiàss*
Steine	=	*Schdoànà*
Beine (= Knochen)	=	*Boànà.*

Die hochdeutsche Endung -*en* wird entweder zu -*n:*

Ochsen	=	*Oxn*
Kohlen	=	*Koin*
Hasen	=	*Håsn*

oder – schon im Singular – zu -*à:*

Drachen	=	*Drachà*
Socken	=	*Soggà*
Stecken	=	*Schdäggà.*

Die hochdeutsche Endung -*er* wird -*à* (siehe Seite 24):

Männer	=	*Manà*
Lehrer	=	*Leàrà*
Schuster	=	*Schuàsdà.*

§ 6 Die – seltene – hochdeutsche Pluralendung -*s* ist im Bairischen wenig beliebt und wird, wo's geht, vermieden:

Vor den Kinos stehen die Autos.	=	*Voà die Kino schdengàn d Auddo.*
Die Sozis sind mit siebenunddreißig	=	*D Sozi sàn mid siemàdreißg*
Taxis gekommen.		*Tàxi dàheàkemà.*

§ 7 Einige Maskulina auf -*el*, die hochdeutsch kein Pluralkennzeichen haben, bekommen ein Mehrzahl-*n* angehängt. Zum Beispiel:

die Stiefel	=	*d Schdiefen*
die Stummel	=	*d Schdummen*
die Teufel	=	*d Deifen.*

§ 8 Äußerst unregelmäßiges Verhalten zeigen die weiblichen Substantive, die hochdeutsch auf -*e* endigen: *Rose, Wiese, Gnade, Fahne,* usw.
Teils fällt das -*e* im Singular ersatzlos weg: *Hitze = Hitz, Messe = Mess, Maschine = Màschin, Ende = End.* In diesem Fall endet die Pluralform auf -*n:*

Straße	=	*Schdrass*	–	*Schdrassn*
Hitze	=	*Hitz*	–	*Hitzn*
Mühle	=	*Mui*	–	*Muin*

oder auf -*à:*

Maschine	=	*Màschin*	–	*Màschinà*
Woche	=	*Woch*	–	*Wochà*
		(oder Wochà)		

oder auch auf *-an:*

Sache	=	*Sach*	– *Sachàn*
Zehe	=	*Zää*	– *Zään.*

Teils bleibt das *-e* erhalten, so bei *Kasse, Mode, Bande.* Dann wird im Plural ein *-n* angehängt:

Kasse	=	*Kàsse*	– *Kàssn*
Pause	=	*Pause*	– *Pausn.*

Teils – sehr häufig – wird ein altes Flexions-*n* (*»Röslein auf der Heiden«*) im gesamten Singular* verwendet: *Wiese = Wiesn, Marke = Màrggn, Rose = Rosn, Brücke = Bruggn.* Dieses *-n* bleibt auch im Plural erhalten:

Gasse	=	*Gassn*	– *Gassn*
Rolle	=	*Roin*	– *Roin*
Kohle	=	*Koin*	– *Koin*

und kann – muß aber nie – bei manchen Wörtern noch mit einem zusätzlichen Endungs-*à* ausgestattet werden:

Warze	=	*Wàrzn*	– *Wàrznà*
Kapuze	=	*Kabuzzn*	– *Kabuzznà*
Schnalle	=	*Schnàin*	– *Schnàinà.*

Teils wird das Endungs-*e* durch ein *-à* ersetzt: *Fahne = Fahnà, Biene = Bienà,* das sich auch im Plural erhält:

Banane	=	*Bànànà*	– *Bànànà*
Schlange	=	*Schlangà*	– *Schlangà*
Wanne	=	*Wannà*	– *Wannà.*

Eine Regel dafür, wann *n,* wann *à,* wann *e* oder wann gar nichts steht, läßt sich nicht angeben; denn dies hängt nicht in überschaubarer Weise vom Auslaut des Stammes ab – was ein paar Beispiele demonstrieren:

Stamm endigt auf

Vokal + *s:*   *Hose = Hosn; Ameise = Ameisn; Nachspeise = Nachschbeis; Pause = Pause.*

Vokal + *f:*   *Strafe = Schdraf; Stufe = Schdufn; Seife = Soàffà.*

Vokal + *n:*   *Fahne = Fahnà; Ottomane = Oddomàn; Kanone = Kànonà; Schiene = Schienà; Margarine = Màrgàrine.*

Vokal + *tz:*   *Katze = Katz; Matratze = Madratzn; Hetze = Hetz; Mütze = Mützn.*

Vokal + *cht:*   *Beichte = Beichdd; Fichte = Fichddn; Geschichte = Gschichdd; Nichte = Nichdde.*

---

* Dieses Flexions-*n* kann bei manchen Feminina, die es in den andern Fällen nicht haben, im Dativ auftreten: *auf der Straße = auf dà Schdrass* oder *auf dà Schdrassn.*

§ 9 Natürlich assimiliert das Schluß-*n*, sowohl in der Einzahl wie in der Mehrzahl, an vorhergehende Konsonanten; dies geschieht in der gleichen Weise wie beim Infinitiv des Verbums (siehe Seite 40f):

Grube	*Gruben*	*Grubn*	*Gruàm*
Stube	*Stuben*	*Stubn*	*Schdum*
Stiege	*Stiegen*	*Stiegn*	*Schdiàng*
Schlampe	*Schlampen*	*Schlampn*	*Schlambbm.*

§ 1 Wie in den meisten Mundarten und wie in der Umgangssprache, ist der Genitiv auch im Bairischen wenig geschätzt. Er tritt niemals selbständig auf, kommt nur in festen Formeln vor wie:

öāmāi zwoāddā Glàss	=	*einmal zweiter Klasse*
heilige Muàddà Goddes	=	*heilige Mutter Gottes*

und in anderen fixen Zusammensetzungen, wo er, fertig geliefert, nicht eigens gebildet werden muß und auch nicht auf den ersten Blick zu erkennen ist:

seinàzeid	=	*seinerzeit*	*in Godsnam*	=	*in Gottesnamen*
zeidlems	=	*zeitlebens*	*um Himmiswuin*	=	*um Himmelswillen*
gaudihâiwà	=	*spaßeshalber*	*deszweng*	=	*deswegen*
Godsaggà	=	*Gottesacker* = *Friedhof*	*heiddingdågs*	=	*heutigen Tages*

und dergleichen.

§ 2 Auch die wenigen scheinbar selbständigen Genitive wie

dà Weil hâm	=	*der Weile haben = Zeit haben*
unsà drei	=	*unser drei*
newà meinà	=	*neben mir* (siehe Seite 185)

sind Überreste älterer Sprachgewohnheit und als formelhafte Wendungen zu betrachten.

§ 3 Der besitzanzeigende Genitiv: *das Haus des Vaters, auf der Hochzeit meines Freundes, im Garten der Schwester meines Nachbarn* wird bairisch durch den Dativ ersetzt: *àn Vaddàn sei Haus* oder: *às Haus vom Vaddà, auf mein Freindd seinà Hochzeid* oder: *auf dà Hochzeid vō mein Freindd, in mein Nachbàn seinà Schwesddà ihràn Garddn* oder: *im Garddn vō mein Nachbàn seinà Schwesddà* oder: *im Garddn vō dà Schwesddà vō mein Nachbàn.* Auch der vorangestellte »sächsische« Genitiv, der beispielsweise im Schwäbischen gern verwendet wird*, ist bairisch unbekannt.

§ 4 Präpositionen mit Genitiv und andere schriftdeutsche Genitivfügungen werden bairisch mit dem Dativ oder mit dem Akkusativ verbunden:

trotz des Regens	=	*drotz àm Reeng*
statt eines Fahrrads	=	*schdadd àm Rådl*
sich jemandes annehmen	=	*si um oàn ōnehmà.*

---

*Dazu ein paar Beispiele aus: Weitnauer, Lachendes Allgäu: *Wie ma Blattners Wilhelm vergrabe hot ...; Gidls Vere ischt a Schuechtar gwea ...*

§ 1 Im bekannten Lied vom »Jemsenjäger« heißt es:

> Und der Jemsensohn,
> der wollte mir wohl necken,
> ich faßt' kühnen Mut
> und ließ mir nich erschrecken,
> kam die Jemsenolle flugs herbei,
> wollt mir spießen uf ihr Mordjeweih!
> Holdriotio …

Abgesehen davon, daß die Gemse in Wirklichkeit nur eine Ziege ist –
was der preußische Sommerfrischler natürlich nicht erkennt –, macht
sich der Dichter des Liedes darüber lustig, daß der Preuße *mir* und *mich*
verwechselt. Dabei hätte man in Bayern Grund genug, vor den eigenen
Türen zu kehren – *voà die eignà Diàn*. Einerseits sagt man bairisch:

eàhm schàg ō	für	*ihn schau an*
und: *i kenn eàhm need*	für	*ich kenne ihn nicht*,

ersetzt also den richtigen Akkusativ durch einen falschen Dativ, und
vertauscht andererseits den richtigen Dativ gern gegen einen falschen
Akkusativ:

de Hosn keàd àn Huàwà Luggä	für	*die Hose gehört dem Ludwig Huber;*
dà hoggd à unddàn Diisch	für	*da sitzt er unterm Tisch;*
deà hàd sēi Frau min Hàggl dàschlàng	für	*er hat seine Frau mit der Hacke erschlagen.*

Also werden Dativ und Akkusativ auch im Bairischen verwechselt?

§ 2 Statt *ich sehe Sie* sagt man bairisch *i siech Eàhnà (= Ihnen)*
statt *ich höre Sie* sagt man bairisch *i heàr Eàhnà*
statt *ich kenne Sie* sagt man bairisch *i kenn Eàhnà*
statt *ich ohrfeige Sie* sagt man bairisch *i wàdsch Eàhnà*.

Andreas Zaupser, der sich Ende des 18. Jahrhunderts mit dem bairischen
Dialekt beschäftigte, fand dafür eine hübsche Erklärung:

> Zu merken ist, daß ein Frauenzimmer von etwas gutem Stande
> es übel deuten würde, wenn man im Discurse mit ihr im
> Accusativ das Sie von ihrer Person gebrauchen wollte.
> Man darf nicht sagen: Mamsell, ich habe Sie gestern gesehen,
> sondern: ich habe Ihnen gestern gesehen. Das Sie im Accusativ
> ist nur für Mädchen und Weiber von geringerm Stande.
> Z. B. Jungfer Köchinn, ich habe Sie gestern gesehen.

§ 3 Warum heißt es aber auch: *I siech eàhm, i dàwisch eàhm?* Hier besteht das städtische Höflichkeitsproblem gegenüber Frauenzimmern von etwas gutem Stande nicht. Warum tritt umgekehrt an die Stelle des Dativs ein Akkusativ?:

I gäh mid mein Hund zun Doggdà. = *Ich gehe mit meinem Hund zum Arzt.*

Und warum wird beim weiblichen Geschlecht der Dativ ganz korrekt gebildet?

I gäh mid meinà Katz zuà = *Ich gehe mit meiner Katze zur*
(oder: zu dà) Doggdàrin.   *Ärztin.*

Hier ist offenbar im Maskulinum nur eine formale, lautliche Angleichung der Dativ-Endung *-em* an die Akkusativ-Endung *-en* erfolgt; der Dativ wurde nicht etwa durch den Akkusativ ersetzt, er sieht bloß genauso aus.

§ 4 Auch im Plural besteht nur eine scheinbare Übereinstimmung:

fià de Leid (Akkusativ) = *für die Leute*
mid de Leid (Dativ)   = *mit den Leuten.*

Wir haben es mit einem Fall von Homonymie zu tun (siehe Seite 38f.). Einmal, beim Akkusativ, handelt sich's um die betonte Form *fià de Leid;* unbetont hieße es: *fià d Leid;* das anderemal, beim Dativ, ist der Artikel unbetont; die betonte, volle Form lautete *mid dene Leid* – keinesfalls *mid d Leid.*

§ 5 Der Ersatz des Akkusativs durch den falschen Dativ tritt nur beim Personalpronomen ein: aus *ihn* wird *eàhm,* aus *Sie* wird *Eàhnà.* Man sagt: *I kenn eàhm schö,* aber: *I kenn àn Karä schö* – nicht etwa: *i kenn àm Karä.* Dies beweist wieder, daß hier keine echte Kasusvertauschung vorliegt.
 Den scheinbaren Dativ *eàhm* kann man wohl als Analogiebildung zu *Eàhnà* auffassen. Wie aber kommt es zu *Eàhnà?* Vielleicht in der Tat zwecks Abhebung gegen das gleichlautende *sie* der dritten Person Einzahl und Mehrzahl:

ich höre Sie = *i heàr Eàhnà*
ich höre sie = *i heà s.*

Daß man auch in der dritten Person Mehrzahl *eàhnà* hören kann:

Dà kemàn g Gäsdd   = *Da kommen die Gäste*
I hàb eàhnà schö keàd = *Ich habe sie schon gehört,*

das mag eine analoge Bildung zum Höflichkeits-*Eàhnà* sein. – Man sieht: es herrscht schon ein gewisses Durcheinander in der bairischen Grammatik.

§ 6 In der Stadt wird gelegentlich auch *Grüß Sie Gott* gesagt anstatt *Griàß Eàhnà Good* und *eàhn schàg ö* statt *eàhm schàg ö.* Dies sind untaugliche Versuche, Dialekt und schriftdeutsche Form miteinander zu verbinden.

Der umgekehrte Ersatz der Endung: richtiges Dativ-*m* für falsches Akkusativ-*n* ist dagegen durchaus gebräuchlich:

> *i sågs àm Leàrà*
> *wås gibds heid zum Essn?*
> *i gäh miim Hund schbaziàn*
> *dees håw i võ meim Bruàdà*

ist fast genauso gut wie:

> *i sågs àn Leàrà*
> *wås gibds heid zun Essn?*
> *i gäh miin Hund schbaziàn*
> *dees håw i võ mein Bruàdà.*

§ 7 *Das ist eine Menge Geld* heißt bairisch: *Dees is àn Hauffà Gäid.* Hier wird der Nominativ durch die offenbar populärere Akkustivform ersetzt. *Då kemàr àn Hauffà Leid.*

§ 8 Ein Spezialfall des Dativs ist der sogenannte »freie Dativ«, der als »Dativ des Interesses« eine Person bezeichnet, um derentwillen etwas geschieht: *Ich kaufe mir ein Buch. – Ich singe euch etwas vor.*
   Er tritt im Bairischen auch in Zusammenhängen auf, die hochdeutsch nicht gut möglich sind:

Wannsd àmåi gschdoàm bisd,	=	*Wenn du einmal gestorben bist,*
gäh i dà auf b Beeàdigung		*gehe ich dir auf die Beerdigung =*
		… gehe ich auf deine Beerdigung.

Besonders in Verbindung mit dem Verbum *warten* wird der freie Dativ im Bairischen viel gebraucht:

Wardd mà!	= *Warte mir!*	= *Warte auf mich!*
I wardd dà schõ.	= *Ich warte dir schon.*	= *Ich warte schon auf dich.*
Mià soin eàhm warddn.	= *Wir sollen ihm warten.*	= *Wir sollen auf ihn warten.*

§ 9 Als »Dativus ethicus« kennzeichnet der freie Dativ die mehr oder minder starke Anteilnahme einer Person am Geschehen: *Verachte mir die Meister nicht! – Du bist mir der rechte. – Daß mir das nicht noch einmal vorkommt!*
   Auch dieser ethische Dativ ist in der volkstümlichen Rede des Dialekts häufiger als in der Schriftsprache:

Duà mà deine Fingà då weg!	=	*Tu mir deine Finger hier weg!*
Driid mà need aufn frischgwagsdn Boon!	=	*Tritt mir nicht auf den frisch-gewachsten Boden!*
Du weàsd dàr à so à Hoànox sẽi!	=	*Du wirst dir ein solcher Hornochse sein.*
Ees weàds då soichàne Hans-wuàschdn sẽi!	=	*Ihr werdet dir solche Hanswursten sein!*

§ 1 In der familiären oder freundschaftlichen Umgangssprache werden von Rufnamen häufig Verkleinerungs- und Koseformen gebildet (siehe Seite 108): *Steffi, Andi, Klausi, Zenzi, Liesei* usw.

Ganz anders, nämlich als Vokativ, sind die auf *-ä* endigenden Namen zu verstehen: *Kuàddä! Hansä! Schoàschä!*

Obgleich das Verkleinerungs-*i* bairisch zu *-e* verdumpfen kann: *Doni – Done, Alisi – Alise,* hat das *ä* nichts mit dem Kose-*i* zu tun: es wird zur Erleichterung des Rufes an einsilbige oder einsilbig gemachte Namen angehängt:

> *Karä (*von *Karl) – Luggä (*von *Ludwig).*

Am Beispiel *Hans* sieht man den Unterschied ganz deutlich. Durch das Kose-*i* wird das Normal-*a* des Namens zu hellem *à* umgelautet: *Hans – Hànsi – Hànsl* (dem hochdeutschen *ä* entsprechend: *Hänsel, Hänschen*). Das Vokativ-*ä* läßt das vorangehende *a* völlig unbeeinflußt: *Hansä!*

§ 2 Auch einsilbige Familiennamen können – in der Schule vor allem – mit diesem vokativischen *ä* versehen werden:

> *Mayer = Moàr = Moàrä; Beck = Beggä.*

Mit *-mayer* zusammengesetzte Namen nehmen das *ä* auch willig an, wenn sie aus mehreren Silben bestehen:

> *Garddmoàrä (= Gartmayer); Owàmoàrä (= Obermaier).*

§ 3 Auch andere mehrsilbige Namen brauchen des Ruf-*ä* nicht zu entraten. Sie können auf eine Silbe reduziert und dann mit der *ä*-Endung versehen werden:

Hirtreiter	=	*Hiàddä*
Hofmann	=	*Hofä*
Putzhammer	=	*Buzä*
Bletschacher	=	*Blàdschä*
Bayerlein	=	*Boàrä*
Widmann	=	*Widä.*

§ 4 Da der Name am häufigsten dazu benutzt wird, seinen Träger anzusprechen oder anzurufen, wird der Vokativ die Form, in der er besonders häufig auftritt. So wächst das Vokativ-*ä* an ihm fest und bleibt ihm als versteinerte Form erhalten auch in Situationen, wo es ganz überflüssig ist:

I gäh mi n Hinddàmoàrä zun Bàån. = Ich gehe mit dem Hintermaier zum Baden.

Dà Karä driffd àn Luggä voà dà = *Karl trifft Ludwig vor der*
Voiggshochschui.* *Volkshochschule.*

_____

  * Der Karä und der Luggä, zwei etwas gscherte Vorstadttypen, sind geschätzte Münchner Witzfiguren, über die es zahllose Geschichten gibt. Vor der oben erwähnten Volkshochschule spielte sich folgendes ab: »Woaßt du, wer der Einstein is?«, fragt der Luggä den Karä. »Naa, des woaß i net. Aba woaßt du, wer der Zweistein is?« fragt der Karä zurück. »Naa.« Darauf der Karä: »Da Zweistein is dea, dea wo bei deina Oidn is, wannst du in da Volkshochschui hockst.« (aus: Nickl, Bayrischer Witz.)

§ 1 Es pflegt nichtbayerische Menschen zu amüsieren, daß man in Bayern *den Kartoffel* und *den Butter* auf *das Teller* legt. Solcher Geschlechtswechsel kommt noch öfter vor, häufig, wenn auch nicht immer, aus gutem Grund. Hier sind ein paar Dutzend Beispiele:

das As	=	bairisch: *die Ass* – kommt über das Französische aus dem lateinischen *as* (Maskulinum) = *eine Münzeinheit* und bezeichnete ursprünglich die Eins, beziehungsweise den Einser, auf dem Würfel. Das bairische Femininum erklärt sich wahrscheinlich aus einer Analogie zu *die Sau,* wie die As im bairischen Kartenspiel auch genannt wird (nach dem auf der Schellen-As-Karte abgebildeten Wildschwein).
die Asche	=	bairisch: *der Aschn* – konnte mittelhochdeutsch nicht nur weiblich, sondern auch männlichen Geschlechtes sein. In nichtländlichen Gegenden sagt man auch in Bayern *die Aschn.*
die Backe	=	bairisch: *der Baggà* – war mittelhochdeutsch: *backe* = *Kinnbacke,* ein Maskulinum.
das Barometer	=	bairisch *der Bàromäddà* – *Meter,* von griechisch *to metron* (Neutrum) = *das Maß,* kann deutsch sowohl *der Meter* wie *das Meter* heißen. Bairisch hat man sich so kompromißlos für *der* entschieden, daß auch alle Meßinstrumente auf *-meter*: *Barometer, Thermometer, Tachometer,* männlich sind.
der Bonbon	=	bairisch: *das Bombom* – das sächliche Geschlecht, analog zum weitaus geschätzteren *Guàdl,* ist auch nach dem Duden erlaubt.
die Butter	=	bairisch: *der Buddà* – griechisch sagte man *boutyron,* lateinisch *butyrum,* beides waren Neutra. Auf französisch heißt's *le beurre,* italienisch *il burro* (beides männlich), mittelhochdeutsch galten *der* und *die.*
das Datum	=	bairisch: *der Dàddum* – ist lateinisch *das Gegebene, das Ausgeschriebene;* aus der Kanzleisprache: *ausgeschrieben am …* wurde es zum Begriff für die Tagesbezeichnung. *Datum* ist sächlichen Geschlechts, aber schon im Mittelhochdeutschen hielt man's vielfach für männlich, und in Bayern blieb man dabei.
die Ecke	=	bairisch: *das Egg* – war schon mittelhochdeutsch nicht nur Femininum, sondern auch Neutrum. In *Dreieck, Viereck, Fünfeck* hat sich das sächliche Geschlecht auch in der Schriftsprache erhalten.

das Fett	=	bairisch: *die Fäddn* – wurde entsprechend den Wörtern *Größe, Breite, Länge* usw. weiblich; die *Fäddn* ist nicht nur *das Fett* im Sinn von Schmalz und Butter, sondern auch *die Fettheit* eines Menschen.
das Gaudi	=	bairisch: *die Gaudi* – geht man vom lateinischen Neutrum *gaudium = Freude, Genuß* aus, dann müßte man in der Tat »*das Gaudi*« sagen. Romanisten argumentieren allerdings: der Gaudi liegt die lateinische Mehrzahl *gaudia* zugrunde, die im Vulgärlatein vielverwendet und schon von den späten Lateinern als weibliche Einzahl aufgefaßt wurde; daher auch französisch *la joie* und italienisch *la gioia*.
das Gehalt	=	bairisch: *der Kåidd = G'håidd* – die Schriftsprache unterscheidet zwischen *der Gehalt* und *das Gehalt*, das Bairische nicht. In der Bedeutung *Gewahrsam, innerer Wert* war *gehalt* im Mittelhochdeutschen männlich. Die Aufspaltung des Wortes in männlich (Inhalt) und sächlich (Besoldung) ist ziemlich jung; das Wort *Gehalt = Lohn* kam erst im 18. Jahrhundert auf.
das Gelüste	=	bairisch: *der Glusdd* – kommt von mittelhochdeutsch *der/die geluste = Begierde*.
der Gestank	=	bairisch: *das Gschdangg* – ist bairisch analog zu vielen anderen Kollektiven: *Geschrei, Gepolter, Gebirge,* Neutrum.
das Gift	=	das Giftige, woran man sterben kann, ist auch bairisch *das Gift*. Der *Giffd* ist *der Zorn, der Groll*, das Gift im Herzen sozusagen. – Übrigens kommt noch in Goethes Faust *Gift* als Maskulinum vor.
das Gummi	=	bairisch: *der Gummi* – laut Duden wahlweise auch als Maskulinum erlaubt.
die Heuschrecke	=	bairisch: *der Heischregg* – war mittelhochdeutsch männlich.
die Karre	=	bairisch: *der Karrn* – mittelhochdeutsch sowohl männlich wie weiblich, bairisch männlich, gleich, ob sich's um eine Schubkarre oder um ein altes Auto handelt.
die Kartoffel	=	bairisch: *der Kàdoffe* – kommt aus italienisch *tartufolo*, und dies ist männlich.
das Maß	=	bairisch: *die Mass* – für Maßstab sagt man bairisch *das Måß*. In dem überaus populären Zusammenhang mit Bier aber gibt es nur *die Mass*, mit scharfem, kurzem *a* gesprochen. Mittelhochdeutsch ist *die maze* nicht nur die kluge Mäßigung, sondern auch eine »*abgegrenzte Ausdehnung in Raum, Gewicht, Kraft*«.
der Monat	=	bairisch: *das Monad* – mittelhochdeutsch *manôt* konnte männliches oder sächliches Geschlecht haben.

die Null	=	bairisch: *der Nullà* – entsprechend der Oansa, Zwoara usw., siehe Seite 161.
die Nummer	=	bairisch: *der Nummàrà* – lateinisch *numerus*, italienisch *numero* sind Maskulina. Der hochdeutsche Geschlechtswandel, sagt man, erfolgte in Analogie zum weiblichen Wort *Zahl*. Auch *die Nummàrà* kann man bairisch sagen.
die Pappe	=	bairisch: *der Babbàdeggl* – ersetzt die völlig ungebräuchliche Pappe.
die Petersilie	=	bairisch: *der Bädàsui* – mittelhochdeutsch stand neben der weiblichen *petersilje* auch der männliche *petersil*.
das Radio	=	bairisch: *der Ràdio* – zu ergänzen: *-apparat*.
die Ratte	=	bairisch: *der Ratz* – im Mittelhochdeutschen gab es die weiblichen Wörter *rate* und *ratte* und die männlichen *ratz* und *ratze*.
die Sache	=	bairisch: *das Sach* – im Sinne von Angelegenheit ist *Sach* auch bairisch weiblichen Geschlechts. *Das Sach* ist *das Anwesen, das Eigentum, das Zeug*.
die Scherbe	=	bairisch: *der Scheàm* – mittelhochdeutsch hieß es sowohl *der* wie *die schirbe,* und beides bedeutete sowohl *Bruchstück* als auch *Topf*. Der bairische *Scheàm* ist ein Blumen- oder ähnlicher Topf.
die Schnake	=	bairisch: *der Schnagg* – mittelhochdeutsch *snake* konnte männlich und weiblich sein. Bairische Synonyme für *Schnagg: Gäisn* und *Schdaunzn*.
die Schnecke	=	bairisch: *der Schnägg* – war auch mittelhochdeutsch maskulin: *der snecke* (so hieß nicht nur *die Schnecke,* sondern, da man solch ein fremdes Tier nicht anders einzuteilen wußte, auch *die Schildkröte*). Zum hochdeutschen Femininum wurde der *snecke* in Analogie zu den zahlreichen anderen weiblichen Wörtern auf *-e: Farbe, Blüte, Wiese* usw.
der Schneid	=	bairisch: *die Schneid* – während *die Schnecke, der Monat* und die *Petersilie* für bairische Ohren immerhin erträglich sind, werden *das Maß, das Gaudi* und *der Schneid* als geradezu schmerzlich empfunden. Überdies ist auch *der Schneid* falsch: *die Schneid* hängt in gerader Linie mit der scharfen Schneide der Waffe zusammen.
die Schokolade	=	bairisch: *der Schogglàd* – der *Schogglàd (chocolate)* sagten schon die Spanier im 16. Jahrhundert, als sie das Wort aus dem mexikanischen *chocolatl* übernahmen. – Der *Schogglàd* wird übrigens in Bayern nur gegessen, nicht getrunken; die Trinkschokolade heißt *Kaukau* (was bayerische Cafetiers freilich nicht hindert, trotzdem *Schokolade* anzubieten).
die Schürze	=	bairisch: *der Schuàz* – war schon mittelhochdeutsch männlich; die weibliche *Schürze* gibt es erst seit dem 17. Jahrhundert.

die Socke	=	bairisch: *der Soggà – soc* und *socke* konnten mittelhochdeutsch weiblichen und männlichen Geschlechtes sein. *Du Soggà* ist auch als Schimpfwort, im Sinne von: *du dummer Kerl* – gebräuchlich.
die Spitze	=	bairisch: *der Schbiiz;* neben dem Femininum *spitze* gab es mittelhochdeutsch auch das Maskulinum *der spitz. Die Zugspitze* hieß noch lang im vorigen Jahrhundert *der Zugspitz.*
der Teller	=	bairisch: *das Dällà* – war bereits mittelhochdeutsch ein Neutrum.
der Tunnel	=	bairisch: *das Tunäll* – das Wort *Tunnel* wurde im vorigen Jahrhundert aus dem englischen *tunnel* entlehnt, das seinerseits von französisch *tonelle* = *Gewölbe* kommt; daher die bairische Aussprache. Ein Neutrum wurde daraus aufgrund des Vorbilds anderer Wörter auf -*ell: Karussell, Rondell, Modell, Hotel.*
die Wade	=	bairisch: *der Wàdl* – war mittelhochdeutsch männlich: *der wade.* Zum hochdeutschen Femininum soll es – im 18. Jahrhundert – von der Mehrzahlform *die Waden* her gekommen sein; weil ja der Mensch zwei Waden hat und nur selten von einer einzigen die Rede ist.
das Werkzeug	=	bairisch: *der Weàggzeig* – mittelhochdeutsch *ziuc* = *Gerät, Ausrüstung* konnte Maskulinum und auch Neutrum sein.
die Wespe	=	bairisch: *der Wàbbs – webse, wefse* hatte im Mittelhochdeutschen weibliches und männliches Geschlecht.
die Zacke	=	bairisch: *der Zaggn* – hatte mittelhochdeutsch weibliches und männliches Geschlecht.
die Zecke	=	bairisch: *der Zägg* – mittelhochdeutsch *zecke* war männlich und auch weiblich.
die Zehe	=	bairisch: *der Zää* oder *Zächà* – die mittelhochdeutsche *zehe* war ein Femininum, das bairische Maskulinum kann sich also hier auf keine alte Tradition berufen, höchstens darauf, daß der Finger auch männlich ist.
die Zwiebel	=	bairisch: *der Zwiefi* – mittelhochdeutsch *zwibolle* war männlich. Es kommt von lateinisch *cepula* = *kleine Zwiebel,* wurde aber schon in althochdeutscher Zeit volksetymologisch in *Zwie-Bolle,* zweifache Bolle (Knolle) umgedeutet; und die Bolle hatte wohl das weibliche Geschlecht zur Folge.

Diminutive

§ 1 Hochdeutsche Wörter verkleinert und verkost man durch Anhängung der Silben *-chen* und *-lein: Häuschen – Häuslein; Mütterchen – Mütterlein*. *-chen* entstammt nördlichen Bezirken und ist im Bairischen ungebräuchlich, das oberdeutsche *-lein* (das sich schwäbisch zu *-le* und schweizerdeutsch zu *-li* verkürzt) heißt bairisch *-erl* (gesprochen: *àl*) oder auch nur *-l: Beàgàl (= Berglein), Engàl (= Englein), Flàschl (= Fläschchen), Liàdl (= Liedchen)*.

§ 2 Außerdem gibt es die Verkleinerungsendung *-i*, die sich bairisch bis zu *-e* abschwächen kann: *Bleàme (= Blümchen);* überdies *-ei*, welches in der Stadt seltener vorkommt: *Màrei (= Marie), Hiàdei (= Hütchen)*.

Das Schluß-*i* in Wörtern wie *Hàmmi (= Hammel), Schimmi (= Schimmel), Deifi (= Teufel)* hat damit nichts zu tun; diese *-i* sind aus der Lautverbindung *-el* entstanden.

§ 3 Die Gesetzmäßigkeiten, nach denen die Verkleinerungsendungen *-erl* und *-l* verteilt werden, sind etwas undurchsichtig. Die überwiegende Zahl der Wörter verkleinert man auf *-erl*.

Wörter, deren Stamm auf *-d* oder *-t (= dd)* endigt, werden meist mit *-l* verkleinert:

Lied	: *Liàdl;*	*Band*	: *Bànddl;*	*Gewand*	: *Gwànddl;*
Blatt	: *Blàdl;*	*Hut*	: *Hiàdl;*	*Kiste*	: *Kisddl;*

wobei man aber auch *Hiàdàl (= Hütchen)* sagen kann und *Schdindàl (= Stündchen), Windàl (= leichter Wind)* und *Besddàl (= angenehmer Posten)* sagen muß. Stämme auf *-r* werden nur mit *-l* verkleinert:

Schnur	: *Schniàl;*	*Haar*	: *Hàrl;*	*Paar*	: *Bàrl;*
Schere	: *Schàrl;*	*Türe*	: *Diàl.*		

Endet das Wort auf *-er*, dann entsteht durch das angehängte *-l* ein scheinbares *-erl:*

Koffer	: *Kufàl;*	*Bruder*	: *Briàdàl;*	*Schwester*	: *Schwesddàl;*
Tochter	: *Dechddàl;*	*Vater*	: *Vaddàl.*		

Stämme auf *-ch, -g, -gg, -s, -sch, -x* und *-z* verkleinern mit *-l* oder *-erl:*

Dach	: *Dàchl;*	*Sack*	: *Sàggl;*	*Haus*	: *Haisl;*
Glas	: *Glàsl;*	*Faß*	: *Fàssl;*	*Büchse*	: *Bixl;*
Milz	: *Muizl;*	*Holz*	: *Hoizl;*	*Pflanze*	: *Bflànzl.*

Und:

Lunge	: *Lingàl;*	*Socke*	: *Soggàl;*
Tisch	: *Dischàl;*	*Mütze*	: *Mützàl.*

Stämme auf -*n* verkleinern gern mit -*l,* vor das sich im Interesse leichterer Aussprechbarkeit ein -*d* schiebt:

> *Fahne* : *Fàhndl;*   *Mann* : *Mànndl;*
> *Kanne* : *Kànndl;*   *Henne* : *Hendl.*

Doch kann man in den meisten Fällen auch die Endung -*erl* verwenden:

> *Mann* : *Mandàl;*   *Wein* : *Weindàl;*   *Kanne* : *Kànndàl*

Stämme auf -*b* verwandeln ihr *b* in ein *w* (siehe Seite 28) und hängen daran entweder -*erl* oder ein zu *i* beziehungsweise *e* vokalisiertes -*l* an:

Weib : *Weiwàl* oder *Weiwe/Weiwi;*   *Laib* : *Loàwàl* oder *Loàwe/Loàwi.*

Stämme auf *p* (*bb*), *f, l* und *m* bilden ihr Diminutiv auf -*erl*: *Baum*: *Bàmmàl; Stamm* : *Schdàmmàl; Stuhl* : *Schdulàl; Joppe* : *Jobbàl; Affe* : *Àffàl; Sepp* : *Sàbbàl* (nicht: *Seppl!*). – Eine Ausnahme bildet *Lamm* : *Làmbbe,* die damit zu erklären ist, daß *Lamm* mittelhochdeutsch *lamb* hieß.

Wörter, die auf einen Vokal ausgehen, werden meistens mit -*le* verkleinert: *Frau* : *Fraule; Bub* = *Buà* : *Buàle.* – Dagegen *Schnee* : *Schnäwàl* (das *w* ist mittelhochdeutsch, siehe Seite 42) – und *Kaffee* : *Kaffäzàl.* Statt *Fraule* und *Buàle* kann man auch *Frauàl* und *Buwàl* sagen.

§ 4 Einige Wörter kommen nur in der Verkleinerungsform vor:

Besserwisser	=	*Gscheidàl (= Gescheiterl)*
Blatt (Pflanzen und Papier)	=	*Blàdl*
einfältiger Mensch	=	*Bummàl*
Fahrrad	=	*Ràdl*
Frikadelle	=	*Fleischbflànzl*
Kinderrassel	=	*Schäbbàl*
Krieche (Pflaumenart)	=	*Griàchàl*
Kuß	=	*Bussàl, Bussl, Bussi*
Leibchen	=	*Leiwàl, Leiwe*
Limonade	=	*Gràchàl*
Lüftchen (sanfter Wind)	=	*Lifdàl*
Mädchen	=	*Mädàl, Màdl*
Malerei an Hausaußenwänden	=	*Lüfdl*
Nachttopf	=	*Boddschàmbbàl*
Nelke	=	*Nàgàl*
Pfifferling (Pilz)	=	*Rähàl*
Schlauberger	=	*Schlauchàl*
stummer Mensch	=	*Schdummàl*

§ 5 Die Pluralformen der Diminutive werden – meist wahlweise – entweder durch Anhängung eines -*n* oder ohne Veränderung der Singularform gebildet:

> *die Ràdl* oder *Ràdln (= Fahrräder)*
> *die Liàdl* oder *Liàdln (= Liedchen)*
> *die Flàschl* oder *Flàschln (= Fläschchen).*

§ 6 In der Schriftsprache hat die Verkleinerung Umlaut zur Folge: *Kuß – Küßchen, Rose – Röslein*. Bairisch findet der Umlaut zwar in vielen, aber längst nicht in allen Fällen statt: *Hosàl (= Höschen); Schâfàl (= Schäfchen); Vaddàl (= Väterchen); Roggàl (= Röckchen); Bfodàl (= Pfötchen); Buwàl (= Bübchen); Hoizl (= Hölzchen)*.

§ 7 Wie im Hochdeutschen die Wörter auf *-chen* und *-lein*, sind auch die bairischen Verkleinerungsformen auf *-l* und *-erl, -e, -i* und *-ei* – wenn sich's nicht um Personen handelt – immer sächlichen Geschlechts:

das Ràdl (= Fahrrad);   *das Beàgàl (= Berglein);*
das Làdl (= Lädchen);   *das Hosàl (= Höschen);*
das Hiàdei (= Hütchen);   *das Fuàssàl (= Füßchen)* usw.

§ 8 Auch bei diminuierten Personenbezeichnungen (außer Vornamen) ist das Geschlecht meist sächlich:

das Weiwàl (= Weibchen);   *das Màndàl (= Männchen);*
das Kochàl (= die Köchin);   *das Buàwàl* oder *Biàwàl*
                                    (= Bübchen) usw.

Manchmal kann auch das natürliche Geschlecht beibehalten werden: *der (*oder *das) Schdummàl (= stummer Mensch); der (*oder *das) Gscheidàl (= Besserwisser). Kàschbàl (= Kasperl)* und *Buàle (= Bübchen)* sind stets männlich, *Weiwi* ist Femininum. *Freilein (= Fräulein)* kann Neutrum oder auch Femininum sein: *die (*oder *das) Freilein (*oder *Frein) Huàwà.*

§ 9 Vornamen, die im täglichem Umgang als Diminutive gebraucht werden, sind meist keine Koseformen; man sagt halt so, auch ohne nennenswerte Zärtlichkeitsgefühle:

Doni (= Anton);   *Àndi* oder *Àndàl (= Andreas);*
Wàsddl (= Sebastian);   *Dàmmàl (= Thomas);*
Anàmiàl (= Annemarie);   *Kàddi (= Katharina);*
Räsl (= Therese).

Die auf *-l* oder *-i* endigenden Vornamen behalten stets ihr natürliches Geschlecht:

die Grädl (= Grete);   *die Liesi (= Liese);*
der Donisl (= Dionys);   *der Kuàddi (= Kurt).*

Von den auf *-erl* oder *-le* endigenden behalten männliche Vornamen in aller Regel ihr natürliches Geschlecht:

der Simmàl (= Simon);   *der Michàl (= Michael);*
der Woifàl oder *Gàngàl (= Wolfgang);*   *der Säbbàl (= Josef).*

Bei weiblichen ist sowohl weibliches wie sächliches Geschlecht möglich:

das oder *die Rosàl*   *(= Rosa);*
das oder *die Mariele*   *(= Marie);*
das oder *die Dorle*   *(= Doris).*

Das Bädàl ist ein Mädchen namens *Petra**,
der Bädàl ein Knabe, welcher *Peter* heißt.

§ 10 So weit wie die Württemberger, die sich ein *guads Nächtle* wünschen oder in Extremfällen zum Abschied sogar *tschaule (*von *ciao)* sagen, geht man in Bayern beim Verkleinern nicht; auch in durchaus zärtlichem Zusammenhang wünscht man sich bloß *Guàdnachdd.*

---

* Der Name *Petra,* den man um 1900 noch gar nicht kannte, ist heute schon fast ein bairischer zu nennen: 1958 lag er in München an der 8. Beliebtheitsstelle, 1965 an der 1., 1970 an der 2. Stelle, das heißt, die Neugeborenen wurden am acht-, erst- beziehungsweise zweithäufigsten »Petra« getauft.

§ 1 Zur Verstärkung und Einfärbung von Substantiven und von Adjektiven dienen in der Schrift- und Umgangssprache bestimmte, meist von Substantiven abgeleitete Präfixe: *blitzdumm, erzkonservativ, Höllenlärm, Affenhitze, hundeelend, Bombengeschäft, blutjung* etc. etc.

Die Zusammensetzungen sind meist formelhaft fest, die Präfixe, obgleich sie das Ergebnis kaum verändern würden, nur mit Maßen austauschbar: *Blitzlärm, affenkonservativ, Erzhitze* würde niemand verstehen.

§ 2 Ebenso verhält es sich im Bairischen. Neben einigen Unika wie

bfennigguàd	=	*pfenniggut = tadellos, erstklassig erhalten;*
schnàggàlfidäi	=	soviel wie *kreuzfidel;*
voglwuid	=	eine Mischung aus *sehr auffallend,*
		sehr eigenartig, sehr komisch;
brunzdumm	=	*sehr dumm*(von *brunzen = pissen*);

sind es vorwiegend die stereotypen Zusammensetzungen mit *Bluàds-, Greiz-, Hunds-, Moàdds-, Sau-* und *Scheiss-,*die hier verwendet werden.

Bluàds- wird insbesondere als verdammendes Präfix vor Substantiven gebraucht, wobei im Bedarfsfalle so ziemlich jeder Gegenstand durch *Bluàds-* verfluchbar ist:

Bluàdsdrambahn (= verfluchte Straßenbahn);
Bluàdsfeànsähàbbàràdd (= verfluchter Fernsehapparat);
Bluàdsgiàßkannà (= verfluchte Gießkanne);
Bluàdsarwàd (= verflucht anstrengende Arbeit);
Bluàdsvàwandtschaft (= nicht nur die Blutsverwandtschaft –

dann liegt der Hauptton auf der ersten Silbe –, sondern auch die *verdammte Verwandtschaft,* dann trägt die erste Silbe nur den Nebenton, und der Hauptakzent liegt auf der dritten).

Greiz- (= Kreuz) wird in der nichtbairischen Umgangssprache ebenso verwendet wie im Bairischen; das heilige Kreuz hat ursprünglich Beteuerungs-, schließlich auch Verstärkungsfunktion:

greizfidäi	=	*kreuzfidel*
greizlusddi	=	*sehr lustig*
greizbràv	=	*von Grund auf brav*
greizwichddi	=	*geschäftig:*
		dea hàds heid wiedà greizwichddi =
		er rennt heute wieder geschäftig herum.

Natürlich steht *Greiz-* auch in lebhaftem Fluchgebrauch: *Greizhimmiheàggod, Greizhalleluia, Greizsàggràmendd* etc., und natürlich läßt sich auch mancher Gegenstand damit verwünschen: *Etz leidd dees Greiztäläfon scho wiedà = Jetzt klingelt dieses verdammte Telefon schon wieder.*

Hunds- ersetzt das hochdeutsch übliche *Hunde-* (siehe Seite 117) und wird sowohl zur Beschimpfung von Gegenständen: *Hundsschreibmàschin, Hundsfeiàẓeig* usw., als auch zur Verstärkung von Adjektiven gebraucht:

hundsmiàd	=	*hundemüde*
hundsgemein	=	*sehr gemein*
hundsmisàràwi	=	*hundsmiserabel.*

Moàdds- (= Mords) kommt in Adjektivzusammenhängen nur zweimal vor:

moàddsgroß	=	*sehr groß*
moàddsmäßig	=	*gewaltig.*

Moàddsmäßig bedeutet *sehr erheblich: moàddsmäßig dumm, moàddsmäßig schnäi; à moàddsmäßigà Grach; à moàddsmäßige Freid.*

Sonst wird *Moàdds-* vors Substantiv gehängt und vergrößert es in dieser Position ins schier unermeßliche:

à Moàddsrausch (= ein riesiger Rausch);
à Moàddsfreid (= eine überaus große Freude);
à Moàddsbàm (= ein riesengroßer Baum).

A Moàddsdrumm ist ein *riesiges Stück;* dies kann man wahlweise statt *Moàdds-* vor das Substantiv stellen: *à Moàddsdrumm Eisnschdangà (= eine riesige Eisenstange); à Moàddsdrumm Mannsbuid (= ein Riesenmannsbild); à Moàddsdrumm Wàdschn (= eine fürchterliche Ohrfeige).*

Sau- benützt die Umgangssprache ganz allgemein zur Verstärkung von Adjektiven: *saudumm, saubläd, saumiàd (= saumüde), saugrànddig (= sehr mürrisch), saudeià (= sauteuer).*

Mit Substantiven kombiniert, drückt *Sau-* meist einen Tadel aus:

Sauawàd (= Sauarbeit);
Saukisddn (= Saufahrzeug);
Saukarddn (= schlechte Spielkarte).

Sau- muß, wie man es auch in andern Umgangssprachen kennt, nicht immer kritische Bedeutung haben. Man spricht auch von *sauvoi (sauvohl)* und von einem *Saugligg (= Sauglück).*

Scheiss-: Auch dieses Wort erfreut sich weit überbayerischer Beliebtheit und eignet sich, wie *Bluàds-* und *Hunds-,* zu Beschimpfungen aller Art:

Scheisskarrn (= Scheißkarre)
Scheissfuàßbàiwäidmeisddàschafd (= Scheißfußballweltmeisterschaft)
Scheißfronleichnamsbroẓässion (= Scheißfronleichnamsprozession).

An Adjektive hängt man es seltener. Beliebte fixe Zusammensetzungen sind:

scheisswichddi	=	*geschäftig* – wie *greiẓwichddi*
scheissgrànddig	=	*sehr mürrisch,* soviel wie *saugrànddig*
scheissfreinddli	=	*überfreundlich*
scheisswuàschd	=	*scheißegal.*

§ 3 Ursprünglich hat die Vorsilbe *Ge-* Kollektivbedeutung und bezeichnet die Zusammengehörigkeit: mehrere Berge ergeben ein *Ge-birge,* viele Wolken ein *Ge-wölk,* Brüder, die eine Firma gründen, nennt man *Ge-brüder* (während die Märchen von den Brüdern Grimm, nicht den Gebrüdern, sind), ein Dickicht aus Büschen ist ein *Ge-büsch.*

Als Vorsilbe beim Partizip Perfekt: *ge-gangen, ge-fahren, ge-flogen* bezeichnet *ge-* den Abschluß einer Handlung.

Das kollektive *Ge-* spielt eine wichtige Rolle, wenn sich's darum handelt, oft wiederholte oder andauernde Tätigkeiten zu benennen – meist in abfälliger Weise: *Ge-rede, Ge-schleppe, Ge-rümpel.* Eine große Zahl solcher Wörter gehört zum festen Bestand der deutschen Sprache und ist in jedem Wörterbuch zu finden – besonders die mit Geräusch verbundenen, woran man die Lärmempfindlichkeit des deutschen Ohrs ermessen mag: *Ge-schnatter, Ge-bell, Ge-heule, Ge-polter, Ge-trommel* usw. Eine noch weit größere Schar von *Ge-*Wörtern sind Bildungen des augenblicklichen Bedarfs, durchaus korrekt und jedermann verständlich, aber keine anerkannten Fügungen: das *Ge-laufe* (dauerndes Herumrennen), *Ge-fahre, Ge-säge* steht im Duden, das *Ge-renne* auch; wogegen das *Ge-springe* (beständiges Herumspringen) und das *Ge-hüpfe* fehlen – während das *Ge-hupe* angeführt ist. Hier ist ein weites Feld für jedermann zu eigenen Wortschöpfungen.

§ 4 Im Bairischen besteht diese Gelegenheit in noch vermehrtem Maße. Es ist kaum ein Verbum denkbar, aus dem man nicht durch ein vorgesetztes *Ge-* ganz ungeniert ein Substantiv machen könnte, welches ausdrückt: diese Tätigkeit wird zum Mißfallen des Sprechers wiederholt oder beständig vorgenommen. Natürlich fehlt im Bairischen in jedem Fall das Schluß-*e:* ein hochdeutsches *Gestreite* ist bairisch ein *Geschdreid.*

Jetz hammà schö die fuchzehndde Beeàdigung dees Monad. Dees Geschdeàb in derà Gmöä is fei gschbàssig.	=	*Jetzt haben wir schon die fünfzehnte Beerdigung diesen Monat. Dieses Gesterbe in dieser Gemeinde ist wirklich seltsam.*
Dei äwigs Getälefonià gähd mà schee langsam auf d Neàvn.	=	*Dein ewiges Telefonieren geht mir langsam auf die Nerven.*
D Schui wààr ganz nädd, awà dees dauànde Geles und Geschreib und Geleàn bàssd ma need, håd dà Buà gsàgd.	=	*Die Schule wäre ganz nett, aber das dauernde Lesen, Rechnen und Lernen paßt mir nicht, sagte der Junge.*

§ 5 Auf Seite 56 f. findet man eine Tabelle, die zeigt, vor welchen Lauten sich das *ge-* des Partizips Perfekt zu *g* verkürzt: *glàffà* (= *gelaufen*), *gfreid* (= *gefreut*), *gschbiem* (= *gespien*) – und wo es der Assimilation völlig zum Opfer fällt und verschwindet: *kàffd* (= *gekauft*), *drunggà* (= *getrunken*), *baud* (= *gebaut*). Diese Regeln gelten nicht für das Dauer-*Ge-*, das grundsätzlich immer in voller Gestalt erhalten bleibt – verständlicherweise, es wurde ja eigens zum pejorativen Zweck der Mißbilligung des Fortwährens der Tätigkeit vorangesetzt; es wäre abwegig, wollte man es gleich wieder streichen.

Partizip Perfekt	von	Fortwährende Tätigkeit
zubbfd	*zupfen*	*Gezubbf*
gimbbfd	*impfen*	*Geimbff*
dauffd	*taufen*	*Gedauff*
voåglesn	*vorlesen*	*Voågeles*

§ 6 Bei Adjektiven, Adverbien und Verben, die mit *ge-* beginnen *(gewiß, gestehen)* und bei Substantiven mit *Ge-,* die keine Dauertätigkeit bezeichnen, ist das etwas anders, und zwar so: Entfällt das *ge-* beim Partizip (vor *b, p, d, t, g, k, q, z*), dann tritt es hier als volles, ausgewachsenes *ge-* auf:

baud (= *gebaut*)   aber   *Gebaide* (= *Gebäude*)
dichdd (= *gedichtet*)   aber   *Gedichdd* (= *Gedicht*).

Wenn das *ge-* im Partizip zu *g* schrumpft, heißt es auch beim Substantiv etc. *g:*

gwunå (= *gewonnen*)   und   *Gwinn*
gsungå (= *gesungen*)   und   *Gsang*
gfroån (= *gefroren*)   und   *Gfriå* (= *Frost*).

§ 7 Das gilt allerdings nicht ausnahmslos.

So sagt man zwar: aber:
gmiåddli (= *gemütlich*),
Gmiås (= *Gemüse*),   *Gemeinheid*
Gmõå (= *Gemeinde*);

gnuå (= *genug*),   *angenehm, Genosse*
Gnågg (= *Genick*);   und häufig: *genau;*

Kuif (= *Gehilfe*),   *gehässig, geheiå* (= *geheuer*)
Keå (= *Gehör*),
kiådd (= *gehütet*);

Grichdd (= *Gericht*),   *ungerächd*
Greichåds (= *Geräuchertes*),
grochå (= *gerochen*).

§ 8 Wie genau das Bairische das schlichte kollektive *Ge*-Substantiv vom Dauertätigkeitssubstantiv unterscheidet, sieht man an folgenden Beispielen:

deå Kåidd ist *das Gehalt;*
dees Gehåidd aber ist *das (ewige) Anhalten.*

Hört mit der fortwährenden Spielerei auf! heißt: *Heåds dees äwige Geschbui auf! – Brecht das Spiel ab!* heißt: *Heåds dees Gschbui auf!*

§ 9 Einige Substantive, Adjektive und auch Verben, die in der Schriftsprache die Vorsilbe *ge-* nicht haben, bekommen sie im Bairischen vorangesetzt, oft schon aus mittelhochdeutscher Tradition:

sich freuen   = *si gfrein*
                   (mittelhochdeutsch: gevröuwen)

sich anstellen	=	*si gschdäin*
segne es Gott	=	*gsengs Godd*
		(mittelhochdeutsch: *gesegenen*)
behalten	=	*kåiddn*
		(mittelhochdeutsch: *gehalten*)
Schloß	=	*Gschloos*
		(mittelhochdeutsch: *gesloß*)
langen (= ausreichen)	=	*glangà*
		(mittelhochdeutsch: *gelangen*)
ausschwären	=	*ausgschwiàn* (mittelhochdeutsch:
		swern und *geswern*)
schlampig	=	*gschlambbåd*
scheckig	=	*gschäggåd*
fleckig	=	*gfleggåd*
stinkend	=	*gschdinggåd*
Spaß, spaßig	=	*Gschbàss, gschbàssig*
Spiel	=	*Gschbui*
spüren (= fühlen)	=	*gschbiàn*

außerdem:

*gschläggåd (*von *schlecken)*	=	*anspruchsvoll*
*gschbinnåd (*von *spinnen)*	=	*verrückt*
*gschnåbbig (*von *schnappen)*	=	*vorlaut*
*gwambbåd (*von *Wamme)*	=	*dickbäuchig.*

§ 10 Die Fälle, wo im Bairischen ein hochdeutsches *Ge-* entfällt, sind weitaus seltener:

Droàd	=	*Getreide*
Hiàn	=	*Hirn* und *Gehirn*
eĩbschdēh (bäuerlich)	=	*eingestehen.*

§ 1 Denselben Zweck wie das Wiederholungs-*Ge-* (siehe Seite 112 f.) kann auch ein als Suffix an den Verbalstamm angehängtes *-erei* erfüllen. Auch es paßt an jedes Verbum und rügt – meistens – die Wiederholung oder die Fortdauer einer Tätigkeit. (Daneben dient's natürlich auch, wie hochdeutsch, zur Handwerksbezeichnung: *Schneidàrei, Metzgàrei* und dergleichen.)

Auch das *-erei* wird bairisch weitaus hemmungsloser als in der Schriftsprache benutzt:

Essàrei	=	*fortwährendes Essen, unappetitliche Art zu essen*
Schbaziàngäàrei	=	*dauerndes Spazierengehen*
Bäddàrei	=	*dauerndes Beten*
Öziàgàrei	=	*dauerndes Anziehen*
Bsuàchàrei	=	*dauerndes Besuchen*
Scheissàrei	=	*Durchfall.*

§ 2 Die Endung *-er* hinterm Stamm des Verbums kann, wie schriftdeutsch, ganz objektiv denjenigen bezeichnen, der die Tätigkeit ausübt: *Maler, Fischer, Fahrer, Kassierer.*

Besonders gern hängt man das *-er* an negative Wörter, die eine unerfreuliche Tätigkeit bezeichnen, und benutzt das so entstandene Wort zum Tadel und zur Diskriminierung des Täters – wie hochdeutsch: *Nörgler, Schläger, Stänker(er), Aufschneider, Angeber:*

Wuislà	=	*einer, der winselt*
Grànddlà	=	*einer, der grànddld, der mürrisch ist*
Beddsoàchà	=	*einer, der ins Bett pißt*
Hosnscheissà	=	*einer, der in die Hose macht,* oder: *einer, der sehr ängstlich ist*

§ 3 Bairisch häufiger als hochdeutsch ist der Gebrauch der Endung *-er* beziehungsweise *-erer* zur Bezeichnung von Bewegungen und, insbesondere, von Geräuschen:

Huàsdàrà	=	*Hustton*
Schdoibbàrà	=	*Stolperschritt*
Hoibbàrà	=	*Holperbewegung* oder *zu einer Holperbewegung anlaßgebende Unebenheit*
Bummbbàrà	=	*pumpernder Ton*
Lachàrà	=	*Lachton*
Muggsà	=	*Mucks*
Donnàrà	=	*Donner*
Schnaufà oder		
Schnaufàrà	=	*Atemzug*
Schnabbà	=	*Schnappbewegung*

Schäwàrà	=	*scheppernder Ton*
Schnàizà	=	*schnalzender Ton*
Schiddlà	=	*Schüttelbewegung.*

Sehr gern umschreibt man mit diesen Substantiven, in Verbindung mit dem Verbum *tun*, den Verbalausdruck und sagt

statt:				
es hat gedonnert	:	*es hàd àn Donnàrà dō*
es holpert	:	*es duàd àn Hoibbàrà*
er ist gestolpert	:	*eà hàd àn Schdoibbàrà dō.*

Deà hàd koàn Schnaufà dō heißt: *Er hat kein Wort gesagt.*

§ 4 Kollektive Verachtung läßt sich durch ein an ein Substantiv gehängtes *-zeig* oder *-zeigs* ausdrücken:

Buidlzeig	=	*lumpige Bilder*
Guàdlzeig	=	*verachtenswerte Bonbons*
Kuàchàzeigs	=	*generell mißbilligte Kuchen*
Viechzeig	=	*verächtliche Tiere*
Gràffizeig/Glumbbzeig	=	*Krempel.* (*Gràffi* und *Glumbb* bezeichnen selbst schon »*Gerümpel*«; das angehängte *-zeig* oder *-zeigs* verstärkt den Ausdruck der Verachtung.)

Mittelhochdeutsch *ziuc* bedeutet *Handwerkszeug, Gerät, Ausrüstung* (was sich in *Werkzeug* noch erhalten hat). Allmählich hat sich die Bedeutung verschoben und *Zeug* wurde zu einer abwertenden Bezeichnung.

Auch um Menschen Verächtliches nachzusagen, kann man *-zeig* benutzen und – entsprechend *Viechzeig* – auch *Kindàzeig* (= *lästige Kinder*) sagen. Etwas freundlicher klingt *-war* (= *Ware*):

Buzlwar	=	*Kinder in größerer Anzahl*
Lumbbmwar	=	*Lumpenpack.*

§ 5 In den Wörtern *Haislweàgg* und *Hiddlweàgg* (= *Ansammlung kleiner, bescheidener Häuschen* oder *Hütten*) hat *-werk* dieselbe Bedeutung wie *-zeig*.

§ 1 Zusammengesetze Wörter werden im Bairischen in derselben Weise wie im Hochdeutschen gebildet, auch mit den gleichen Fugenzeichen. Fugenzeichen nennt man das *e, en, er, es* oder *s* zwischen dem Bestimmungs- und dem Grundwort: *Heiterkeit-s-erfolg, Asche-n-becher, Geburt-s-tag-s-torte* usw.

Der Unterschied zur Schriftsprache besteht vorwiegend darin, daß das *e* als Fugenzeichen im Bairischen nicht sonderlich beliebt ist – wie alle unbetonten *e* –, und daß es deshalb häufig weggelassen oder durch ein *s* ersetzt wird:

	statt	sagt man
	Hundehütte	*Hunddshiddn*
	Mausefalle	*Mausfåin*
	Tagedieb	*Dågdiåb*
	Schweinebraten	*Schweinsbråån*
	Speisekarte	*Schbeiskarddn*
	Lausejunge	*Lausbuå*
	Gänseklein	*Gansjung.*

§ 2 Zuweilen tritt das Fugen-*s* auch zwischen Gliedern auf, die hochdeutsch stumpf oder durch ein anderes Fugenzeichen aneinandergefügt werden:

	statt	sagt man
	Rinderbraten	*Rindsbråån*
	Kindermädchen	*Kindsmagd.*

§ 3 Es ist jedoch nicht so, daß alle Fugen-*e* ersetzt werden. In vielen Wörtern bleiben sie erhalten:

Eånddedanggfesdd   (= *Erntedankfest)*
Bådehosen – nebst *Bådhosn*   (= *Badehose)*
Pausebrod   (= *Pausebrot).*

§ 1 Einige deutsche Substantive treten nur in der Mehrzahl auf: *Alimente* etwa, *Ferien, Kinkerlitzchen* und dergleichen. Ein Aliment, eine Ferie oder eine Kinkerlitze gibt es nicht.

Für manche hochdeutschen Pluralwörter kennt das Bairische auch eine Einzahl:

zu *Blattern*	=	kennt man im Bairischen den Singular *die Blådà* = *eine Blut-* oder *Wasserblase;* auch mittelhochdeutsch hieß *blatere* nicht nur *Pocke,* sondern auch *Wasserblase.*
zu *Leute*	=	gibt es den bairischen Singular *das Leid.* Mittelhochdeutsch war *das liut = das Volk, das Menschengeschlecht, die liute* waren, wie heute, *die Leute.* Bairisch hat sich aus dem Kollektivwort *liut* die Bezeichnung für das Einzelwesen entwickelt: *à guàds Leid, à ams Leid* (= *eine gute Person, eine arme Person).**
zu *Möbel*	=	gehört – auch sonst in der Umgangssprache öfters – die Einzahl *das Mewi = das Möbelstück.*
zu *Trümmer*	=	*das Drumm.* Mittelhochdeutsch *drum* und *trum* war *ein Splitter.* Bairisch ist es mehr: ein ziemlich großes Stück: *à Drumm Mannsbuid* (= *ein groß-* und *breitgebauter Mann); à Drumm Kuàchà* (= *ein großes Kuchenstück).*

§ 2 Weitaus größer als die Zahl der Pluralwörter ist die der Substantive die nur im Singular vorkommen: Stoffnamen *(wie Silber, Eisen, Butter),* Kollektivbezeichnungen *(Menschheit, Publikum, Obst),* Witterungserscheinungen *(Nebel, Schnee, Wärme)* usw. usw. Der bairische Gebrauch entspricht hier dem hochdeutschen. Ein paar Ausnahmen gibt es auch hier:

Das Haar zum Beispiel kann hochdeutsch nicht nur ein einzelnes Härchen sein, sondern auch ein Kollektivwort: die gesamte Haarpracht eines Menschen oder Tiers. Das geht bairisch nicht: *às Hoà* ist immer nur *ein einzelnes Haar;* das Haar in seiner Gesamtheit kann nur *d Hoà* (= *die Haare)* heißen.

Husten, hochdeutsch ein Singular, wird bairisch oft in der Mehrzahl gebraucht, ähnlich wie *Masern, Röteln, Hämorrhoiden,* die ja auch nicht als Einzelstücke auftreten: *i håb d Huàsddn kabbd.*

---

* Ähnlich sind die Wörter *Imme (*bairisch *Imbbm)* und *Stute* entstanden; mittelhochdeutsch *imme, imbe* war *der Bienenschwarm, stuot die Pferdeherde.* Heute bezeichnet sowohl *Imme* wie *Stute* das einzelne Mitglied der Gattung.

§ 1 *Die Erhaltung der Reinheit unserer bairischen Sprache und die Abwehr schädlicher femder Einflüsse muß uns ein besonderes Anliegen sein.* – Das kann man ins Bairische nicht etwa so übersetzen: *D Eàhàiddung võ unsànà boàrischn Schbrach ihrà Reĩheid und à Àbweà võ die schädlichn fremdn Eĩfliß muàß uns à bsundàs Anlieng seĩ.*

Dem Bairischen fehlt, wie jeder Mundart, die Neigung und die Fähigkeit zu abstrahieren. Viele abstrakte Begriffe sind der Mundart völlig ungeläufig, andere lassen sich nur für – konkretbezogene – Teilbegriffe verwenden.

Man braucht deshalb nicht auf die Wiedergabe hehrer und bedeutender Gedanken zu verzichten. Durch Umformulierung lassen sie sich durchaus äußern. Der Satz von oben könnte bairisch etwa folgendermaßen lauten:

Ganz bsundàs miàss mà dà drauf schaung, daß unsà boàrische Schbrach à so bleibd, wià s keàd, und daß uns ja nix Breissisch need einakimmd, wei dees kundd ihrà schàán.

Dann ergriff der Pfarrer das Wort. Seine Ausführungen fanden großen Beifall. Mit Wärme sprach er von der Notwendigkeit der sittlichen Erziehung der Mädchen bereits in früher Kindheit. = *Na hàd dà Bfarrà gredd. Scheë hàd à gredd. Ganz guàd hàds die Leid gfàin, wiàrà gsàgd hàd, daß mà unsàne Màdln schö aisà gloànà siddlich eàziàng soin.*

Mit Wärme sprach er könnte niemals heißen: *Mid Wäàm hàd à gsàgd.* Obgleich es die *Wäàm* natürlich auch auf bairisch gibt. Aber das ist die konkrete, spürbare Wärme, nicht die metaphorische des Herzens. Ebenso wenig könnte man eine *Größe des Gefühls* als *Gräss vom Gfui* wiedergeben – allenfalls mit dem beliebten *vui Gfui* (= *viel Gefühl*).

§ 2 Allzu Abstraktes wird ins Anschauliche gewendet, Gehobenes auf die schlichte Alltagsrede hinuntertransponiert – mit dem Erfolg freilich, daß feierliche stille Größe leicht den Eindruck mehr oder minder edler Einfalt wecken kann:

Bayern ist der rechte Flügel des Staates und seiner Parteien. Es mag am Föhn liegen, am nie siegreich gewesenen Bauernkrieg, der noch die Nachfahren sich ihrer Misthaufen schämen läßt, so daß sie sie aus Trotz vervielfachen, es mag am urigen Kehlkopf liegen, der der Artikulation klarer Gedanken widerstrebt, jedes Wort in abgelegene Niederungen verziehend...

Aus: Gerhard Zwerenz, Bericht aus dem Landesinneren. Frankfurt 1974.

Hamlet 3. Akt, 1. Szene, Monolog

HAMLET: Sein oder Nichtsein, das ist hier die Frage:
Obs edler im Gemüt, die Pfeil und Schleudern
Des wütenden Geschicks erdulden, oder,
Sich waffnend gegen eine See von Plagen,
Durch Widerstand sie enden? Sterben – schlafen –
Nichts weiter! – und zu wissen, daß ein Schlaf
Das Herzweh und die tausend Stöße endet,
Die unsers Fleisches Erbteil – 's ist ein Ziel,
Aufs innigste zu wünschen. Sterben – schlafen –
Schlafen! Vielleicht auch träumen! – Ja, da liegts:
Was in dem Schlaf für Träume kommen mögen,
Wenn wir den Drang des Ird'schen abgeschüttelt,
Das zwingt uns still zu stehn. Das ist   Rücksicht,
Die Elend läßt zu hohen Jahren kommen.
Denn wer ertrüg der Zeiten Spott und Geißel,
Des Mächt'gen Druck, des Stolzen Mißhandlungen,
Verschmähter Liebe Pein, des Rechtes Aufschub,
Den Übermut der Ämter und die Schmach,
Die Unwert schweigendem Verdienst erweist,
Wenn er sich selbst in Ruhstand setzen könnte
Mit einer Nadel bloß? Wer trüge Lasten
Und stöhnt' und schwitzte unter Lebensmüh?
Nur daß die Furcht vor etwas nach dem Tod –
Das unentdeckte Land, von des Bezirk
Kein Wandrer wiederkehrt – den Willen irrt,
Daß wir die Übel, die wir haben, lieber
Ertragen als zu unbekannten fliehn.
So macht Gewissen Feige aus uns allen;
Der angebornen Farbe der Entschließung
Wird des Gedankens Blässe angekränkelt;
Und Unternehmungen voll Mark und Nachdruck,
Durch diese Rücksicht aus der Bahn gelenkt,
Verlieren so der Handlung Namen. – Still!
Die reizende Ophelia. – Nymphe, schließ
In dein Gebet all meine Sünden ein.
OPHELIA: Mein Prinz, wie geht es Euch seit so viel Tagen?
HAMLET: Ich dank Euch untertänig: wohl.

HAMLET: Lewenddig odå gschdoåmå, ja, dees frågd si:
Wiå håsd ås gmiåddlichå, wannsd schēē geduidig sågsd:
Nuå heår auf mi, odåwannsd ōåfach zuådråhsd,
Schluß, aus Ebbfi amen. Dees wanssd då iwålegsd, då kimsd
bfeigråd ins Schleidån. Vårregg Kaffäähaus! Gäh, hau di hī
und schlaf å Gsåtzl. Wei dees säi woåß i:
Båi må schlaffd, duåd oån nix wäh, då heåsd und sigsd
und gschbiåsd nix meå. Dees wåår beschdimmd dees Ållågscheidå.
Gäi, dees hengåd oån schō raus. D Aung zuåmachå, schlaffå,
ruåssln und wås rächd wås Lusddigs dråmmå! Håidd schdååd,
kund sēī, åå wås Greisligs, dees kō då genausoguåd bassiån.
Dråmmå muåßd håid, wås då dråmd, dees sigsd nad schō,
und dees is s haargenau, wås må drō scheichd. Drum duåd må s need,
und drum bisd iwånägsds Joå nō då gleiche arme Hund wiå heid.
So däbbåd wåår wahrscheins need oånå, daß å si dees Leem
mid Fleiß raussuåchåd: Ausglachd weåsd und druggd weåsd,
heåkaud weåsd mid då Goåßl, und meng duåd di neåmds, dei Rächdd
griågsd äwig und drei Dåg need. B Beheådn moånå,
sie deåffån goår åiss mid diå machå. Und wannsd dēī Mai need håiddsd,
vådeånsd glei goånix meå. Säiwå bensioniån soidd må si kennå.
Å Schbrizzn einibiggå, aus. Na brååchådsd neåmads meå
sēī Gråffi schläbbå, na dåådsd di nimmå bluådig schwitzn.
Dees Bläde is håid bloß, daß må need woåß, wås hinddnåch kimmd.
Driffsd ja koån, deå schō in Himmi war. Dees håidd di zrugg.
Då bleibsd na liåwå in dein eingå Dreeg drin flaggå,
åis wiå daßd in ån andån einidabbsd, den wosd need åmåi kennsd.
Feige Hund sån b Menschn schō, wammå s bedenggd, gwiß woå.
Oåsdeils dååd må si schō draun, wann s oån goå z bundd weåd,
awå na sinniåsd å wengål nåch und weåsd kååsweiß.
Und schdadd daßd heågångsd und daßd sågåsd: So,
heid weåd si umbråchdd, iwålegsd då s do wiedå andås
und na duåsd – gäh weidå, ‚dōå‘ is guåd gsågd,
vō Dōå kō goå kōå Red need sēī. Håidd schdååd,
då schaug, då kimd d Ophelia. O heiligs Greiz,
schdäh må bei!
OPHELIA: Å, då Brinz. Wiå gähds åiwei? Hamma uns schō lang
nimmå gsäng.
HAMLET: Dangg då Nåchfråg, såmmå zfrien.

Pronomen

§ 1 Die Personalpronomen* werden folgendermaßen gebeugt:

Singular:		*ich*	*du*	*er*	*sie*	*es*
	Nominativ	*i*	*du*	*eà|deà*	*sie|de*	*es|dees*
	Genitiv	*meinà*	*deinà*	*seinà*	*iàrà*	*seinà*
	Dativ	*mià*	*dià*	*eàhm*	*ià|iàrà*	*eàhm*
	Akkusativ	*mi*	*di*	*eàhm|eàhn*	*sie|de*	*es|dees*

Plural:		*wir*	*ihr*		*sie*	
	Nominativ	*mià*	*ià|ees*		*sie|de*	
	Genitiv	*unsà*	*eià*		*eàhnà*	
	Dativ	*uns|ins*	*eich|engg*		*eàhnà|dene*	
	Akkusativ	*uns|ins*	*eich|engg*		*sie|de*	

§ 2 Die Unterschiede zwischen Personalpronomen und Demonstrativ-
pronomen sind – siehe Seite 143 – im Bairischen fließender als in der
Schriftsprache. Wo hochdeutsch *er\|sie\|es* genügt, wird man bairisch
häufig, wenn auch nur eine sanfte Betonung auf dem Pronomen lieg*:
deà\|de\|dees (= *der\|die\|das*) verwenden.

Meine Frau ist Verkäuferin;   =   *Meï Frau is à Vàkàiffàrin;*
sie arbeitet bei Kustermann.   *de awàd bein Gusddàmann.*

§ 3 Man weiß: den Genitiv gibt es im Bairischen kaum (siehe Seite 96).
Just *meiner\|deiner\|seiner\|unser* usw. aber kommen vor:

wegen meiner   =   *wegà meinà*
wegen deiner   =   *wegà deinà*
wegen seiner   =   *wegà seinà.*

Der Pluralgenitiv tritt hauptsächlich in formelhaften Wendungen auf:

de warn eàhnà fümfe   =   *sie waren ihrer fünf*
mià warmà unsà achdde =   *wir waren unser acht.*

§ 4 Daß der Akkusativ Singular des Maskulinums *eàhm* – für *ihn* – heißt:

ihn sieh an   =   *eàhm schaug ō*
ich kenne ihn schon   =   *i kenn eàhm schō*

wurde schon auf Seite 97 besprochen. Im städtischen Sprachgebrauch
ist das Akkusativ-*eàhm* seltener als das Dativ-*eàhm*. Während man dies

---

* Laut Duden muß die Mehrzahl von »*Pronomen*« nicht »*Pronomina*«
heißen, im Gegenteil. »*Pronomina*« gilt als »älter«, »*die Pronomen*« als
modern.

ohne weiteres sagt: *Giw eàhm dees (= gib ihm das)*, wird *eàhm* als Akkusativ offenbar als ländlich oder falsch empfunden; weshalb man in der Stadt auch der Form *eàhn* begegnen kann.

§ 5 Die Form *ins* für *uns* gibt es nur auf dem Lande. (Auch *sunsdd = sonst* kann zu *sinsdd* umgelautet werden).

§ 6 *Ees* und *engg* waren früher Dualpronomina; sie bedeuteten *ihr beide*, respektive *euch beide*. Der Dual kam, wie auch in andern Sprachen, ab, als die Menschen weiter als bis zwei zu zählen lernten, und seit etwa dem 12. Jahrhundert werden *ees* und *engg* ganz allgemein für den Plural *ihr* und *euch* benutzt.

Lebbds ees àà no?	=	*Lebt ihr auch noch?*
Mià ham engg schö lang	=	*Wir haben euch schon lange*
nimmà gsäng.		*nicht mehr gesehen.*
Seids ees need dimmà?	=	*Seid ihr nicht dümmer?*

kann man auch zu zehn oder fünfzig Personen sagen.

Wie es zu dieser Überführung der alten Dualform in eine unbestimmte Pluralbedeutung kam, darüber gibt es verschiedene Theorien. Zum Beispiel die: die Formen *ihr* und *er* wurden immer ähnlicher ausgesprochen, so daß Verwechslungen möglich wurden; um diese zu vermeiden, führte man für *ihr = ees* ein, das man, seit der Dual vergessen war, sowieso nicht mehr recht brauchte. – Damit kam man freilich in die Traufe, denn nun klingen *ees* und *es* gleich:

Dà miàßds es zàin	kann heißen:	*Da müßt ihr bezahlen*
	oder:	*Da müßt ihr es bezahlen*
	oder auch:	*Da müßte es es bezahlen.*

Aber die Furcht vor Homonymen ist es nicht, die den Bayern schreckt. Sie stören – siehe Seite   bayerische Ohren nicht im geringsten.

§ 7 In der Stadtmundart wird *ees = ihr* verhältnismäßig oft verwendet; *enk = euch* kommt selten vor; dafür sagt man lieber *eich*.

§ 8 Die Parallelformen *ià* und *iàrà* für *ihr* im Dativ Singular haben völlig gleiche Funktion. *Ihrà* ist die fülligere, geschertere Form, ebenso wie *needà* für *need (= nicht), jetzà* für *jetz (= jetzt)* und dergleichen.

§ 9 Warum sagt man bairisch *mià* statt *wir?* – Dies wird als Folge der Assimilation an ein vorausgehendes Verbum erklärt: *geben wir – gebn wir – gebm wir – gebm mir.*

§ 10 Das Pronomen steht im Satz ja nicht immer vor dem Verbum, sondern mindestens ebenso häufig hinter ihm: *habe ich, gehst du, sagt er.* Da hinten aber, im Schatten des Verbs, verkümmert es und hängt sich kraftlos an das Verbum an. Diese Anlehnung eines Wortes an das vorhergehende, wobei das angelehnte Wort den Eigenton verliert, nennt man Enklise. In der Schriftsprache trifft dieses Schicksal nur das Pronomen *es: Ich hab's gewußt.* Im Bairischen ist die Schar der Spezialformen für unbetonte Stellung weitaus größer:

ich	=	à	: *jetz hàwà di (= jetzt hab ich dich)*
mir	=	mà	: *dees daugd mà (= das paßt mir)*
du	=	—	: *kimsd riwà? (= kommst du herüber?)*
dir	=	dà	: *i schengg dà wàs (= ich schenk dir was)*
er	=	à	: *wàs hàd à denn? (= was hat er denn?)*
ihn	=	n/àn/nà	: *eà hàdn (= er hat ihn); woin àn de kàffà? (= wollen ihn die kaufen?); i wui nà need (= ich will ihn nicht)*

sie (Nominativ Singular) = s/sà	:	*jetz kimds (= jetzt kommt sie); dà muàß sà si schiggà (= da muß sie sich beeilen)*
sie (Akkusativ Singular) = s/às	:	*i hàb s gsäng (= ich habe sie gesehen) màgsd às? (= magst du sie?)*
es (Nominativ) = s/sà	:	*gfàid s dà? (= gefällt es dir?) wei sà si keàd (= weil es sich gehört)*
es (Akkusativ) = s/às	:	*i sieg s (= ich sehe es); sigsd às? (= siehst du es?)*
wir = mà	:	*sàng mà (= sagen wir)*
ihr = —	:	*gädd s mid? (= geht ihr mit?)*
sie (Nominativ Plural) = s/sà	:	*sàn s need dàhoàm? (= sind sie nicht daheim?) ham sà si gfreid? (= haben sie sich gefreut?)*
sie (Akkusativ Plural) = s/às	:	*i hàb s gfrågd (= ich habe sie gefragt) kennsd às du? (= kennst du sie?)*

§ 11 Nicht alle Flexionsformen aller Pronomen werden hinterm Verbum enklitisch. Einige: *mich, dich, ihm, uns, euch, ihnen* – sind gegen den Tonverlust resistent. Sie lauten gleich, ob sie vor oder hinterm Verbum stehen:

Eich gähds guàd   (= euch geht es gut) und:
Wià gähds eich?   (= Wie geht es euch?).

§ 12 Schließt sich das enklitische Pronomen *mà (= wir)* an ein Verbum an, das im Plural des Präsens (und im Infinitiv) auf -à endet, dann gibt es zwei Möglichkeiten: Das Endungs-à des Verbums kann stehenbleiben:

nehmen wir	=	*nehmàmà*
schleppen wir	=	*schläbbàmà.*

Man kann es aber auch ausfallen lassen:

nehmen wir	=	*nehmmà*
schleppen wir	=	*schläbbmà.*

Diese letztere Form ist die beliebtere:

kaufen wir	=	*kåffmà*
brauchen wir	=	*brauchmà*
machen wir	=	*machmà.*

Geht dem *mà* ein -*n*- voraus, dann assimiliert es an das *m*:

rennen wir	=	*rennàmà*	=	*rennmà*	=	*remmà*
können wir	=	*kennàmà*	=	*kennmà*	=	*kemmà.*

Diese Assimilation findet auch statt, wenn die Verbform nicht auf -*à* ausgeht:

malen wir	über	*måinmà*	zu	*måimà*
reden wir		*reenmà*		*reemà*
fahren wir		*fahrnmà*		*fahrmà*
essen wir		*essnmà*		*essmà*
tun wir		*deànmà*		*deàmmà*
sind wir		*sànmà*		*sàmmà*
kratzen wir		*gratznmà*		*gratzmà*

Vorausgehendes *ng* assimiliert nur in Sonderfällen:

gehen wir	über	*gengàmà*	und	*gengmà*	zu	*gemmà*
stehen wir		*schdengàmà*		*schdengmà*		*schdemmà*
Aber:						
singen wir	über	*singàmà*	zu	*singmà*		
hängen wir		*hengàmà*		*hengmà*		
sagen wir				*sàngmà.*		

§ 13 Die verkürzte Pronomenform steht nicht nur hinterm Verbum, sondern auch – genau wie *s* statt *es* im Hochdeutschen –, wenn das Pronomen auf Konjunktionen oder Relativa folgt:

wann à need kimd	=	*wenn er nicht kommt*
i woàß need, wià s schmeggà	=	*ich weiß nicht, wie sie schmecken*
ob mà bàid feàdde sàn?	=	*ob wir bald fertig sind?*
dà Jàgà, deà wo nà dàschossn håd	=	*der Jäger, der ihn erschossen hat.*

§ 14 Häufig folgt auf die bereits verkürzte, ans Verbum, an die Konjunktion, ans Relativ angehängte Pronomenform noch ein Pronomen, das seinerseits verkürzt wird:

wenn er ihn	=	*wann à n*
wo wir sie	=	*wo mà s*
hat er dir	=	*håd à dà*
hat sie mir ihn	=	*håd s mà n.*

§ 15 Das Pronomen erhält in jeder Stellung seine volle Form zurück, wenn es betont ist.

Haben sie ihn? heißt: *Ham s n?*
Haben sie ihn (und nicht einen anderen)? = *Ham s eàhm?*

> *Haben sie ihn* (und nicht die anderen)?   =   *Hamm àn de?*
> *Haben die ihn* (und nicht etwa er sie)?   =   *Ham de eàhm?*

Die Heraushebung, hochdeutsch nur durch Akzentuierung oder, schrift-
lich, durch Sperrdruck oder Unterstreichung möglich, wird bairisch
durch die Form des Pronomens kenntlichgemacht.

§ 16 Die Verbalendung der zweiten Person Einzahl heißt seit dem Alt-
hochdeutschen *-st: du stehst, du bringst.* Sie entstand dadurch, daß an das
ursprüngliche *-s* der Endung das Pronomen *du* enklitisch angefügt
wurde.
    Die Verschmelzung des Pronomens mit der Endung gelang so restlos,
daß das verstümmelte *du* nicht nur seine Selbständigkeit, sondern auch
seine Bedeutung verlor und man das *-st* bloß noch als Endung empfindet.
Das schriftdeutsche Sprachgefühl verlangt zusätzlich zur Endung auch
noch das Pronomen *du* in seiner vollen Form.

§ 17 Die Umgangssprache braucht das *du* nicht unbedingt, und selbst
Goethe: »*Füllest wieder Busch und Tal still mit Nebelglanz*« – konnte auf
das Pronomen verzichten. Im Bairischen kommt man, wenn es nicht
betont ist, vorzüglich ohne das Pronomen *du* aus:

Sigsd, wannsd need àso gschdinggàd	=	*Siehst du, wenn du nicht so stinkfaul*
wàarsd, hàddsd vui bessàne Noddn.		*wärest, hättest du viel bessere Noten.*
Kimmsd ummà, wannsd feàdde	=	*Kommst du herüber, wenn du fertig*
bisd?		*bist?*

§ 18 In derselben Weise wie das *du* wird bairisch auch das *ees* (= *ihr*,
siehe Seite 123) der zweiten Person Mehrzahl zur Verbalendung ge-
macht. Es entledigt sich seines Tones, verkümmert zu *-s* und wird als
Suffix ans Verbum angehängt:

ihr lauft	wird zu	*ià làffds,*
ihr wascht		*ià waschds,*
ihr seht		*ià sàggds.*

Auch hier kann das Pronomen durch die Endung abgegolten werden:

> *Seid ihr gut heimgekommen?*   =   *Seids guàd hoàmkemà?*

§ 19 Die Zweite-Person-Plural-Endung *-s* wird auch für den Imperátiv
verwendet:

bete und arbeite!	=	*bädd und arwàd!*
betet und arbeitet!		*bädds und arwàds!*
Kauft Rettiche, Leute!		*Kàffds Ràdi, Leid!*

§ 20 In der ersten und dritten Person Einzahl und in der dritten der
Mehrzahl wird das nachgestellte Pronomen zwar auch mit gedämpftem
Ton ans Verbum angebunden:

habe ich	=	*hàwi* (was bis zu *hàwe* und *hàwà* verklingen kann)
hat er	=	*hàdà*
hat sie	=	*hàds*

> *hat es*   =   *håds*
> *haben sie*   =   *hams,*

aber seine Eigenständigkeit bleibt erhalten; es wird weder zum Suffix noch zum Endungsbestandteil degradiert, sondern fällt gleich wieder weg, wenn das volle Pronomen auftritt:

ich habe	heißt nicht	*i håwi*	sondern	*i håb*
er hat	heißt nicht	*eå hådå*	sondern	*eå håd*
sie hat	heißt nicht	*sie håds*	sondern	*sie håd*
es hat	heißt nicht	*es håds*	sondern	*es håd*
sie haben	heißt nicht	*sie hams*	sondern	*sie ham.*

§ 21   Ein bißchen anders ist das mit der ersten Person der Mehrzahl:

> *sind wir*   heißt   *såmmå*   (aus *sån må*)
> *gehen wir* heißt   *gemmå*   (aus *gehn må*).

Tritt hier das volle Pronomen dazu, dann hat man die Wahl, entweder zu sagen:

> *miå sån,*   *miå gengå* (oder *gehnå*)

oder, ländlicher: *miå såmmå,*   *miå gemmå*

> *miå såmmå vō Giåsing*   (= *wir sind von Giesing*)
> *miå schbuimå Karddn*   (= *wir spielen Karten*).

Bei den Formen der zweiten Person hat man diese Wahl nicht; da bleibt das enklitische Pronomen fest angewachsen: *iå habds, ees gåhds.*

§ 22   Nicht nur das Verbum ist imstand, die Pronominalendung aufzunehmen. Auch andere Wortarten können das: die Relativpronomina, die Konjunktionen und in bestimmten Fällen sogar Adjektiv und Substantiv.

§ 23   Die Relativpronomen heißen (siehe Seite 148): *deå/de/dees, deå wo/ de wo/dees wo* oder einfach *wo.* Mit angehängter Endung sehen sie so aus:

> *deå Hås, densd (du) gschossn håsd*   =   *der Hase, den du geschossen hast*
> *dees Biå, dees wods ees neilich drunggå*   =   *das Bier, das ihr neulich getrunken*
> *habds*   *habt.*

Wichtig: Die Pronominalendung am Verbum bleibt erhalten, auch wenn sie schon an einem andern Wort des Satzes hängt.

§ 24   Auch Fragewörter, die einen Relativsatz einleiten, werden mit der Endung der zweiten Person ausgestattet:

> *i wui wissn, weåsd du bisd*   =   *ich will wissen, wer du bist*
> *då Vaddå frågd, wemds dees geem*   =   *der Vater fragt, wem ihr das gegeben*
> *habds*   *habt*
> *Då sån zwoå Schuåh, du soisd sång,*   =   *Hier sind zwei Schuhe, du sollst sagen,*
> *ån wäichånsd wuisd*   *welchen du willst.*

§ 25 Hieße der letzte Beispielsatz: *Du sollst sagen, welchen Schuh du willst,* dann würde sich die Endung an das Substantiv hängen: *Du soisd sång, àn wäichàn Schuàhsd wuisd.*

§ 26 Sogar Konjunktionen und Adverbien wie *daß, nachdem, ob, seit, sobald, solang, warum, wie oft* etc. bekommen, wenn die zweite Person im Spiel ist, eine Konjugationsendung (siehe Seite 189):

I bi gschband,	= *Ich bin gespannt,*
wiàlangsd no brauchsd	*wielange du noch brauchst*
obs ees schō bàid kemds	*ob ihr schon bald kommt.*

§ 27 In Vergleichssätzen, die mit *wie, so* oder *je* eingeleitet werden, wird die Endung an das Adjektiv angefügt:

wià hochsd naufschdeigsd	= *wie hoch du hinaufsteigst*
je mehràsd hàsd	= *je mehr du hast*
so scheens ees màids	= *so schön ihr malt.*

Dies wird jedoch meistens vermieden, und zwar durch Einfügung von *daß* oder auch *wie* in den Satz; dann nehmen diese Konjunktionen die Endung an.

Statt: *wià schnäisd fahsd* (= *wie schnell du fährst*) kann man sagen: *wià schnäi daßd fahsd* (= *wie schnell daß du fährst*). Statt: *Schàmmà muàß mà si, wià gschlambbàds ees dàheàkemds* (= *Schämen muß man sich, wie schlampig ihr daherkommt*) ist auch zu sagen: ... *wià gschlambbàd daßds ees dàheàkemds.* – Statt: *so hochsd naufschdeigsd: so hoch wiàsd naufschdeigsd* (= *so hoch wie du hinaufsteigst*).

§ 28 Die großzügige Verwendung der Personalendungen führt zu einer fast grotesken Überwucherung der Sprache mit Anredefürwörtern:

Bairisch:

Weils	*ees*	*moànds,*	*ees*	*brauchds*	*need*	*fràng.*

Interlinear:

Weil-ihr	*ihr*	*meint-ihr,*	*ihr*	*braucht-ihr*	*nicht*	*fragen.*

Hochdeutsch:

Weil	*ihr*	*meint,*	*ihr*	*braucht*	*nicht*	*zu fragen.*

Bairisch:

Wanns	*ees*	*need*	*kemds,*	*gemmà*	*miàr*	*àlloàns.*

Interlinear:

Wenn-ihr	*ihr*	*nicht*	*kommt-ihr,*	*gehen-wir*	*wir*	*allein.*

Hochdeutsch:

Wenn	*ihr*	*nicht*	*kommt,*	*gehen*	*wir*	*allein.*

§ 29 Die Pronomenform *ihn* verkürzt sich gewöhnlich zu *n*:

Siehst du ihn	=	*Sigsdn?*
Daß ihn der Teufel holt	=	*Daßn dà Deifi hoid.*

In Fällen, wo das akzenttragende Wort bereits auf *n* oder *m* endigt, würde das verkürzte *ihn* unsprech- oder zumindest unhörbar. Deshalb wird hier aus dem *n* ein *àn:*

sie haben ihn	heißt nicht	*sie hamn*	sondern	*sie hammàn*
wenn ihn	heißt nicht	*wenn n*	sondern	*wennàn.*

§ 30 *Wennàn* heißt nun aber nicht nur *wenn ihn,* sondern auch *wenn er ihn: wenn à n. – Weilàn* dagegen bedeutet nur *weil er ihn,* niemals *weil ihn,* da das *n* hinterm *l* hinreichend hörbar ist; *weil ihn* ist bairisch *weil n* oder *wei n. De kennàn* heißt zwar – abgesehen davon, daß es auch *sie können* und *sie kennen* bedeuten kann – *sie können ihn (*oder *sie kennen ihn) ;* hier aber lautet das Pronomen *ihn* nicht etwa, wie oben *àn,* sondern nur *n;* weil *können* auf bairisch *kennà* heißt, das *à* also bereits in der Verbalform steckt. Dies jedoch nur nebenbei.

§ 31 Besonders verwirrend sind die Pronomina *sie* (Singular Femininum), *es* und *sie* (Mehrzahl), weil alle drei in der enklitischen Stellung zu *s* reduziert werden und nicht mehr auseinanderzuhalten sind.

mià hams gschriem	kann heißen :	*wir haben sie geschrieben* (die Geschichte)
		wir haben es geschrieben (das Buch)
		wir haben sie geschrieben (die Briefe)
	und zu allem Überfluß auch noch :	*mir haben sie geschrieben* (die lieben Eltern)
machmàs	kann heißen :	*mach mir's*
		mach mir sie (Femininum)
		mach mir sie (Plural)
		machen wir's
		machen wir sie (Femininum)
		machen wir sie (Plural).

§ 32 Eine Sondergestalt nimmt das *s* (*= sie/sie/es*) an, wenn es vor dem reflexiven Pronomen *sich,* bairisch *si* oder *se* steht. *S si* wäre schlecht zu sprechen und insbesondere schwer zu verstehen, also wird ein helles *à* hinten an das *s* gehängt, und die Form heißt *sà.*

da schämt sie sich	=	*dà schàmd sà se*
da zeigt es sich	=	*dà zoàgd sà si*
weil sie sich	=	*wei sà si.*

Diese Form *sà* tritt nur vor *sich* auf. In allen andern Fällen, auch wenn die Aussprache um kein bißchen leichter ist, bleibt's beim tonlosen *s.*

Da hat sie Sicherheitsnadeln gekauft	=	*Dà hàds Sichàheidsnàdln kàffd*
Da hat sie sich Sicherheitsnadeln gekauft	=	*Dà hàd sà se Sichàheidsnàdln kàffd*
Da hat sie eine Sicherheitsnadel gekauft	=	*Dà hàds à Sichàheidsnàdl kàffd.*

In dem Satz *hådsàs gsäng? (= hat sie es gesehen)* wurde nicht *sie* zu *sà,* sondern *es* zu *às.*

§ 33 Nach den Flexionsendungen *sd-* und *s* (zweite Person Singular und Plural) und auch wenn ein zu *s* verkürztes *sie* oder *es* vorangeht, werden die enklitischen Akkusativformen von *es/sie/sie* zu *às:*

nimmst du es	=	*nimmsdàs*	nicht:	*nimmsds*
habt ihr sie	=	*habdsàs*	nicht:	*habdss*
kann sie es	=	*konsàs*	nicht:	*konss*
weil du es	=	*weisdàs*	nicht:	*weisds*

Ein Konjugationsbeispiel:

wann i s såg	=	*wenn ich es sage*
wannsd às sågsd	=	*wenn du es sagst*
wann à s sågd	=	*wenn er es sagt*
wammà s sång	=	*wenn wir es sagen*
wanns às sågds	=	*wenn ihr es sagt*
wanns às sång	=	*wenn sie es sagen.*

§ 34 Auch dies bringt wieder zahlreiche Gleichlautungen für verschiedene Bedeutungen mit sich:

waschdsàs kann bedeuten:
  wäscht sie sie (die Waschfrau die Wäsche)
  wäscht sie es (die Waschfrau das Hemd)
  wäscht sie sie (die Waschfrau die Hemden)
  wäscht es es (das Kind das Kleid)
  wäscht es sie (das Kind die Hände)
  wascht ihr es (das Kleid)
  wascht ihr sie (die Wäsche)
  wascht ihr sie (die Hände)
  wascht es! (das Hemd)
  wascht sie! (die Wäsche)
  wascht sie! (die Hände).

§ 35 Ein Vorzug des Formenwechsels des Pronomens *es* ist: Man kann auf bairisch Sätze, in denen zwei *es* aufeinanderfolgen und die hochdeutsch aus euphonischen Gründen umgebaut werden müssen, ohne weiteres aussprechen:

Das Kind sucht sein Spielzeug.
Ob es es wohl findet? = *Obs às woi findd?*
Soll ich das Hemd mit Schmierseife waschen?
Wenn es es aushält. = *Wanns às aushåidd.*
Das Mädchen wird wiederkommen,
wenn es es sich überlegt hat. = *wanns sà sis iwàlegd håd.*

§ 36 Die Form *Sie* der höflichen Anrede, die sich nach einigem Zögern Fremden gegenüber auch im bayerischen Lande durchgesetzt hat, hat zwar die Bedeutung der zweiten Person Einzahl, aber die Form der dritten Mehrzahl. Ihre enklitische Behandlung hinterm Verbum etc. ist im Prinzip dieselbe wie die des kleingeschriebenen *sie :*

Haben Sie das gehört?	=	*Ham S dees keàd?*
Wenn Sie meinen.	=	*Wenn S moànà.*
Seien Sie nicht so dumm.	=	*Sàn S need so dumm.*

§ 37 *Sie sich* heißt *Sà si.*

Wollen Sie sich waschen?	=	*Woin Sà si waschn?*

Aber so sagt man nicht gern. Man setzt statt des unpersönlichen Reflexivums lieber das persönliche Pronomen: *Woin S Eàhnà waschn?* (= *Wollen Sie Ihnen waschen?*) – Siehe Seite 133 f.

Die Form *às* kommt beim höflichen *Sie* nicht vor, weil der Akkusativ von *Sie* nicht *Sie* heißt, sondern Dativform hat: *Eàhnà.*

Haben sie sie gesehen	=	*Hamsàs gsäng?*
(die Kurgäste die Berge)?		
Haben Sie sie gesehen	=	*Ham S às gsäng?*
(die Berge)?		
Haben sie Sie gesehen	=	*Hams Eàhnà gsäng?*
(die Kurgäste Sie)?		

Daß man mehrere Siezpersonen zusammen lieber mit *ihr* anspricht als mit *Sie,* hat das Bairische mit anderen Umgangssprachen gemeinsam.

§ 38 Es genügt nicht zu wissen, wie die Pronomen heißen, man muß sie auch im Satze richtig unterbringen.

Wenn der Satz nur ein einziges enklitisches Pronomen enthält, hat dies im allgemeinen denselben Platz wie das – volle – Pronomen in der Schriftsprache: es hängt am Verbum finitum, am satzbildenden Verb, beziehungsweise im Nebensatz an der einleitenden Konjunktion:

Wenn sie geht,	=	*wann s gähd,*
ist er froh,		*is à froh,*
weil wir dann allein sind.		*wei mà na àlloàne sàn.*

§ 39 Treten in einem Satz volle und enklitische Pronomenformen zugleich auf, dann hängt – im Gegensatz zur Schriftsprache – häufig die enklitische Form am Verbum oder an der Konjunktion, nicht aber am vollen Pronomen.

Siehst du sie?	=	*Sigsd às du?*
Bist du's?	=	*Bisd às du?*

§ 40 Wenn mehrere enklitische Formen im Satz zusammentreffen, werden sie aneinandergehängt, meist in der selben Reihenfolge wie im Hochdeutschen:

Wenn ihr es nicht gesehen hättet,	=	*Wanns às need gsäng hädds,*
wie er sie in den Bach warf,		*wiàr à s in n Bàch neigschmissn hàd,*
würdet ihr es nicht glauben.		*dààds às need glààm.*

§ 41 Auch diese Regeln gelten keineswegs ausnahmslos: *s (sie, es)* im Akkusativ und *n (ihn)*, die tonlosesten unter den Enklitika, lehnen sich an die volleren enklitischen Pronomen *mà, dà (mir/dir)* an:

gib ihn mir	heißt nicht	*gibn mà*	sondern: *gib mà n*
schau ihn dir an	nicht	*schaug n dà o*	sondern: *schaug dà n ō*
er bringt es dir	nicht	*eà bringds dà*	sondern: *eà bringd dà s*
da hat er ihn mir gegeben	nicht	*dà hàd à n mà geem*	sondern: *dà hàd à mà n geem.*

Aber: *weil er ihn ihnen gegeben hat* = *weil à n eàhnà geem hàd* (denn *eàhnà* ist kein enklitisches, sondern ein volles Pronomen).

Es haben bisher die Oberſachſen, beſonders die Herrn Leipziger ge= glaubet, daß ſie allein die beſte Mundart und Rechtſchreibung hätten; daher ſie ſich über die Franken und Bayern gewöhnlich aufhalten. Ich bin anderer Meinung, und getraue mir zu behaupten, daß man in Franken und Bayern der alten ächten deutſchen Sprache am nächſten komme.

Aus: Prof. Heumann in: Geſchichte der baieriſchen Akademie der Wiſſenſchaften von Lorenz Weſtenrieder, I. Teil. München 1784.

§1 Das Reflexivpronomen braucht man, wenn sich die Tätigkeit, von der im Satz die Rede ist, auf das Subjekt des Satzes (zurück-)bezieht:

i gfrei mi	=	*ich freue mich*	= Reflexivpronomen
du gfreisd mi	=	*du machst mir Freude*	= Personalpronomen.

In der ersten und zweiten Person ist diese Unterscheidung bedeutungslos, denn da besteht kein Formunterschied zwischen Personal- und Reflexivpronomen. Eine selbständige reflexive Form aber hat sich für die dritte Person entwickelt: *sich,* für alle Geschlechter im Singular und Plural. *Sich* heißt bairisch *si* oder auch *se.*

§2 Folgt *sich* auf die Präpositionen *an* oder *für,* so sagt man auch bairisch *sich.*

Dees håd schõ wås fiå sich.	=	*Das hat schon etwas für sich.*
An sich is dees å Blädsinn.	=	*An sich ist das ein Blödsinn.*

Nach anderen Präpositionen bleibt es meist bei *si:*

Då håd å so voå si hĩgschaud.	=	*Da hat er so vor sich hingeschaut.*

§3 Über die Form *så,* die die Personalpronomen *sie* und *es* annehmen, wenn sie vor *sich* stehen, liest man auf Seite 129. Dem ist hinzuzufügen, daß *sie* nur unmittelbar vor *si* zu *så* wird. Entfernt von *si* behält es seine normale Form:

Då håd så si gwaschn.	=	*Da hat sie (oder es) sich gewaschen.*
Sie håd si gwaschn.	=	*Sie hat sich gewaschen.*
Es håd si gwaschn.	=	*Es hat sich gewaschen.*

§4 In der Schriftsprache wird das enklitische *s* für *es,* abweichend von der korrekten Wortfolge, hinter das Dativ- oder Akkusativobjekt (beispielsweise hinter das Reflexivpronomen) gestellt:

Er macht es sich bequem	=	*Er macht sich's bequem.*

Bairisch sagt man ebenso: *Eå machd si s bequem.* Auch im Nominativ wird das abgekürzte *es* häufig hinter das Reflexivpronomen gesetzt:

Hat es sich verlaufen (das Schaf)?	=	*Hat sich's verlaufen?*

Dies kann bairisch sowohl heißen: *Håd si s vålåffå?* als auch *Håd så si vålåffå?*

§5 *Da haben sie sich geirrt* (die Leute) heißt bairisch: *Då ham så si deischd. Da haben Sie sich geirrt* (mein Herr) kann bairisch, unter hochdeutschem Einfluß, heißen: *Då ham Så si deischd.* Die original-bairische Form, auch in der Stadt, ist: *Då ham S Eàhnà deischd.* Das reflexive wird durch das Personalpronomen ersetzt.

Denken Sie sich nichts!	=	*Denggà Sà si nix!* oder besser:
		Denggà S Eàhnà nix!
Setzen Sie sich hin!	=	*Hoggà Sà si hī!* oder besser:
		Hoggàn S Eàhnà hī!
Das dürfen Sie sich nicht gefallen lassen.	=	*Dees deàffà Sà si need gfàin lassn,* oder besser:
		Dees deàffàn S Eàhnà need gfàin lassn.

§ 6 Auch das *sich* der dritten Person Singular kann durch das Personalpronomen ersetzt werden; in der Stadtmundart ist dies allerdings ungebräuchlich.

Im Kobell-Gedicht »Die Almrosen« liest man:

Er bindt ihm gschwind a Kreuzl fei = *Er bindet sich geschwind ein Kreuzlein fein* (das er auf dem Berg aufstellen will).

Im Kobell-Gedicht »Der Schuß«:

»Woaß selber nit«, hat's Diendl glacht = *»Weiß selbst nicht«, hat das Mädchen gelacht*
Und hat ihm denkt = *Und hat sich gedacht,*
Heunt fangst n' nit, Gott Lob und Dank. = *Heute fängst du ihn nicht, Gott Lob und Dank.*

§ 7 Der umgekehrte Vorgang: der Ersatz des persönlichen reflexiven *uns* durch das unpersönliche *sich*, ist vorwiegend den böhmischen Mundarten geläufig, aber auch in der Oberpfalz kann man hören:

Jetz hammà si awà lang nimmà gsäng. = *Jetzt haben wir sich (uns) aber lang nicht mehr gesehen.*

§ 8 In der Schriftsprache ist es falsch, zu sagen: *er badet sich, er duscht sich;* in der Umgangssprache, nicht nur in der bairischen, sind solche Reflexivbildungen durchaus gängig. Im Bairischen gibt es noch mehr. Zum Beispiel:

eà schbeibd si	=	*er speit sich = er erbricht*
eà schbuid si	=	*er spielt sich = er spielt herum*
då geigd si nix	=	*da tut sich nichts*
deà scheißd si nix	=	*er scheißt sich nichts = er hat keine Bedenken*
då feid si nix	=	*da fehlt sich nichts = es ist in Ordnung.*

§ 9 Auch in der Schriftsprache gibt es Sätze wie: *Hier sitzt sich's gut. Die Bilder verkaufen sich vorzüglich. Das Buch liest sich spannend.* Man spricht hier vom unpersönlichen reflexiven Gebrauch des Verbums, der nur in der dritten Person stattfindet.

Bairisch ist es durchaus üblich, solches auch persönlich und in der ersten und zweiten Person auszudrücken, insbesondere im Zusammenhang mit Adverbien wie *leicht, schwer* und dergleichen:

I gäh mi so schwàdr.	=	*Ich gehe mich so schwer*
		= ich tue mich schwer beim Gehen.
Seiddem daß i nimmà rauch,	=	*Seit ich nicht mehr rauche,*
schnauf i mi vui leichddà.		*atme ich mich viel leichter*
		= ... fällt mir das Atmen leichter.
Du reddsd di leichd.	=	*Du redest dich leicht*
		= du hast leicht reden.

Diese Wendungen sind analog zu dem – auch hochdeutsch konjugierbaren – *sich leicht/schwer* etc. *tun* gebildet. Da *tun* für jedes spezifischere Tätigkeitswort stehen kann, läßt es sich auch seinerseits durch ein genaueres ersetzen.

§ 1 *Sich* kann nicht nur reflexive, sondern auch wechselseitige, reziproke Beziehungen ausdrücken: *sie treffen sich* – einer den anderen. Benützt man das Pronomen *sich* zum Ausdruck dieser gegenseitigen Bezüglichkeit, so kann es zu Mißverständnissen kommen: *Die beiden Gegner fürchten sich.* – Fürchten sie sich reflexiv oder fürchtet einer den andern? Darum ersetzt man *sich* durch *einander*: *sie gönnen sich nichts* (= sich selbst) – *sie gönnen einander nichts* (= der eine dem anderen). Auf bairisch heißt einander: *ànand* oder *ànandà*.

§ 2 Die zahlreichen *einander*-Zusammensetzungen lauten:

aneinander	=	anànand – anànandà
aufeinander	=	aufànand – aufànandà – aufàrànand – aufàrànandà
beieinander	=	beinand – beinandà – beiànand – beiànandà
durcheinander	=	duàchànand – duàchànandà – duàchàrànand – duàchàrànandà
füreinander	=	fiàrànand – fiàrànandà
gegeneinander	=	gengànand – gengànandà – gegàrànand – gegàrànandà
hintereinander	=	hinddàrànand – hinddàrànandà – hinddrànand hinddrànandà
miteinander	=	midànand – midànandà – midàrànand – midàrànandà
nacheinander	=	nachànand – nachànandà – nachàrànand – nachàrànandà
nebeneinander	=	nemànand – nemànandà – newànand – newànandà – newàrànand – newàrànandà
übereinander	=	iwànand – iwànandà – iwàrànand – iwàrànandà
umeinander	=	umànand – umànandà – umàrànand – umàrànandà
untereinander	=	unddàrànand – unddàrànandà – unddrànand – unddrànandà
voneinander	=	voànand – voànandà – vonànand – vonànandà – vonàrànand – vonàrànandà
voreinander	=	voàrànand – voàrànandà – fiàrànand – fiàrànandà
zueinander	=	zuànand – zuànandà – zuàrànand – zuàrànandà

§ 3 Das Wort *beinand/beinandà* dient im Bairischen – nebst dem allgemeinen: *beieinandersitzen* = *beinandàsitzn*, *beieinanderstehen* = *beinandàschdēh* – drei Sonderzwecken:

Erstens   benötigt man es beim Gruß und Abschied, wenn man meh-
            rere Leute gemeinsam anspricht: *Griàßgobbeinand – Bfià-
            gobbeinandà*. *Beinandà* ist hier die Kurzform für: *ihr, die ihr
            beieinandersitzt*, beziehungsweise: *Sie, die Sie beieinander-
            sitzen*. In Wirtshäusern und Geschäften kann man dafür
            auch die gespreizten Redeweisen hören: *Grüßgott beisammen,
            Wiedersehen zusammen*.

Zweitens: *Etz hàsd às fēi genau beinandà! (= Jetzt hast du es aber genau
            beieinander)* – Das heißt: Jetzt ist dein Maß gleich voll; deine
            rügenswerten Reden, Taten, Unterlassungen etc. sind genau
            bis zum Maßstrich aufeinandergehäuft, liegen beieinander,
            der nächste Vorfall bringt das Faß zum Überlaufen.

Drittens: *Wià bisd beinand?* = *Wie geht es dir?* Man kann *guàd beinand,
            schlàchdd beinand, haudi (= hautig = sehr schlecht) beinand sein*.
            Guàd beinand kann nicht nur *gesund* bedeuten, sondern auch
            kräftig, wohlgebaut: die Teile des Körpers liegen in harmo-
            nischer, schöner Weise beieinander.

§ 4 *Iwàrànand.* – »*Dees Zeig iwàrànand!*« murrt die Mutter angesichts der
ungeordneten Spielsachen im Kinderzimmer: die Dinge liegen über-
einander, auf einen Haufen getürmt, herum.
Das Übereinander kann auch bildlich gemeint sein:

Mid deine Weiwà iwàrànandà   = *Mit deinen Weibern übereinander*
wannsd mà need gäsd!   *wenn du mir nicht gehst! = Wenn du
                                     mir nicht mit deinen zahllosen
                                     Weibern vom Leibe bleibst!*

§ 5 *Umànand* heißt eigentlich: *einer um den anderen*. Man kümmert sich
zum Beispiel umeinander.
    Bairisch *umànand* bedeutet auch: *hin und her, umher*. Und man kann
nicht nur *umànandàlàffà (= herumlaufen), umànandàschaung (= umher-
schauen), umànandàziàng (= herumziehen)*, sondern sogar *umànandàschdēh :
umeinanderstehen = herumstehen*.

§ 1 So beugt man das Possessivpronomen: *mein Hut|meine Hose|mein Hemd*

Singular	Maskulinum	Femininum	Neutrum
Nominativ:	*mēi Huàd*	*mēi Hosn*	*mēi·Hemàd*
Dativ: *(mid)*	*mein|meim Huàd*	*meinà Hosn*	*mein|meim Hemàd*
Akkusativ: *(fià)*	*mein Huàd*	*mēi Hosn*	*mēi Hemàd*

Plural			
Nominativ:	*meine Hiàd|Hosn|Hemàdà*		
Dativ: *(mid)*	*meine Hiàd*		
Akkusativ: *(fià)*	*meine Hiàd*		

Die Deklination der Possessiva *dein* und *sein* vollzieht sich auf dieselbe Weise: *unddà mein Dach – in sein Bedd – mid deinà Frau –*

ihr Löffel|ihre Gabel|ihr Messer

Singular	Maskulinum	Femininum	Neutrum
Nominativ:	*ià|iàrà Leffe*	*ià|iàrà Gàwi*	*ià|iàrà Messà*
Dativ: *(mid)*	*iàn|iàm|iàràn| iàràm Leffe*	*iàrà|iàrànà Gàwi*	*iàn|iàm|iàràn| iàràm Messà*
Akkusativ: *(fià)*	*iàn|iàràn Leffe*	*ià|iàrà Gàwi*	*ià|iàrà Messà*

Plural			
Nominativ:	*iàre|iàràne*	*Leffen, Gàwin, Messà*	
Dativ: *(mid)*	*iàre|iàràne*	*Leffen*	
Akkusativ: *(fià)*	*iàre|iàràne*	*Leffen*	

unser Ochse|unsere Kuh|unser Schaf

Singular	Maskulinum	Femininum	Neutrum
Nominativ:	*unsà Ox*	*unsà Kuàh*	*unsà Schàf*
Dativ: *(mid)*	*unsàn|unsàm Oxn*	*unsàrà|unsànà Kuàh*	*unsàn|unsàm Schàf*
Akkusativ: *(fià)*	*unsàn Oxn*	*unsà Kuàh*	*unsà Schàf*

Plural			
Nominativ:	*unsàre|unsàne*	*Oxn, Kiàh, Schàf*	
Dativ: *(mid)*	*unsàre|unsàne*	*Oxn*	
Akkusativ: *(fià)*	*unsàre|unsàne*	*Oxn*	

euer Keller/eure Türe/euer Fenster

Singular	Maskulinum	Femininum	Neutrum
Nominativ:	*eià|enggà Källà*	*eià|enggà Dià*	*eià|enggà Fensddà*
Dativ: *(mid)*	*eiàn|eiàm|enggàn*	*eirà|eiàrà|*	*eiàn|eiàm|enggàn*
	Källa	*enggànà Dià*	*Fensddà*
Akkusativ: *(fià)*	*eiàn|enggàn Källà*	*eià|enggà Dià*	*eià|enggà Fensddà*

Plural		
Nominativ:	*eire|eiàne|enggàne*	*Källà, Diàn, Fensddà*
Dativ: *(mid)*	*eire|eiàne|enggàne*	*Källà*
Akkusativ: *(fià)*	*eire|eiàne|enggàne*	*Källà*

ihr (Plural)   *Tisch/ihre Zeitung/ihr Buch*

Singular	Maskulinum	Femininum	Neutrum
Nominativ:	*eàhnà|iàrà Diisch*	*eàhnà|iàrà*	*eàhnà|iàrà Buàch*
		Zeidung	
Dativ: *(mid)*	*eàhnàn|eàhnàm|*	*eàhnàrà|*	*eàhnàn|eàhnàm|*
	iàràn|iàràm	*eàhnànà|iàrà*	*iàràn|iàràm*
	Diisch	*Zeidung*	*Buàch*
Akkusativ: *(fià)*	*eàhnàn|iàràn*	*eàhnà|iàrà*	*eàhnà|iàrà*
	Diisch	*Zeidung*	*Buàch*

Plural		
Nominativ:	*eàhnàre|eàhnàne|iàre|iàràne*	*Diisch, Zeidungà, Biàchà*
Dativ: *(mid)*	*eàhnàre|eàhnàne|iàre|iàràne*	*Diisch*
Akkusativ: *(fià)*	*eàhnàre|eàhnàne|iàre|iàràne*	*Diisch*

§ 2 Der Nominativ und (beim Femininum und beim Neutrum) der Akkusativ Singular *mẽi, dẽi, sẽi* wird nasal gesprochen. Dies ist – siehe Seite 18 – die übliche Folge des Ausfalls eines *n*. Während man sich in manchen anderen Fällen für die Erhaltung des *n* oder für die Nasalierung entscheiden kann *(Wẽi* oder *Wein, zẽh* oder *zehn)*, steht man hier vor dieser Wahl nicht: Nasalierung findet immer statt; *mein* ist nur der Dativ oder Akkusativ Maskulinum oder der Dativ des Neutrums.

§ 3 Ebenso wie statt *uns* die bäuerliche Form *ins* stehen kann (siehe Seite 123), kann es statt *unsà insà* heißen; jedoch nicht in der Stadt.

§ 4 Auch der Unterschied zwischen *unsàre* und *unsàne* ist ein Unterschied der Sprachschicht: der gemäßigte Dialektsprecher wird *unsàre,* der radikale *unsàne* vorziehen. Nicht anders verhält sich's mit *eiàre – eiàne* und *eàhnàre – eàhnàne.*
Dieselbe Unterscheidung gilt für *ià Huàd* und *iàrà Huàd. Sie håd iàn Mõ gfrågd (= sie hat ihren Mann gefragt)* ist dezenterer Dialektgebrauch als: *sie håd iàràn Mõ gfrågd.*

§ 5 Der Genitiv tritt nur in einigen festgefügten Wendungen auf: *seinàzeid (= seinerzeit), eià Gnadn (= euer Gnaden), meinà Säi (= meiner Seel).*

§ 6 Die Form *enggà* statt *eià (= euer)* entspricht dem Personalpronomen *engg* (siehe Seite 123), der alten Dualform, die sich zum allgemeinen Plural entwickelt hat. Wie *engg* wird sie zwar auf dem Lande, selten aber in der Stadt gebraucht.

§ 7 Dativ und Akkusativ des Maskulinums im Singular und Dativ und Akkusativ im Plural aller Geschlechter lauten gleich:

fià mein Hund (= für meinen Hund) = *mid mein Hund (= mit meinem Hund)*
fià meine Leid (= für meine Leute) = *mid meine Leid (= mit meinen Leuten)*

Die Erklärung dafür ist wieder (siehe Seite 97ff.), daß sich zwei verschiedene Formen zur gleichen Form zusammengezogen haben.

Singular: Der Akkusativ *meinen* wird über *mein-n* zu *mein;* der Dativ *meinem* über *mein-m* ebenfalls zu *mein.* Das nebentonige *e* wird stumm und immer stummer, *n-n* läßt sich genauso wenig sprechen wie *n-m,* so verschmelzen die beiden Konsonanten zu *n.* Beim Femininum, wo der Ausgangspunkt ein anderer ist, tritt diese Erscheinung nicht ein: *fià meĩ Frau, mid meinà Frau.*

§ 8 Beim Dativ kann, insbesondere in der Stadt, auch eine andere Verschmelzung vollzogen werden, die den Vorzug hat, daß sie zu unterschiedlichen Formen führt: das *nm* läutert sich nicht zu *n,* sondern zu *m :* *mid seim Vaddà (= mit seinem Vater).* Dies ist wieder ein Fall dezenteren Dialektgebrauchs. Besonders, aber nicht nur dann, tritt er auf, wenn das auf die Dativendung folgende Wort mit einem Laut beginnt, der die *m*-Assimilation fördert: *mid seim Manddl (= mit seinem Mantel), dess keàd meim Buàm (= das gehört meinem Buben).*

Ebenso kann es statt *mid unsàn Buàm* heißen: *mit unsàm Buàm;* und *voà eiàm Haus (= vor eurem Haus)* und *bei iàràm Mõ (= bei ihrem Mann).*

Beim Dativ Plural ist diese Differenzierung nicht möglich: *meine* und *meinen* wird bairisch gleichermaßen *meine: fià meine Kàdoffen, in meine Kàdoffen.*

§ 9 Der Genitivus possessivus wird im Bairischen durch den Dativ und die Präposition *von* oder durch den Dativ und das Possessivpronomen *sein* ersetzt:

> *der Ofen des Bäckers* heißt entweder: *dà Ofà vom Beggà*
> oder: *ànlàm Beggà seĩ Ofà*

(siehe Seite 96). Die Umschreibung *dem Bäcker sein* ist übrigens nicht nur bairisch, sie kommt auch in andern Umgangssprachen vor.

Auch der sächsische Genitiv: *In Mutters Stüebele* – ist dem Bairischen fremd.

§ 10 *In Mutters Stüebele* hieße demzufolge: *in dà Muàddà iàrà Schdum.* – Noch schöner ist es, wenn man sagt: *in dà Muàddà seinà Schdum. Dà Katz seine Jungà (= die Jungen der Katze) ; dà Màrie seĩ Mõ (= der Mann der Maria).*

Es ist nicht so, daß *Mutter, Katze* und *Maria* im Bairischen Maskulina wären, es findet hier schlicht eine analoge Verwendung des Pronomens *sein* statt. *Sein* wird, entsprechend den geschlechtslosen *mein* und *dein,* ebenfalls als ungeschlechtliches Pronomen verwendet – wieder einmal: kaum jemals in der Stadt, wohl aber auf dem Land.

§ 11 *Die Kinder essen ihre Suppe* heißt: *k Kindà essn eàhnà Subbm. K Kinda essn ià Subbm* ist stilisierter Dialektgebrauch. *Die Leute brauchen ihren Urlaub = d Leid brauchà eàhnàn Uàlaub;* städtischer: *d Leid brauchà ihràn Uàlaub.*

§ 12 Ganz genauso verhält es sich mit dem höflichen Anrede-*Sie.* Statt *dees is Ià Gäid* wird man weitaus lieber sagen: *Dees is Eàhnà Gäid (= das ist Ihr Geld).*

Und besser: *Bàssn S auf Eàhnàne Fratzn auf (= Passen Sie auf Ihre unge-zogenen Kinder auf)* als: *Bàssn S auf Iàre Fratzn auf.*

Dieses *Eàhnàne* ist entweder als Analogiebildung zu *unser, euer,* also *ihnener,* aufzufassen oder als *Ihnen-Ihr,* entsprechend *ihm-sein.*

§ 13 Dem Possessivpronomen kann der bestimmte Artikel vorangehen: *Ist das Peters Auto? – Nein, das ist das meine.*

Auch auf bairisch sagt man so: *Is dees àm Bädà sei Wàng? – Nàà, dees is dà mei.*

Dees is need dei Mò, dees is dà mei, meàgg dà dees. (= Das ist nicht dein Mann, das ist der meine, merk dir das.)

Die Schriftsprache hat zwei Formen zur Wahl: *der meine* und: *der meinige.* – Bairisch sind drei Formen möglich: *dà meine, dà meinige* und *dà mei,* ohne Endung. Das endungslose Possessivpronomen flektiert so:

dà mei/dei/sei;	*mid dem mein;*	*fià den mein;*	
die mei/dei/sei;	*mid dà mein;*	*fià de mei;*	Plural: *die mein.*
dees mei/dei/sei;	*mid dem mein;*	*fià dees mei;*	

§ 14 Auch bei den Pluralpossessivpronomen kann die Endung fehlen:

der unsere	=	*dà unsàre*	oder	*dà unsà;*
der eure	=	*dà eiàre*	oder	*dà eià;*
der ihre	=	*dà eàhnàre*	oder	*dà eàhnà.*

§ 15 Der Schriftsprache haftet bezüglich der Possessivpronomen ein beklagenswerter Mangel an:

Das ist mein Freund – ist eine korrekte Aussage für Menschen, die nur einen Freund haben. Denn *dein/mein/sein* sind bestimmte Possessivpro-nomina, entsprechend den bestimmten Artikeln *der/die/das.* – *Das ist mein Haus* – entspricht der Aussage: *Das ist das Haus.*

Eine Pronominalentsprechung zu *Das ist ein Haus* gibt es nicht. Hier muß man ungelenk umschreiben: *Das ist ein Haus von mir, das ist eins meiner Häuser.* Bairisch läßt sich dies weitaus eleganter ausdrücken. Auf bairisch sagt man (auf dem Land):

Dees is à meinigà Freindd = das ist ein meiniger Freund = ein Freund von mir

à deinigà Schuàh   ==   *ein deiniger Schuh* = *ein Schuh von dir*
à seinige Kuàh   =   *eine seinige Kuh* = *eine Kuh von ihm.*

Bayerischen Stadtbewohnern freilich bleibt nichts andres übrig als zu sagen: *Dees is à Freindd võ mià.*

§ 16 Statt *das gehört mir* kann man, etwas gespreizter, hochdeutsch auch: *das ist mein* sagen. Im Bairischen gibt es eine Synthese aus den beiden Wendungen: *dees keàd mēi* = *das gehört mein.* Das geht allerdings nur im Singular: *dees keàd unsà* gibt es nicht; nur *dees keàd uns.*

§ 17 Nicht selten kann man Sätze hören wie: *Mēi Buà, wàs hàsd denn jetz wiedà õgschdäid?* – *Mēi Frau, dà kon i àà need häiffà.* *Mēi* ist zwar das Possessivpronomen *mein;* aber es wäre gänzlich verfehlt, diese Sätze zu übersetzen: *Mein Junge, was hast du jetzt wieder angestellt?* – *Meine liebe Frau, da kann ich auch nicht helfen.* *Mēi* ist vielmehr eine Interjektion, ein bedauernder, tadelnder Ausruf, *ach Gott* entsprechend. Daher kommt das *mēi* denn auch: *Mēi* ist ein verstümmeltes *Mein Gott* und wird deshalb als Stoßseufzer vielerlei Situationen und Anlässen gerecht:

Mēi, dees duàd mà fēi leid.   =   *Ach Gott, das tut mir aber wirklich leid.*

Omēiomēi! (klagend)   =   *Ach du lieber Gott!*
Wàrum hàsd n dees dõ? – *Mēi.*   =   *Warum hast du denn das getan! – Ich weiß auch nicht.*

Jamēi, so à Freid!   =   *Nein, solch eine Freude!*
O mēi, jetz schdehmà sauwà dà!   =   *O verflucht, jetzt stehen wir schön da.*
Mēi, na gemà hàid wiedà hoàm.   =   *Bitteschön, macht auch nichts, dann gehen wir eben wieder nachhause.*

§ 18 *Mein Gott* muß nicht unbedingt zu *mēi* verkümmern. Die vollausgesprochene Floskel tut denselben Zweck. Durch ein nachgesetztes *nàà* = *nein* kann sie erweitert werden, ohne ihren Sinn zu verändern:

Meingoddnàà, gib doch à Ruàh!   =   *Sei doch so freundlich und gib Ruhe!*
Meingoddnàà, wàs weàd schõ sēi?   =   *Na und, was wird schon sein?*

§ 19 *Mein* im Vokativ: *mein Freund, mein Herr,* gibt es bairisch vorwiegend in der Formel *Mēi Liàwà* (= *mein Lieber*) oder *mēi liàwà Freindd!* Beides wird meist im tadelnden Sinn verwendet:

Mēi Liàwà, laß di ja need dàwischn!   =   *Mein Lieber, laß dich ja nicht erwischen!*

Demonstrativpronomen

§ 1 Die Schriftsprache kennt folgende Demonstrativpronomina:

> *der|die|das*
> *dieser|diese|dieses (und dies)*
> *jener|jene|jenes*
> *ein solcher|eine solche|ein solches (und solch ein und solch)*
> *derselbe|dieselbe|dasselbe*
> *derjenige|diejenige|dasjenige*
> *selbst.*

Mehrere davon fehlen im Bairischen: es gibt weder *dieser* noch *jener* noch *derjenige* (noch *solch* und *solch ein*).

§ 2 *Deà|de|dees* sind die am häufigsten verwendeten Demonstrativpronomina, noch häufiger als in der Schriftsprache, weil sie auch die fehlenden Wörter *dieser, jener* und *derjenige* ersetzen müssen.

Aus den Demonstrativpronomen *der|die|das* sind die bestimmten Artikel entstanden; im Bairischen – siehe Seite 123 – können *deà|de|dees* überdies auch noch als Personalpronomen auftreten.

I kenn àn schö, deà is newà mià im Kino gsessn.	= *Ich kenne ihn schon; er hat neben mir im Kino gesessen.*

In diesem Satz ist *der* nichts als ein persönliches Fürwort: *er*.

À Mõ schdähd voà dà Dià.	= *Ein Mann steht vor der Türe.*
Wås wui deà Mõ?	*Was will der Mann?*
Zwoà Kaminkeàrà kemà zun Neijåhrwinschn. Wås gibd mà dene Kaminkeàrà?	= *Zwei Schornsteinfeger kommen zum Neujahrwünschen. Was gibt man den (oder diesen) Kaminkehrern?*

Bei *deà Mõ (= der Mann)* ist *deà* ein Artikel. Im Fall der Kaminkehrer ist die Entscheidung schon schwieriger; *dene Kaminkeàrà* kann *den Kaminkehrern* oder *diesen Kaminkehrern* entsprechen. – Die Grenzen zwischen Artikel und Demonstrativpronomen sind fließend.

Eine Hausiererin kommt des Weges. Zwei Leute sprechen über sie. *Siehst du die Hausiererin?*, fragt der eine. Auf bairisch kann das heißen: *Sigsd d Hausiàràrin?* Aber auch: *Sigst de Hausiàràrin?* Man hat nicht die Wahl, wie man sagt; es kommt auf den Zusammenhang an.

Sigsd d Hausiàràrin?	– die bekannte, die jede Woche zu uns kommt
Sigsd de Hausiàràrin?	– welche da drüben steht
Sigsd de Hausiàràrin?	(mit Betonung auf *de*) – oder die andere? – Hier, im letzten Fall, ist *de* demonstrativ.

§ 3 Wie im Hochdeutschen kann das demonstrative *deà/de/dees* durch *då* verstärkt werden:

> *Den då moàn i*   (= *den da meine ich*)
> *geem S mà dees då*   (= *geben Sie mir das da*).

Die genaue Lage geben, wie im Hochdeutschen, zusätzliche Lokaladverbien an:

> *deà då hindd*   (= *der da hinten*)
> *de då draussd*   (= *die da draußen*)
> *den då heriim*   (= *diesen hier auf meiner Seite*).

§ 4 In der Schriftsprache wird, wenn das Possessivpronomen mißverständlich wäre, der Genitiv des Demonstrativpronomens benutzt. Statt: *Sie wohnt bei ihrer Tante und ihrer* (der Tante) *Mutter* – sagt man: *Sie wohnt bei ihrer Tante und deren Mutter.* Da bairisch auch das Demonstrativpronomen keinen Genitiv kennt, muß man sagen: *De wohnd bei ihrà Tàndde und derà ihrà Muàdà –*

Er besucht seinen Schwager und   =   *Eà bsuàchd sein Schwàgà und*
dessen Vater.   *den sein Vaddà.*

Auch sonst wird der Genitiv durch den Dativ ersetzt:

Ich habe einen Hund, dessen Fell   =   *I hàw àn Hund, den sei Fäi*
schwarzweiß ist.   *schwarzweiß is.* – Besser:

Besser wäre: *I hàw àn Hund, den sei Fäi is schwazweiß.* – Denn der bairische Dialekt bevorzugt nebengeordnete Sätze vor untergeordneten.

§ 5 Dies hat zur Folge, daß manches Relativpronomen durch ein demonstratives ersetzt wird:

Es gibt Leute, denen das ganz   =   *Es gibd Leid, dene dees ganz*
gleichgültig ist.   *wuàschdd is.*
                                   Besser: *Es gibd Leid, dene is dees*
                                   ganz wuàschdd.

§ 6 Auch neigt das Bairische dazu, eine schlichte Aussage, bestehend aus Subjekt, Prädikat und Objekt, durch ein zusätzliches Demonstrativpronomen zu verstärken. Dadurch wird das Subjekt markanter herausgestellt, und, zusätzlicher Vorteil bei einer Sprechsprache, das hinzugefügte Pronomen gewährt eine Gedanken- und Sammlungspause.

Mei Bruàdà, deà håd à ganz à großs   =   *Mein Bruder, der hat ein ganz großes*
Auddo.   *Auto.*
Àn Bådemoàsddà vom Dånddebåd,   =   *Den Bademeister vom Dantebad,*
den ham s gesddàn ins Wassà   *den haben sie gestern ins Wasser*
neigschmissn.   *geworfen.*

Man kennt diese Konstruktion nicht nur im Bairischen: *Der Jäger aus Kurpfalz, der reitet durch den grünen Wald.* Natürlich kann man auf das

Demonstrativpronomen auch verzichten; damit aber nimmt man der Erzählung einiges von ihrem Gewicht.

§ 7 Bei Zeit- und Ortsangaben wird derselbe Effekt durch ein demonstratives *då* erzeugt:

In Freising, då schdäd à grosse Kiàch.	=	*In Freising steht eine große Kirche.*
Voàgesddan, då hammà bis um zwäife feàngsäng.	=	*Vorgestern haben wir bis zwölf Uhr ferngesehen.*
Bein Unddàwiàdd, då weàd heid danzd.	=	*Beim Unterwirt wird heute getanzt.*

Nichtbairisches Beispiel: *Auf einem Seemannsgrab, da blühen keine Rosen.*

§ 8 Da *dieser* und *jener* fehlen, gibt es im Bairischen auch weder *diesseits* noch *jenseits;* dafür sagt man – siehe Seite 180 – *herendd* und *endd* beziehungsweise *drendd. Ohnedies* heißt *ohnedem. Überdies* gibt es nicht.

§ 9 Demonstrativpronomen kommen nur in der dritten Person vor, in der ersten und zweiten nicht. Die demonstrative Satzfortführung aber ist in sämtlichen Personen möglich:

Då Vaddà, deà måg seī Ruàh	=	*Der Vater, der mag seine Ruhe*
Mià Äidn, mià meng unsà Ruàh	=	*Wir Alten, wir mögen unsere Ruhe*
Dene ruàchàdn Metzgà, dene weàmà s zoàng	=	*Diesen habgierigen Metzgern, denen werden wir es zeigen*
Eich ruàchàde Metzgà, eich weàmà s zoàng	=	*Euch habgierigen Metzgern, euch werden wir es zeigen.*

In *dà Vaddà deà* und *dene Metzgà dene* handelt es sich beim zweiten Pronomen um ein demonstratives. Bei *mià Äidn mià,* und bei *eich Metzgà eich* aber hat man's, obwohl die Konstruktion die gleiche ist, mit Personalpronomina zu tun. Man sieht daraus: die Grenzen verlaufen ziemlich fließend.

§ 10 Ein echtes Demonstrativpronomen der ersten Person aber gibt es doch: das – besonders in der Gassenbubensprache gebräuchliche – *då meī (= der meinige),* das nicht nur die wörtliche Bedeutung *der meinige* hat, sondern, sehr demonstrativ, für *ich* gesetzt werden kann.

Drei Buben bemühen sich, mit Steinen eine Konservendose zu treffen. Der Erste wirft daneben. Der zweite wirft daneben. Großspurig kündigt nun der dritte seinen Versuch an: »*Jetz kimd då meī!*« Diese scherzhaft gemeinte Selbstüberhöhung *(*eine Art »*meine Majestät*«*)* hört man auch in Zusammenhängen wie : *Då scheißd si då meī goànix (= Da habe ich gar keine Angst). Då deī* für *du* und *då seī* für *er* gibt es nicht.

§ 11 *Ein solcher* heißt entweder *à soichà* (bei gemäßigtem Dialektgebrauch) oder *à soiçhànà*.

Singular		Maskulinum	Femininum	Neutrum
	Nominativ:	*à soichà*	*à soiche*	*à soichàs*
		à soichànà	*à soichàne*	*à soichàns*
				à soichànes
	Dativ: *(mid)*	*àn soichn*	*àrà soichn*	*àn soichn*
		àn soichàn	*àrà soichàn*	*àn soichàn*
		àn soichànà	*àrà soichànà*	*àn soichànà*
	Akkusativ: *(fià)*	*àn soichn*	*à soiche*	*à soichàs*
		àn soichàn	*à soichàne*	*à soichàns*
		àn soichànà		*à soichànes*
Plural				
	Nominativ:	*soiche*/*soichàne*		
	Dativ: *(mid)*	*soiche*/*soichàne*		
	Akkusativ: *(fià)*	*soiche*/*soichàne*		

§ 12 Es wird gesagt, *à soichànà* sei als *ein solcheiner* zu erklären. Das klingt ganz plausibel, wird aber fragwürdig, wenn man daneben die ähnlich lautenden Formen des Possessivpronomens stellt: *eire Leid* (*= eure Leute*) – *eiàne Leid* – was wohl nicht als *euer-eine Leute* zu erklären ist. Vorzuziehen ist wohl die Erklärung, *soichàne* sei die betontere, vielleicht emotionalere Form als *soiche*.

À soichànà Däbb, håsd keàd = *Solch ein Trottel, hast du gehört.*

§ 13 Eine Nebenform zu *soichàne* heißt *sächddàne*; sie drückt noch mehr Anteilnahme oder Aufgebrachtheit aus:

À soichàne (oder: *soiche*) *Wääm* = *Wenn wir immer solch eine Wärme*
wammà âiwei hään! *hätten!*
À sächddàne Bluàdshitz wià dees! = *So eine Blutshitze wie dies!*

Auch *sächddàne* ist wohl nichts anderes als eine betonte Wucherform.

§ 14 *Derselbe*/*dieselbe*/*dasselbe*, bairisch *dàsäiwe*/*desäiwe*/*deessäiwe* wird bairisch wie hochdeutsch, sowohl richtig zur Bezeichnung der Identität verwendet:

Deà Saubeà håd âiwei no deessäiwe = *Der Saubär hat immer noch dasselbe*
Gwand õ wiàr in letzdn Winddà *Gewand an wie im letzten Winter*

als auch falsch für *der gleiche:*

I håb deessäiwe Auddo wià du = *Ich habe dasselbe (*richtig: *das*
gleiche) Auto wie du.

§ 15 *Dàsäi* ist etwas anderes: *I woidd scho lang deessäi Buàch lesn* – heißt nicht: *Ich wollte schon lange dasselbe Buch lesen* (wie du), sondern: *Ich wollte schon lange jenes Buch, jenes bestimmte Buch lesen.*
Dàsäi/*dàsäi*/*deessäi* gehört dem ländlichen Sprachraum an; in gehobener, betonter Rede wird daraus: *deàsäiwige.*

§ 16 Formelhaft benutzt, bedeutet *dàsäi* (meist *dersell* geschrieben) *jener bekannte,* und zwar insbesondere bezogen auf angebliche Urheber volkstümlicher Redensarten: *Håd dàsäi gsågd.*

I wasch mà b Fiàss àlle Joà,	=	*Ich wasche mir die Füße alle Jahre,*
håd dàsäi Bauà gsågd,		*hat jener Bauer gesagt,*
ob s às brauchd odà need.		*ob es nötig ist oder nicht.*
Gwohn s, Miezàl, håd dàsäi Begg	=	*Gewöhn dich dran, Mieze, hat jener*
gsågd, wiàr à mid dà Katz àn Ofà		*Bäcker gesagt, als er mit der Katze*
auskeàd håd.		*den Ofen auskehrte.*
Es gähd aufwäädds, håd dàsäi	=	*Es geht aufwärts, hat jener*
Schbåz gsagd, wià nà k Katz d		*Spatz gesagt, als ihn die Katze die*
Schbeichàdräbbm naufdràång håd.		*Speichertreppe hinauftrug.*
Gäi, dees sàn Drimmà, håd dàsäi	=	*Nichtwahr, das sind Trümmer*
Schbåz gsågd, wiàr à seine Wàdln		*(= große Exemplare), hat jener*
ögschaugd håd.		*Spatz gesagt, als er seine Waden*
		anschaute.

§ 17 Für *selbst* sagt man bairisch nur *säiwà* – oder auch *säim. Säim,* obgleich eigentlich Dativ- oder Akkusativform, wird auch im Nominativ gebraucht.

Dees keàd eàhm säim.	=	*Das gehört ihm selber.*
Dees friiß i àlles säim.	=	*Das fresse ich alles selbst.*

§ 18 *Dà andà* heißt *der andere* – im Gegensatz zu *der eine.* Man kann es aber auch im demonstrativen Sinn verwenden, der etwa dem hochdeutschen *jener* entspricht und meist eine gewisse Geringschätzung des anderen ausdrückt: *Jener Kerl da.*

Zwei Männer sitzen im Gasthaus. Der eine steht auf, um etwas aus seiner Manteltasche zu holen. Auf dem Weg tritt ihm der Kellner entgegen, sagt etwas zu ihm, der Mann schüttelt den Kopf, winkt ab, kehrt wieder an den Tisch zurück.

»*Wås war denn?*«, fragt der am Tisch Sitzende. Sein Kollege antwortet: »*Dà andà måg mi fràng, ow i schö zåid håb.*« *(= Jener Kerl da ist so frech, mich zu fragen, ob ich schon bezahlt habe.)*
Als Ausruf bedeutet *Dà andà!* etwa *Sieh dir diesen Burschen an!*

Zwei Verkäuferinnen stehen hinter der Theke (bairisch: *Låånbudl*) und unterhalten sich. Eine Kundin wartet darauf, daß sie bedient wird. Nach einiger Zeit, als niemand sich um sie gekümmert hat, verläßt sie mit den Worten: »*Wanns ees köå Zeid need habdds*« *(= Wenn ihr keine Zeit habt)* den Laden wieder. – Dies ist die passende Gelegenheit für eine der Verkäuferinnen: »*De andà!*« zu sagen.

§1 Die bairischen Relativpronomen heißen:

> *deà/de/dees*
> *deà wo/de wo/dees wo*
> *wo*
> *wås*

§2 Die bairische Mundart zieht – wie andere Dialekte auch – die Nebenordnung der Sätze der Unterordnung vor. Darum wird längst nicht jeder schriftdeutsche Relativsatz auch im Bairischen ein Nebensatz.

Statt
*Mià ham àmåi à Katz kabd, de am
liàwàn à Blaugraud gfressn håd.
(= Wir hatten einmal eine Katze,
die am liebsten Rotkohl fraß.)*

sagt man bairisch schöner:
*Mià ham àmåi à Katz kabd, de håd
am liàwàn à Blaugraud gfressn.*

§3 Das Relativpronomen *deà/de/dees* kann, wie das gleichlautende Demonstrativpronomen, nur in der vollen Form auftreten; das unbetonte *dà/d/às* gibt es nur beim Artikel.

*De Käinàrin, de dees Bià bråchd
håd.*

= *Die Kellnerin, die dieses Bier
gebracht hat.*

§4 In der Schriftsprache kann das Relativadverb *wo* nur nach Orts- und Zeitangaben stehen:

> *Kennst du das Land, wo die Zitronen blühen? –
> An Tagen, wo es wärmer ist.*

Bairisch kann *wo* als Relativpronomen das relative *der/die/das* ersetzen:

das Auto, das hier gestanden hat = *dees Auddo, wo då gschdanddn is*
die Hose, die der Vater getragen hat = *de Hosn, wo då Vaddà õkabd håd*
den Tisch, den du umgeworfen hast = *den Diisch, wosd du umgschmissn
                                         håsd.*

Allerdings gilt hier eine Einschränkung: *wo* ist indeklinabel, man sieht ihm nicht an, welchen Kasus es ausdrückt; es übernimmt den Kasus des Substantivs, auf das es sich bezieht:

deà Buà, wo då dàheàkimd (= der Junge, der hier kommt) = Nominativ
den Manddl, wo i kàffd håb (= den Mantel, den ich gekauft habe) = Akkusativ.

Ein Wechsel des Kasus ist durch das unveränderliche *wo* nicht wiederzugeben:

Deà Mõ, wo dees keàd ist falsch, denn hier steht *Mõ* im Nominativ, *wo* aber sollte ein Dativ sein *(der Mann, dem das gehört).*

Hier ist es nötig, das flektierte Relativpronomen *deà/de/dees* hinzuzu-
setzen: *Deà Mō, dem wo dees keàd.*

Sigsd du den Mō, deà wo då gähd? = *Siehst du den Mann, der (wo) da
geht?*

§ 5 In Sätzen, in denen der Kasus unverändert bleibt, ist das begleitende
deà/de/dees unnötig, gleichwohl wird es häufig verwendet:

deà Boliẓisd, deà wo mi aufschriem = *der Polizist, der (wo) mich aufge-
håd* schrieben hat
de Haisà, de wo åbgrissn weàn = *Die Häuser, die (wo) abgerissen
werden.*

§ 6 Es gibt keine Regel dafür, wann *deà* und wann *deà wo* zu setzen ist,
dies hängt höchstens von der Intensität des Dialektgebrauches ab. Am
dezentesten ist, natürlich, das Relativpronomen *deà/de/dees* ohne *wo.*

deà Breiss, deà gjodld håd
deà Breiss, wo gjodld håd = *der Preuße, der gejodelt hat*
deà Breiss, deà wo gjodld håd

§ 7 Mit *was* wird in der Schriftsprache der Relativsatz eingeleitet, der
sich auf ein neutrales Zahl- oder Fürwort bezieht *(etwas, was mir schmeckt),*
oder auf ein neutrales Adjektiv (vorwiegend, wenn's im Superlativ
steht): *das beste, was ich je gegessen habe.* Bairisch kann *wås* oder *dees wås*
auch auf ein neutrales Substantiv bezogen werden:

dees Gäid, wås i brauchåd = *das Geld, das ich brauchte*
dees Zeig, dees wås de kochd ham = *das Zeug, das die gekocht haben.*

§ 8 Der Genitiv entfällt, wie üblich, auch beim Relativpronomen:

der Tisch, dessen Beine wackeln = *då Diisch, dem b Fiàss wággln*
die Kinder, deren Eltern zur Arbeit = *de Kindà, dene eàhnàre Äiddàn in d
gehen* *Awàd gengà.*

§ 9 Die Flexionsendung der zweiten Person Singular und Plural wächst
– siehe Seite 127 – auch ans Relativpronomen an:

Das ist nicht der Mann, den du = *Dees is need deà Mō, densd du
gesucht hast (den ihr gesucht habt)* *– oder: den wosd du – gsuàchd håsd
(dens ees – oder den wods ees –
gsuàchd habds.)*

§ 1 Der Genitiv von *wer* und *was* heißt schriftdeutsch *wessen*. Das kommt im Bairischen nicht vor. Statt *wessen* sagt man *wem sein* (und antwortet: *dem sein*).

Wessen Haus ist das? = *Wem sēi Haus is dees?*

Auch *weswegen* und *weshalb* gibt es bairisch nicht. Sie werden durch *wegà wås* und *wårum* ersetzt.

§ 2 Wie heißt in der Schriftsprache der Dativ von *wer?* – *Wem.* Und der Dativ von *was?* Den gibt es nicht. Man kann zwar fragen: *Wem stimmen Sie zu?* (Dem Vorredner.) – Aber nicht: *Was stimmen Sie zu?* (Dem Gesuch.)

Diese letztere Frage ist auch bairisch nicht möglich. Auch bairisch ist der alleinstehende Dativ des Pronomens *was* unbekannt. In Verbindung mit Präpositionen aber kommt er sehr häufig vor und heißt dann einfach ebenfalls *was: in wås, zu wås, mid wås* (hochdeutsch: *worin, wozu, womit* – siehe Seite 176).

§ 3 *Welcher l welche l welches* heißt auf bairisch *wäichà l wäiche l wäichàs.* Sehr häufig wird *wäichà* mit dem bestimmten Artikel gebraucht: *dà wäichà,* sozusagen *der welche.*

Hier sind zwei Äpfel. Welchen = *Dà sàn zwoà Ebbfen. Àn wäichàn*
willst du? –siehe Seite 127f. *wuisd?*

Auch *wäichàn wuisd?* – ohne Artikel – ist, in zurückhaltenderer Mundartsprache, möglich. Und auch, mit der volleren Artikelform: *den wäichàn wuisd?*

Du mußt eben sagen, welchen du = *Muàßd hàid sàng, àn wäichàn daß d*
willst. *wuisd* (oder: *àn wäichànsd wuisd*)

§ 4 *Der welche* kann auf dreierlei Weise ausgedrückt werden: *dà wäichà l dà wäiche l da wäichàne.* Hier sind die Flexionsformen:

Singular	Maskulinum	Femininum	Neutrum
Nominativ:	*dà wäichà*	*die wäiche*	*dees wäiche*
	dà wäiche	*die wäichàne*	*dees wäichàne*
	dà wäichàne		
Dativ: *(mid)*	*den l dem wäichàn*	*dà wäichàn*	*den l dem wäichàn*
Akkusativ: *(fià)*	*den wäichàn*	*de wäiche*	*dees wäiche*
		de wäichàne	*dees wäichàne*

Plural

immer: *de wäichn l wäichàn l wäichànà*

Die Form *dà wäichà* ist stärker mundartlich als *dà wäiche;* die ausgepräg-
teste Mundartform ist *dà wäichàne.*

Wäichàne entspricht genau der Form *soichàne* (siehe Seite 146); auch
hier scheint es sinnreicher, die vermehrte Endung als eine Wucherung
aufzufassen als die Leseart *welcheiner* anzunehmen.

§ 5 Zu *was für ein* ist nicht mehr mitzuteilen, als daß dies bairisch *wås
fiàr à* heißt und im Gebrauch der schriftdeutschen Üblichkeit entspricht.

Und daß der Plural *was für welche* = *wås fiàr öà* lautet.

§ 1 Indefinitpronomen sind jene Pronomen, die »eine nach Geschlecht und Zahl unbestimmte Person oder Sache« bezeichnen. Die unbestimmten Zahlwörter *(sämtliche, jeder* etc.*)* lassen sich von ihnen nicht trennen.

§ 2 *Alle, alles –*
bairisch *ålle* und *åiss* (siehe Seite 23 f.). In manchen Zusammensetzungen wird das dumpfe, *o*-ähnliche *å* zum Normal-*a* oder *á* umgelautet.

allein	=	*àllōā, àlloàns, àlloànig, àlloànigs, àlloàne*
der aller ...	=	*dà àllà ..., dà àllàgscheidà* (siehe Seite 171)
allerdings	=	*àllàdings, allàdings*
allerhand	=	*àllàhand*
Allerheiligen	=	*Àllàheiling*
Allerseelen	=	*Àllàsäin* (= Fest am 2. November)
allerseits	=	*àllàseidds*
allesamt	=	*åisam*
allgemein	=	*åigemein*
allmählich	=	*åimählich*
allweil	=	*åiwei, àllàwei, äiwei*
(= immer)		

Alle im Sinne von *aus* (wahrscheinlich zu erklären aus: *alles weg*): *Das Essen ist alle* – gibt es im deutschen Süden nicht. In Bayern ist das Essen, das Geld oder sonstwas *goà* (= *gar*).

§ 3 *Beide*
wird durch *zwei* = *zwoà* ausgedrückt. *Wir beide* = *mià zwoà; alle beide* = *ålle zwoà*. Selten: *boàde*.

§ 4 *Einer*
im Sinne von *jemand* oder *man*: *oànà|oàne|oàns*

	Maskulinum	Femininum	Neutrum
Nominativ:	*oànà*	*oàne*	*oàns|õàs*
Dativ: *(mid)*	*oàn|oàm*	*oànà*	*oàn|oàm*
Akkusativ: *(fià)*	*oàn*	*oàne*	*oàns|õàs*

Die Bedeutung *oàns* = *man* hat das Bairische mit der allgemeinen Umgangssprache gemein: *Dà kon oàns gràd machà, wàs s wui* (= *Da kann eines gerade machen, was es will*).

Die Deklination mit Artikel: *der eine/die eine/das eine* sieht folgender-
maßen aus:

	Maskulinum	Femininum	Neutrum
Nominativ:	*dà õã*	*de õã*	*dees õã*
	dà oàne	*de oàne*	*dees oàne*
Dativ: *(mid)*	*dem oàn*	*dà oàn*	*dem oàn*
	dem oànà	*dà oànà*	*dem oànà*
Akkusativ: *(fià)*	*den oàn*	*de õã*	*dees õã*
	den oànà	*de oàne*	*dees oàne*

Die einen gibt es auch schriftsprachlich; bairisch: *de oàn* oder *de oànà*.
Ohne Artikel kann die Schriftsprache den Plural von *einer* nicht bilden;
sie muß sich mit *welche* behelfen. Bairisch sagt man *õã*.

Da kommen welche	= *Dà kemàn õã*
Das müssen welche von euch gewesen sein	= *Dees miàssn õã võ eich gwen sẽi.*

Õã läßt sich auch, ohne Änderung der Form, deklinieren.

Dativ:	*I bĩ mid õã võ*	= *Ich bin mit welchen von Schliersee*
	Schliàsää hoàmgfahrn.	*heimgefahren.*
Akkusativ:	*Hàsd du õã gfangd?*	= *Hast du welche gefangen?*
	Wàs fiàr õã?	= *Was für welche?*

§ 5 *Einige* sagt man bairisch nicht.

§ 6 *Etliche*
Die bairische Form dieses Pronomens lautet *àn eddlà*. *Àn eddlà* ist
nicht deklinierbar, gilt für alle Beugungsfälle des Plurals und kommt nur
in der bäuerlichen Sprache vor.

Einige Leute sind gekommen. = *Àn eddlà Leid hàn kemà.*

§ 7 *Etwas*
Vom selben Stamm wie *etliche* kommt auch *etwas:* von althochdeutsch
eddes = irgend. Mittelhochdeutsch *etewaz* ist das Neutrum zu *etewer* und
bedeutet *irgendwas;* aus *etewar = irgendwo* wurde *etwa.*
   Das indeklinable Pronomen *etwas* heißt stadtbairisch und umgangs-
sprachlich *wàs*, ländlich *àbbs* oder *àbbàs.*

Hast du etwas zum	= *Hàsd du wàs zun*	= *Hàsd du àbbs zun*
Essen?	*Essn?*	*Essn?*
Da ist mir etwas	= *Dà is mà wàs*	= *Dà is mà àbbs*
Blödes passiert.	*Blàds bassiàd.*	*Blàds bassiàd.*

Etwa in der Bedeutung *vielleicht, womöglich* heißt *àbbà.*

Bist du etwa noch nicht fertig? = *Bisd du àbbà no need feàdde?*

In der Stadt sagt man dafür entweder *vielleichd*, oder man übernimmt *àbbà*.
Vielleicht wiederum wird gern zu *leichd:*

Kommst du vielleicht morgen?	= *Kimsd vielleichd moing?*
	Oder: *Kimsd leichd moing?*

Für *etwas* im Sinne von *ein wenig* sagt man *à weng* oder *à bissl* (siehe Seite 158);
oder *à bissl äbbs*.

§ 8 *Etwer*

Dieses dem neutralen *etwas* entsprechende Pronomen: *irgendwer* ging der
Schriftsprache und dem Stadtdialekt verloren. Die bairische Landmund-
art hat es erhalten: *äbbà*.

> *Da steht jemand draußen.* = *Dà schdäd äbbà draußd.*
> *Hast du jemanden gesehen?* = *Hàsd du äbbàn gsäng?*
> *(Städtisch: Hàsd du wen gsäng?).*

§ 9 *Ganz*

Nicht nur im Bairischen, auch sonst in der Umgangssprache ersetzt man
alle gern durch *die ganzen*.

> *Hast du alle Nudeln aufgegessen?* = *Hàsd du de ganzn Nudln zamm-*
> *gessn?*

Dies ist die logische Übertragung der Singularform *die ganze Nudel* auf
die Mehrzahl.

Entsprechend kann man sagen: *Du hàsd die hàiwàdn Nudln zammgessn*
(= du hast die halben Nudeln aufgegessen). Dabei ist *alle* (siehe Seite 152)
keineswegs verschwunden. In manchen Zusammenhängen läßt es sich
gar nicht durch *ganz* ersetzen: So in der ersten und zweiten Person: *Na*
sàmmà àlle hoàmgangà (= dann sind wir alle heimgegangen). Und so meist auch
zusammen mit Zahlenangaben: *àlle drei (= alle drei), àlle neine (= alle*
neune).

Von diesen beiden Fällen abgesehen, gilt: Der Unterschied zwischen
alle und *die ganzen* besteht darin, daß *alle = alle, die es gibt, die ganzen*
aber = *sämtliche vorhandenen* bedeutet.

§ 10 *Irgend*

heißt bairisch *iàngd* oder *iàgàd*:

irgendwo	=	*iàngdwo, iàgàdwo*
irgendwas	=	*iàngdwàs, iàgàdwàs*
irgendwer	=	*iàngdweà, iàgàdweà.*

§ 11 *Jeder*

bairisch: *jädà\jäde\jäds* oder *à jädà\à jäde\à jäds*. Die Formen mit dem un-
bestimmten Artikel *ein jeder = à jädà* werden im Bairischen den allein-
stehenden vorgezogen:

> *Es kommt jeder dran.* = *Kimmd à jädà drõ.*

Zusammensetzungen:

jedesmal	=	*jädsmài*	oder *à jädsmài*
jederzeit	=	*jädàzeid*	
jedenfalls	=	*jädnfàis*	oder, mit ausgeworfenem *d:*
			jäänfàis.

Jedermann gibt es nicht; dafür sagt man *à jädà* oder *à jäds*.

§ 12 *Jemand*

Die Mundart zieht es vor, *wer* zu sagen (siehe Seite 158). Aber auch *jemand* ist nicht ungebräuchlich. Es wird meist endungslos gebraucht:

mit jemandem	=	*mid jemand*
für jemanden	=	*fià jemand.*

§ 13 *Kein*

	Maskulinum	Femininum	Neutrum
Nominativ:	*kõá Vaddà*	*kõá Muàddà*	*kõá Kind*
Dativ: *(mid)*	*koàn*|*koàm Vaddà*	*koànà Muàddà*	*koàn*|*koàm Kind*
Akkusativ: *(fià)*	*koàn Vaddà*	*kõá Muàddà*	*kõá Kind*

Plural

Nominativ:	*koàne Kindà*
Dativ: *(mid)*	*koàne Kindà*
Akkusativ: *(fià)*	*koàne Kindà*

Häufig werden im Bairischen Präpositionen mit *keine* verbunden, wo hochdeutsch *nicht* oder *nicht* + Präposition gebräuchlich ist:

Hier darf man nicht mit kleinen Kindern eintreten.	=	*Dà deàf mà mid koàne gloànà Kindà need nẽi.*

§ 14 *Mid koàne gloànà Kindà need* heißt, wörtlich ins Hochdeutsche übersetzt: *mit keinen kleinen Kindern nicht.*

Ich habe noch nie nichts gesagt – drückt hochdeutsch aus: *Es ist noch niemals vorgekommen, daß ich nichts gesagt, daß ich geschwiegen hätte.* Die beiden Verneinungen *nie* und *nichts* heben einander auf, doppelte Verneinung ist Bejahung.

Bairisch gilt das Gegenteil: Nein bleibt nein; wer zweimal nein sagt, meint damit nicht minder nein:

I hàb nõ nià nix gsàgd bedeutet: *Ich habe noch nie etwas gesagt.*

§ 15 Zur zweifachen Verneinung eignen sich Verbindungen zwischen *nicht, nichts, nicht mehr, nie, niemals, niemand, nirgends* und *kein,* bairisch: *need, nix, nimmà, nià, niàmàis, neàmàds, niàgàds* und *kõá.*

Die Stellung der beiden Negationswörter zueinander ist variabel: *Koàn bessàn findsd nià* oder: *Du findsd nià koàn bessàn (= Einen bessern findst du nit).* *Nicht* = *need* muß jedoch immer an der zweiten Stelle stehen:

I hàb kõán Schnabbs need drunggà.	=	*Ich habe keinen Schnaps getrunken.*
Koàn bessàn weàsd need findn.	=	*Einen besseren wirst du nicht finden.*

Unmöglich wäre: *I hàb need kõán Schnabbs drunggà.* – Oder: *Du weàsd need koàn bessàn findn.*

§ 16 Die verneinende Vorsilbe *un-* ergibt auch im Bairischen keine doppelte Verneinung:

Dees is àn unguàdà Mō.	=	*Das ist ein unguter Mann.*
Dees is kōā unguàdà Mō.	=	*Das ist kein unguter Mann.*
Dees is kōā unguàdà Mō need.	=	*Das ist kein unguter Mann.*

§ 17 Man muß es bei der doppelten Verneinung nicht bewenden lassen. Auch dreifaches *Nein* ist möglich, ohne daß ein *Ja* draus würde.

Mià ham eàhm no nià kōā bäss	=	*Wir haben ihm noch nie ein böses*
Woàdd need geem.		*Wort gegeben.*
Wei koànà kōā Gäid need hàd.	=	*Weil keiner Geld hat.*

Selbst vierfache Verneinung wäre nicht völlig undenkbar:

Bei uns hàd no nià koànà koàn	=	*Bei uns hat noch nie einer Hunger*
Hungà need lein miàssn.		*leiden müssen.*

§ 18 Der Brauch, eine Aussage mehrfach zu verneinen, hat schon mittelhochdeutsche Tradition.

Ein besonders schönes Beispiel dreifacher Verneinung findet sich in Gottfried von Straßburgs Tristan (9497–9500):

Sus brahtens in heinlichen in	=	So brachten sie ihn heimlich
wider durch ir haltürlin,		wieder durch die Seitentür herein,
daz umbe ir reise und umbe ir vart		damit über ihre Reise und ihre
nie nieman nihtes inne wart.		Fahrt nie niemand nichts erfuhr.

§ 19 *Man*
heißt *mà,* immer, ob es vor oder nach dem Verbum steht. Das weggefallene *-n* hinterläßt keine Nasalspur. *Mà* kann nie in betonter Stellung vorkommen, wie etwa schriftdeutsch: *Wer sagt das? Man sagt das.*

Man = mà klingt völlig gleich wie *mir = mà* und wie das enklitische *wir = mà.* Darum sind die einzelnen Formen mehrdeutig:

dà deàffàdmà =	*da dürfte man =*	*da dürfte mir =*	*da dürften wir;*
dees hàdmà =	*das hätte man =*	*das hätte mir =*	*das hätten wir.*

§ 20 *Mancher*
wird wie im Hochdeutschen gebraucht. Bairische Aussprache: *manchà.*

§ 21 *Mehrere*
kommt bairisch nur in der Form *die meàràn = die größere Zahl, die meisten* vor:

Die meàràn gengà äh liàwà ins	=	*Die meisten gehen ohnehin lieber ins*
Wiàddshaus àis wiàr in g Kiàch.		*Wirtshaus als in die Kirche.*

§ 22 *Nichts*
heißt nicht nur bairisch *nix,* auch deutsch radebrechende Türken, Griechen und Italiener sagen *nix: Ich nix wissen.* – *Nix* ist aus *nichts* durch Assimilation des *t* ans *s* entstanden: *nichts – nichs – nix.* Eine erweiterte Form von *nix* ist *nixn.*

§ 23 Niemand

Während man statt *jemand* meistens *wer* sagt, ist das Gegenteil, *niemand,* unersetzbar. Es tritt in mehreren Gestalten auf: *neàmd, neàmds* und *neàmàds,* die alle in gleicher Weise verwendbar sind.

Då håd neàmd wås (oder *neàmd nix) zun Suàchà*	=	*Hier hat niemand etwas zu suchen*
Dees gähd neàmàds wås (oder *neàmàds nix) ō*	=	*Das geht niemanden etwas an*
Is neàmds då?	=	*Ist niemand hier?*

Alle drei Formen bleiben in sämtlichen Flexionsfällen gleich.

§ 24 Paar

Wie im Hochdeutschen klingen auch bairisch das klein- und das groß-geschriebene *Paar* gleich:

I brààch à Boà Schuàh	=	*Ich brauche ein Paar Schuhe*
I fahr auf à boà Dåg fuàdd	=	*Ich fahre auf ein paar Tage fort.*

Wenn mit *ein Paar* zwei Personen gemeint sind, sagt man statt *à Boà* lieber *à Bàrl* (= *ein Pärchen).*

§ 25 Sämtlich

wie hochdeutsch gebraucht man *sämtlich* gern in Verbindung mit dem Possessivpronomen:

meine sämddlichn Henà	=	*meine sämtlichen Hühner.*

Öfter als in der Schriftsprache wird der bestimmte Artikel davorgesetzt: *De sämddlichn Bleischdifdd sàn vàschwunddn = Sämtliche Bleistifte sind ver-schwunden.*

§ 26 Viel

bairisch: *vui,* in manchen Gegenden: *väi.* Ein beliebtes Sprachbeispiel, das den Klangreichtum der bairischen Sprache demonstrieren soll, heißt: *vui zvui Gfui* (= *viel zu viel Gefühl).*

Wie in der Schriftsprache ist *vui,* wenn es ohne Artikel auftritt, un-deklinierbar:

vui Vàgning	=	*viel Vergnügen*
mid vui Gäid	=	*mit viel Geld.*

Auch der Plural heißt unverändert *vui:*

viele Tiere	=	*vui Viechà.*

Steht der bestimmte Artikel vor *vui,* dann wird *vui,* wie hochdeutsch, dekliniert, wobei sich gewisse Aussprachemühseligkeiten ergeben können:

mit den vielen Menschen	=	*mid de vuin Leid*
das viele Geld	=	*dees vuie Gäid.*

Zusammensetzungen:

soviel	=	*sovui*
wieviel	=	*wiàvui*
vielmals	=	*vuimàis*
vielfach	=	*vuifach*

Soviel läßt sich auch in der Bedeutung *so sehr* verwenden: *Bei eich is s sovui schëë* = *Bei euch ist es so überaus schön.*

§ 27 *Welche*
als Indefinitpronomen mit der Bedeutung *manche, einige, eines* gilt als »Alltagssprache«:
    Da kommen welche. – Ich brauche Geld, hast du welches? Bairisch wird *welcher* durch *oànà* ersetzt und durch Plural *welche* durch *öä* (siehe Seite 152 f.).

§ 28 *Wenig* heißt auch bairisch *wenig:*

I hàb zwenig Leid	=	*Ich habe zu wenig Leute.*

Ein wenig heißt bairisch *à weng* und wird in dieser Form vor Adjektiven verwendet:

eà is hàid schö à weng àid	=	*er ist eben schon ein wenig alt*
à weng kàid is s heid	=	*ein wenig kalt ist es heute.*

Vor Substantiven heißt *ein wenig* meist: *à weng à = ein wenig ein.*

Gib mir ein wenig Zucker	=	*Gib màr à weng àn Zuggà.*

Aber nicht immer:

Ich brauche ein wenig Zeit	=	*I brauch à weng Zeid.*

Ähnlich wird *à bißl = ein bißchen* verwendet:

à bißl glöä is à	=	*ein bißchen klein ist er*
i dringg à bißl à Bià	=	*ich trinke ein bißchen Bier.*

Die Verkleinerung von *ein wenig* und *ein bißchen*, hochdeutsch *ein klein wenig, ein kleines bißchen* lautet bairisch:

à wengàl/à wengàl à und: *à bissàl/à bissàl à* respektive *à gloàns bissàl.*

§ 29 *Wer/was* siehe *jemand.*
Umgangssprachlich und auch bairisch benutzt man *wer* für *jemand* und *was* für *etwas.*

Hast du jemanden gehört?	=	*Hàsd du wen keàd?*
Gehört das jemandem?	=	*Keàd dees wem?*
Mag jemand etwas?	=	*Màg weà wàs?*

Progressive Grammatikexperten sind dagegen, das Numerale als eigene Wortart zu führen. Zahlwörter könnten Substantive, Pronomen, Adjektive und Adverbien sein, insofern fehle es ihnen an Eigenständigkeit. Das trifft wohl zu; trotzdem ist es praktischer, die Numeralia alle hier zu vereinen, als in jedem Kapitel neuerdings zu zählen.

§ 1 Die bairischen Zahlen heißen:

1	=	*oáns*	*41*	=	*oánàviázg(e)*
2	=	*zwoà*	*42*	=	*zwoàràviázg(e)*
3	=	*drei*	*50*	=	*fuchzg(e)*
4	=	*viàre*	*51*	=	*oánàfuchzg(e)*
5	=	*fümfe*	*52*	=	*zwoàràfuchzg(e)*
6	=	*sexe*	*60*	=	*sächzg(e)*
7	=	*sieme*	*61*	=	*oánàsächzg(e)*
8	=	*achdde*	*62*	=	*zwoàràsächzg(e)*
9	=	*neine*	*70*	=	*siewàzg(e)*
10	=	*zehne*	*71*	=	*oánàsiewàzg(e)*
11	=	*äife*	*72*	=	*zwoàràsiewàzg(e)*
12	=	*zwöife*	*80*	=	*achzg(e)*
13	=	*dreizehn(e)*	*81*	=	*oánàdachzg(e)*
14	=	*viàzehn(e)*	*82*	=	*zwoàràdachzg(e)*
15	=	*fuchzehn(e)*	*90*	=	*neinzg(e)*
16	=	*sächzehn(e)*	*91*	=	*oánàneinzg(e)*
17	=	*siebzehn(e)*	*92*	=	*zwoàràneinzg(e)*
18	=	*achzehn(e)*	*100*	=	*hundàd*
19	=	*neinzehn(e)*	*101*	=	*hundàdoàns*
20	=	*zwanzg(e)*	*102*	=	*hundàdzwoà*
21	=	*oánàzwanzg(e)*	*105*	=	*hundàbfümf(e)*
22	=	*zwoàràzwanzg(e)*	*114*	=	*hundàbviàzehn(e)*
23	=	*dreiàzwanzg(e)*	*200*	=	*zwoàhundàd*
30	=	*dreißg(e)*	*300*	=	*dreihundàd*
31	=	*oánàdreißg(e)*	*1000*	=	*dausndldausàd*
32	=	*zwoàràdreißg(e)*	*2000*	=	*zwoàdausndl*
40	=	*viàzg(e)*			*zwoàdausàd*
			15000	=	*fuchzehndausndl*
					fuchzehndausàd

§ 2 Man sieht: Die Zahlen von *4* bis *12* werden mit einem angehängten *-e* versehen, die von *13* bis *99* können mit Schluß-*e* versehen werden. Über *100* darf, weil das Wort ohnehin schon so lang ist, auch bei Zahlen unter *13* auf das *-e* verzichtet werden.

Was kosten zehn?	=	*Wàs kosdn zehne?*
Gib mir dreiundzwanzig.	=	*Gib mà dreiàzwanzg* – oder:
		dreiàzwanzge.

§ 3 Das Schluß-*e* fällt in jedem Falle weg, wenn die Zahl attributiv vor einem Substantiv oder Adjektiv steht:

Sechsundsiebzig Ochsen und fünf	= *Sexàsiewàzg Oxn und fümf Schäf;*
Schafe	niemals: *Sexàsiewàzge Oxn und*
	fümfe Schäf.
Er hat sieben Flaschen mitgenommen =	*Deà hàd siem Flaschn midgnumà.*
Aber: *Er hat sieben mitgenommen* =	*Deà hàd sieme midgnumà.*

§ 4 Auch beim Rechnen werden die Zahlen ohne das Schluß-*e* gesprochen. Nicht: *Sieme und sieme is viàzehne.* Sondern: *Siem uns siem is viàzehn.*
Denn Rechnen lernt man in der Schule, ohne -*e* hinter den Zahlen. Das -*e* tritt aber sogleich wieder auf, wenn auf die exakte mathematische Form verzichtet wird: *Sieme und nomài sieme dazuà, sàns viàzehne = Sieben und nochmals sieben dazu, sind es vierzehn.*

§ 5 In der Schriftsprache wird das Zahlwort *eins* dekliniert. Für *zwei* und *drei* gibt es Genitivformen: *Er bediente sich zweier nichtswürdiger Subjekte.* – *Mithilfe dreier Nachschlüssel gelangten sie in das Haus.* – Diese Genitive fehlen im Bairischen natürlich. *Eins* aber wird auch im Bairischen gebeugt.

Nominativ:	*õà Mõ*	*õà Frau*	*õà Kind*
	(= *ein Mann*)	(= *eine Frau*)	(= *ein Kind*)
Dativ: *(mid)*	*oàn|oàm Mõ*	*oànà Frau*	*oàn|oàm Kind*
Akkusativ: *(fià)*	*oàn Mõ*	*õà Frau*	*õà Kind*

Das alleinstehende Zahlwort *einer – mit einem – für einem* wird anders dekliniert, nämlich:

	männlich	weiblich	sächlich
Nominativ:	*oànà*	*oàne*	*oàns*
Dativ: *(mid)*	*oàn|oàm*	*oànà*	*oàn|oàm*
Akkusativ: *(fià)*	*oàn*	*oàne*	*oàns*

§ 6 *Õà* wird, weil das nachfolgende -*n* ausgefallen ist, nasal gesprochen. Auch die Neutrum-Form und das undeklinierte Zahlwort *oàns* hört man mancherorts ohne *n* und es dafür nasaliert: *õàs.* Dementsprechend kann es auch statt *oànàzwanzg, oànàdreißg : õàsàzwanzg, õàsàdreißg* heißen.
Ähnliche Nasalierungen infolge *n*-Ausfall gibt es auch bei den Zahlen *9* und *10:*

nẽi	für	*nein*	=	*9*
nẽizg	für	*neinzg*	=	*90*
ʒẽh	für	*ʒehn*	=	*10*
dreiʒẽh	für	*dreiʒehn*	=	*13*
nẽiʒẽh	für	*neinʒehn*	=	*19*

§ 7 Im Mittelhochdeutschen hatten auch die Zahlwörter *zwei* und *drei* verschiedene Formen für die drei Geschlechter:

männlich: weiblich: sächlich:

zwêne   zwô   zwei
dri   dri   driu

Mancherorts auf dem Lande wurde die Geschlechterunterscheidung für die Zahl *zwei* bis heute bewahrt:

zwen Oxn   zwo Kiàh   zwoà Schàf
(= 2 Ochsen) (= 2 Kühe)   (= 2 Schafe)

Meistens aber sagt man unterschiedslos *zwoà.*

§ 8 Daß es *oàns* und *zwoà* heißt, mit *oà,* aber *drei* (nicht *droà*), kommt daher, daß bei *eins* und *zwei* im Alt- und Mittelhochdeutschen ein *ei* vorhanden war, bei *drei* aber ein *i* (siehe Seite 11 ff.).

§ 9 Bei gemäßigtem Dialektgebrauch sagt man *fümfzehn* und *fümfzig,* beliebter sind die Formen *fuchzehn* und *fuchzg.* Dies ist, so lehrt die Etymologie, eine Folge der Angleichung an das folgende *sechzehn* und *sechzig.* – Die Frage, warum man nicht auch *siebzehn* in der Form *siechzehn* an das folgende *achtzehn* oder *fümf* – als *fux* – an *sechs* angeglichen hat, liegt auf der Zunge, ist aber nicht zu beantworten.

§ 10 Die Nachsilbe *-zig* der Zehnerzahlen* wird bairisch, da in unbetonter Stellung, zu *zg* verstümmelt: *zwanzg, dreißg, viàzg.* Bei den Ordnungszahlen, die ohne das *i* kaum auszusprechen wären: *dà dreiàviàzgsde* – ist man froh um das verworfene *i* und holt es wieder ins Wort herein: *zwanzg – dà zwanzigsde, dreißg – dà dreißigsde, dreiàviàzg – dà dreiàviàzigsde.*

§ 11 Eine ebenfalls beträchtliche Verkürzung erfährt das *-und-* in den Zahlwörtern: *zwoàràzwanzg, sexàfuchzg* etc.: es wird *à* ein verwaschenes helles *à* daraus. Nur bei den Achtziger-Zahlen kommt ein *-d* dazu: *vieràachzg* spräche sich ungut, so wird das *à* um den Bindelaut *d* (siehe Seite 31) vermehrt, zu *àd: vieràdachzg, fümfàdachzg, sexàdachzg* ...
Wer statt *hunderteins* lieber *hundertundeins* sagt, muß das *und* auch im Bairischen zur Gänze sprechen: *hundàdundoàns, hundàdundsiemàdreißg.*

§ 12 *Dausnd (= tausend)* wird da und dort *dausàd* gesprochen, analog zu den Partizip-Präsens-Formen (siehe Seite 49 f.): *schreiend = schreiàd, nörgelnd = neàglàd.*

§ 13 Die Ziffern sind hochdeutsch weiblichen Geschlechts: *die Eins, die Zwei, die Drei.* Bairisch sagt man: *dà Oànsà, dà Zwoàrà, dà Dreià* usw.
Deshalb würfelt man nicht *eine Fünf,* sondern *ànFümfà,* und bekommt in der Schule statt *einer Sechs àn Sexà.*

---

* *-zig* kommt von gotisch *tigus = Zehner;* *tigus* von *taihun = zehn,* worin gotisch *twai = zwei* und *handus = Hand* stecken.

§ 14 Auch Geldstücke haben ihre eigenen Namen, obwohl sich die bayerischen von den sonst bundesdeutschen nicht unterscheiden:

Zweipfennigstück	=	*Zwoàring**
Fünfpfennigstück	=	*Fümfàl*
Zehnpfennigstück	=	*Zehnàl*
Zwanzig Pfennig	=	*Zwànzgàl***
Fünfzigpfennigstück	=	*Fuchzgàl*
Markstück	=	*Màgl*
Zweimarkstück	=	*Zwiggl*

§ 15 Bei Uhrzeitangaben fällt *Uhr* stets weg:

um ein Uhr	=	*um oàns*
um zwei Uhr	=	*um zwoà*
sechs Uhr fünfzehn	=	*viàddl nach sexe*
sechs Uhr dreißig	=	*hàiwe sieme (= halb sieben)*
sechs Uhr fünfundvierzig	=	*dreiviàddl sieme*

Dreizehn, vierzehn, fünfzehn Uhr ist, wie meistens in der Umgangssprache, ungebräuchlich. Deshalb sind zusätzliche Angaben vonnöten, die die Tageszeit bezeichnen, wie:

um zwei Uhr nachmittags	=	*um zwoà nammidàg*
um zwei Uhr nachts	=	*um zwoà bei dà Nàchd.*

§ 16 Die bairischen Jahresangaben unterscheiden sich nicht von den schriftdeutschen: *1594 = fuchzehnhundàdviàràneinzg.*

Hochdeutsch dient zur Bezeichnung eines Jahrzehnts der Ausdruck *zwanziger Jahre, dreißiger Jahre.* Das geht bairisch ebenso, und sogar noch mehr: auch ein einzelnes Jahr kann man auf diese Art benennen:

im Jahr 1975 = *im fümfàsiewàzgà Joà.*

§ 17 *Um drei Uhr* heißt *um drei. Um drei herum* kann man wörtlich mit *um drei rum* wiedergeben oder mit *umà drei* oder *ummàrà drei.* Wobei *ummà = herum,* das *r* ein Bindelaut und das *à* der unbestimmte Artikel ist.

§ 18 Unbestimmte Zahlangaben wie *etwa fünfzehn* muß man, da bairisch *ebbà* nie die Bedeutung *ungefähr, zirka* hat, sondern *womöglich, vielleicht* heißt, durch *unggfää, so à* oder *à* ausdrücken:

unggfää fuchzehn Mass		
so à fuchzehn Mass	=	*etwa fünfzehn Maß*
à fuchzehn Mass.		

---

* Mittelhochdeutsch hieß die Zweiermünze *zweilinc* (und der Pfennig *phenninc* – weshalb man bairisch *Bfenning* sagt). Der Austausch des *l* durch das *r* geschah im Interesse der leichteren Aussprache: *Zwoàring* geht müheloser von der Zunge als *Zwoàling,* zumal da der *Zweier* schon *Zwoàrà* heißt.

** Das *Zwànzgerl* lebt in Erinnerung an eine frühere Zwanzig-Pfennig-Münze fort.

Das *à* ist der unbestimmte Artikel *ein;* er drückt auch die Unbestimmtheit der Zahl aus. – Nach einer andern Leseart handelt sich's hier um den partitiven Genitiv *ihrer,* der zu *à* geschrumpft sein soll. Dies ist indessen unwahrscheinlich, da dieser Genitiv durch *eàhnà* ausgedrückt wird: *die warn eàhnà dreißge.*

Ungefähre Stückzahlen, umgangssprachlich durch *Stücker drei* ausgedrückt, lauten bairisch:

> *Schduggà drei*
> *à Schduggà drei*
> *Schduggàrà drei*
> oder: *à Schduggàrà drei.*

Die Formel soll sich aus mittelhochdeutsch *ein stücke oder drei* entwickelt haben – was kaum zu glauben ist, denn man sagt auch *à Schduggà siewàzg,* und dies heißt kaum *ein Stück oder siebzig.* Weitaus befriedigender ist die Annahme, das *à* sei wiederum der unbestimmte Artikel, der zum Ausdruck der Unschlüssigkeit des Sprechers benutzt wird.

Ein verhutzeltes *oder* ist das *à* in: *i brauch dreià viàre.* Dies bedeutet: *ich brauche etwa drei, vier.* So kann man nur sagen, wenn die beiden Zahlen einander nah benachbart sind: *fümfà sexe, sexà sieme ...* – *Zwoàrà neine* gibt es nicht.

§ 19 *Je zwei, je fünf* sind distributive Numeralia, Verteilungszahlwörter. In der Stadtsprache kann man sie verwenden:

Mià ham drei Mewibaggà kabbd, =	*Wir hatten drei Möbelpacker,*
i hàb eàhnà jä zwoà Fläschln Bià	*ich habe ihnen je zwei Flaschen Bier*
geem.	*gegeben.*

Dialektbewußtere Sprecher werden auf das *je* verzichten und lieber sagen:

I hàb eàhnà àn jädn zwoà Fläschln =	*Ich habe ihnen einem jeden zwei*
Bià geem.	*Flaschen Bier gegeben.*

§ 20 Die Vervielfältigungszahlwörter: *zweifach, dreifach ...* haben im Bairischen keine Merkwürdigkeiten aufzuweisen. Sie heißen: *zwoàfach, dreifach* und so weiter.

§ 21 *Einmal, zweimal, dreimal = òàmài, zwoàmài, dreimài* sind Wiederholungszahlwörter.

Man muß unterscheiden zwischen *einmal = ein einzigesmal* und *einmal = irgendwann.* Im ersten Falle ist das *ein* ein Zahlwort, daher heißt es bairisch *òàmài;* im zweiten ist es der unbestimmte Artikel, da wird *àmài* daraus.

Wann deà bloß òàmài heàgàngàd! =	*Wenn er nur ein einzigesmal herkäme!*
Wann deà bloß àmài heàgàngàd! =	*Wenn er nur mal herkäme!*

Die umgangssprachlich verkürzte Form *mal* gibt es im Bairischen nicht.

§ 22 Die unbestimmten Wiederholungszahlwörter bieten nichts Besonderes:

manchmal	=	*manchmåi*
vielmals	=	*vuimåis*
niemals	=	*niàmåis*
jedesmal	=	*(à) jädsmåi*
x-mal	=	*ixmåi*
ein paarmal	=	*à boåmåi.*

§ 23 Gattungszahlwörter nennt man die Zahlwörter, die auf *-lei* (von mittelhochdeutsch *leie* = *Art, Weise*) endigen: *zweierlei, dreierlei.* Bairisch: *zwoåråloå, dreiåloå* (aber, infolge des *ei* in *drei,* auch *dreiålei*). In der Stadt gibt man der *-ei*-Aussprache überhaupt den Vorzug, ausgenommen im Falle *zweierlei* = *zwoåråloå,* das übrigens noch die Spezialbedeutung *unheimlich* hat:

Wiår i den grossn Hund gsäng håb, = *Als ich den großen Hund sah,*
is s mà zwoåråloå woàn. *wurde mir unheimlich.*

§ 24 Die Ordnungszahlen: *då eåschdde, zwoådde, dridde, viådde, fuchzehndde, achdåzwanzigsde, dreiåådchzigsde* ... folgen denselben Bildungsprinzipien wie in der Schriftsprache.
    Daß man für *der erste : då eåschdde* sagt (und nur in der Stadt *då eåsdde),* hängt mit dem *s-sch*-Wandel (siehe Seite 27) zusammen.

§ 25 Über die ordnenden Zeitadverbien *erstens, zweitens* ... ist nicht mehr zu sagen, als daß im Bairischen das *e* der Endung stumm ist: *eåschddns, zwoåddns, driddns.*

§ 26 *Zu zweit, zu dritt, zu viert* heißt auch auf bairisch so: *zu zwoådd, zu dridd, zu viådd* oder *zu zwoåddå, zu dridd, zu viåddå,* wobei sich das *zu* zu *z* verkürzen kann, jedoch nicht muß. Nur für *zu zweit* sagt man, zwecks Ausspracheerleichterung, ziemlich allgemein *zu zwoådd.*

Sie kamen gleich zu dritt. = *De sàn glei z dridd kemà.*
                                    Oder: *De sàn glei zu dridd kemà.*

Die von den Kardinalzahlen gebildeten Formen *zu zweien, zu dreien* – gibt es im Bairischen nicht.

§ 27 Die Bruchzahlen *à Fümfddl, à Sexddl, à Achddl* unterscheiden sich von den hochdeutschen *Fünfteln, Sechsteln* und *Achteln* nicht. Besonderheiten weisen nur *das Drittel* und *das Viertel* auf: sie sind im Bairischen deklinierbar:

Ein Viertel Hähnchen = *À viåddl Giggål*
                                    oder: *à viåddlds Giggål*

Mir genügt ein Drittel = *Mià langd à driddlds*

Mit diesem Staubsauger sparen = *Mid den Schdaubsaugà schbarns*
Sie sich ein Viertel der Arbeit. *Eåhnà die viåddlde Awåd.*

§ 28 Sonstige Maßeinheiten:

à *Quàrddl Bià*	=	*ein Viertelliter Bier;* allerdings hat sich
(von lateinisch		das »kleine Bier« auch in Bayern
quartum = das vierte)		ziemlich durchgesetzt; das *Quàrddl*
		ist etwas aus der Mode;
à *Hâiwe*	=	*eine Halbe,* ein halber Liter;
à *Mass*	=	*ein Liter.* Von *Mass* spricht man nur,

wenn sich's um Bier handelt; andere Flüssigkeiten werden auch in Bayern nach Litern *(= Liddà)* verbraucht. Sehr wichtig: *die Mass* ist weiblichen Geschlechts, nicht *das Maß,* wie nördliche Gäste zu sagen pflegen.

§ 29 Die Bruchzahl zu *zwei* heißt *halb*. Bairisch: *hâib* oder *hâiwàd, halbig* sozusagen. *Hâib* heißt es bei Zahlenangaben: *eineinhalb = oànàhâib (*oder *andàdhâib), zwoàràhâib, siemàviàzgàhâib.*
Bei Zeitangaben kann stehen:

halb drei = *hâib drei* oder *hâiwe drei* oder, noch gscherter: *hâiwà drei.*

Die feste Fügung *halb und halb* heißt *hâib und hâib,* nicht *hâiwàd und hâiwàd.* Ist *halb* ein Adjektiv, dann kann sowohl *hâib* wie *hâiwàd* stehen:

die halbe Stadt	=	*d hâiwe Schdàd*	oder:	*d hâiwàde Schdàd*
eine halbe Semmel	=	*à hâiwe Semme*	oder:	*à hâiwàde Semme*
halb München	=	*hâib München*	oder:	*hâiwàd München.*

Ein Bedeutungs- oder Verwendungsunterschied zwischen *hâib* und *hâiwàd* ist nicht zu erkennen.

I gäh no à hâiwe Schdund in n Garddn.	= *Ich gehe noch eine halbe Stunde in den Garten.*
Jetz wardd i schõ à hâiwàde Schdund, daß d kimmsd.	= *Jetzt warte ich schon eine halbe Stunde, daß du kommst.*

§ 30 Auch als Adverb kann *halb* wahlweise *hâib* oder *hâiwàd* heißen:

halb leer	=	*hâib lààr*	oder:	*hâiwàd lààr*
halb erfroren	=	*hâib dàfroàn*	oder:	*hâiwàd dàfroàn.*

In der Redensart *mi hädsd hâiwàd =* wörtlich: *mich hättest du halb = mir wär's genug* – muß immer *hâiwàd* stehen.

§ 1 Im Prinzip wird das Adjektiv so behandelt wie in der Schriftsprache:

der alte Hut	=	*dà âide Huàd*
ein schönes Mädchen	=	*à scheens Màdl*
die guten Brötchen	=	*de guàdn Semmen.*

§ 2 Abgesehen von der prädikativen Stellung: *Das Essen ist kalt* = *Às Essn is kåid* – kann in der Schriftsprache die Adjektivendung nur in ganz wenigen Fällen verschwinden:

a) in einigen erstarrten Formen: *auf gut Glück*; *gut Freund sein*; *ein gut Teil*;
b) bei den Adjektiven *ganz, halb, viel, lauter*;
c) in Gedichten: *ein lustig Lied*; *ein einzig Volk von Brüdern*; *lieb Vaterland*;
d) und – auch nicht gerade in volkstümlicher Redeweise – bei Vornamen: *Jung Siegfried*; *Klein-Michael*; *Hänschen klein* (da handelt sich's aber schon fast um Zusammensetzungen).

§ 3 Im Bairischen gibt es neben den Fällen a) *guàd Freindd, à guàdding zwoà Schdund* (= *gut zwei Stunden*) und b) *hâib München, lauddà Schlàwinà* – noch eine Verwendungsform des unflektierten Adjektives mehr:

Bisweilen kann das Adjektiv zwischen dem bestimmten Artikel und dem Substantiv in der Einzahl seine Endung verlieren. Statt *dà âide Bauà* (= *der alte Bauer*) kann man sagen: *dà âid Bauà*.

Auch:	*dà glōà Buà*	=	*der kleine Junge*
	de jung Käinàrin	=	*die junge Kellnerin*
	die ganz Zeid	=	*die ganze Zeit*
	dà rodhoàràd Xavàl	=	*der rothaarige Xaver*
	de doàràd Gramàrin	=	*die schwerhörige Krämerin*
	de gschäggàd Hosn	=	*die gescheckte Hose*
	de gschroàmaulàd	=	*die schreihälsige Straßen-*
	Drambahnschaffnàrin		*bahnschaffnerin*

Nachàrà Schdund, wàs hàd dà gschdinggàd Hund dō kabbd? Nix. = *Nach einer Stunde, was hatte der faule Kerl getan? Nichts.*

§ 4 Der Abfall der Endung ist auch möglich, wenn das zugehörige Substantiv entfällt, wenn das Adjektiv selbst substantiviert wird:

Weà hàd dees gsågd, de Äid odà de Jung?	=	*Wer hat das gesagt, die Alte oder die Junge?*
Dà Glōà gähd no in d Schui, dà Gross muàß zun Milidää.	=	*Der Kleine geht noch zur Schule, der Große muß zum Militär.*
Jetz kimmd dà ganz dà Blád.	=	*Jetzt kommt der ganz Blöde.*

§ 5 Die Adjektivendung kann nur abfallen, wenn vor dem Adjektiv der bestimmte Artikel oder ein Demonstrativpronomen steht, nie nach dem unbestimmten Artikel oder nach einem Possesivpronomen:

Es heißt zwar: *dà àid Großvaddà (= der alte Großvater)*, aber: *meī àidà Großvaddà (= mein alter Großvater)*. Und zwar: *dees gschlambbàd Griskindl (= das schlampige Christkind = die schlampige Person)*, aber: *à gschlambbàds Griskindl (= ein schlampiges Christkind)*.

À weiss Hemàd (= ein weißes Hemd) klingt, als sei auch hier die Endung weggefallen. Was hier fehlt, ist indessen nur das *e* der Endung, und dadurch wurde das zweite *s* nach dem *ß* des Stammes unhörbar – was man deutlich erkennt, wenn man die Farbe ändert und *à greàns Hemàd (= ein grünes Hemd)* sagt. Deshalb wäre statt *weiss* besser *weißs* zu schreiben.

§ 6 Auch *i zjàg à lila Gleidl ō (= ich ziehe ein lila Kleid an)* gehört nicht hierher. *Lila, rosa, orange* sind in der Schriftsprache undeklinierbar und können auch bairisch ungebeugt verwendet werden. Lieber wird man allerdings sagen: *dees lilane, dees rosane* oder *dees oràschàne Gleidl.*

§ 7 Das endungslose Adjektiv ist nicht in allen Beugungsfällen zu benutzen, beim Maskulinum nur im Nominativ Singular, beim Femininum und beim Neutrum im Nominativ und im Akkusativ Singular:

der alte Mann/die alte Frau/das alte Weib

	Maskulinum	Femininum	Neutrum
Nominativ:	*dà àid Mõ*	*de àid Frau*	*dees àid Wei*
Dativ: *(mid)*	*àm àidn Mõ*	*dà àidn Frau*	*àm àidn Wei*
Akkusativ: *(fià)*	*àn àidn Mõ*	*de àid Frau*	*dees àid Wei*

§ 8 Im Plural hat das Adjektiv stets seine Endung, desgleichen im Dativ des Singulars.

Daß es *dem gloàn Kind* und *de gloàn Haisln* statt *dem gloànà Kind* und *de gloànà Haisln (= dem kleinen Kind, die kleinen Häuschen)* heißen kann, hat damit aber nichts zu tun. Hier handelt es sich wieder um schlichte Zusammenziehungen: *n'n* aus *nen*. Das ist klar zu erkennen, wenn man ein anderes Eigenschaftswort benutzt, dessen Stamm nicht auf *-n* ausgeht: *dem bràvn Kind, de grossn Haisà.*

§ 9 Der Abfall der Endung ist auch bei den Steigerungsformen möglich:

dà Dàmmàl is da àllàgràssà (oder: *àllàgräßde)*	= *Thomas ist der allergrößte;*
dà gfàid dà de scheensd (oder: *scheensde) Awàd nimmà*	= *da gefällt dir die schönste Arbeit nicht mehr.*
dees is dà kiàzà Weg	= *das ist der kürzere* (oder: *kürzeste) Weg.*

§ 10 In jedem Fall kann die Endung ohne Veränderung des Sinnes auch angefügt werden: *dà greàne Huàd (= der grüne Hut)* ist genau so richtig wie *dà greã Huàd.*

§ 11 Nicht alle Adjektive kann man endungslos gebrauchen. Unmöglich wäre es beispielsweise zu sagen: *dees offn Fensddà* (= *das offene Fenster*) oder *dà liàb Godd* (= *der liebe Gott*). Hier muß es *offàne* und *liàwe* heißen.

Es läßt sich indes keine Regel aufstellen, wann die Endung wegge-lassen werden kann und wann sie notwendig ist. Weshalb man gut tut, sie in allen Zweifelsfällen zu verwenden; denn dies ist – siehe oben – nie verkehrt.

§ 12 Das attributive – das beigefügte – Eigenschaftswort steht in der deutschen Schriftsprache vor dem Substantiv: *der wilde Löwe, das neue Auto.*

Im Vokativ, besonders bei Beschimpfungen, kann das Eigenschafts-wort auch auf das Substantiv folgen; auch hochdeutsch: *Lump, elender!* Im Bairischen ist diese Nachstellung überaus häufig: *Hanswuàschd, dàmischà; Däbb, däbbàdà; Glumbb, vàrreggds.*

§ 13 In den anderen Beugungsfällen ist die Nachstellung nur erlaubt, wenn der bestimmte oder unbestimmte Artikel zweimal verwendet wird, einmal vor dem Substantiv, einmal vor dem Adjektiv:

de Hiddn, de windschiàfe	=	*die Hütte, die windschiefe*
àn Manddl, àn warmà, wann i häd	=	*einen Mantel, einen warmen, wenn ich hätte*
dees is à Greiz mid den Wedà, mid den greislign	=	*das ist ein Kreuz mit dem Wetter, mit dem greulichen.*

§ 14 Auch mit dem doppelten Personal-, Demonstrativ- oder Possessiv-pronomen läßt sich die Nachstellung des Adjektivs organisieren:

i Aff, i saudummà	=	*ich Affe, ich saudummer*
ees Làggln, ees growe	=	*ihr Lümmel, ihr groben*
dees gschichd eàhnà rächd, dene Rimbviechà, dene blädn	=	*das geschieht ihnen recht, diesen Rindviechern, diesen blöden*
dein Mõ, dein bsuffànà, hams eigschbääd	=	*deinen Mann, deinen betrunkenen, hat man eingesperrt.*

§ 15 Besonders gern gebraucht man diese Form in ärgerlicher, räsonie-render Rede. Die Nachstellung verleiht dem Adjektiv eine verstärkte Betonung. Es muß dieser Betonung würdig sein: *der Geist, der heilige* – ergäbe keinen Sinn. Auch *die Drambahn, die blaue* kann man nicht sagen, hier fehlt es am Emotionalgehalt. Wohl aber wäre richtig: *die Bluàds-drambahn, die gschissne!*

§ 16 Noch ausdrucksstärker wirkt das Adjektiv, wenn man es nicht nur hinters Substantiv hinstellt, sondern überdies zusätzlich auch noch davor:

du bsuffàne Sau, du bsuffàne	=	*du besoffene Sau, du besoffene*
du bisd à ganz à dàiggàdà Buàr, à dàiggàdà.	=	*du bist ein ganz dummer Junge, ein dummer.*

§ 17 Diese etwas weitschweifige Rede kann, freilich auf Kosten ihrer Wucht, verkürzt werden: *du bsuffàne Sau, du; deà dàiggàde Buà, deà. À dàiggàdà Buàr à* geht natürlich nicht. Allein nachgestellt werden können nur Personal- und Demonstrativpronomen und der bestimmte Artikel:

Dem zoàg i s schō no, dem ruàchàdn = *Dem zeige ich's schon noch, diesem*
Hund, dem.   *raffgierigen Hund, diesem.*

§ 18 Eine nochmalige Abbreviatur läßt sich dadurch erreichen, daß man nicht bloß auf das zweite, wiederholte Adjektiv verzichtet, sondern gleich auch auf das erste. Dies setzt natürlich voraus, daß schon dem Substantiv viel farbige Aussagekraft innewohnt: *die Sau, die; du Arschloch, du.*

Substantive ohne Emotionsgehalt: *das Stempelkissen, das – der Tisch, der –* kann man nicht so behandeln.

§ 19 Nicht verwechseln darf man den nachgestellten Artikel mit dem satzfortführenden Demonstrativpronomen (siehe Seite 144); in:

deà Schlàwinà, deà soi mà bloß = *der Gauner, der soll mir nur noch*
noàmài kemà   *einmal kommen.*

ist *deà* das Demonstrativpronomen; in:

deà Schlàwinà deà, deà soi mà bloß = *der Gauner der, der soll mir nur noch*
noàmài kemà   *einmal kommen.*

ist das zweite *deà (*nach *Schlàwinà)* der nachgestellte Artikel.

§ 20 Etliche Adjektive, die schriftdeutsch auf *-ig* endigen, haben im Bairischen die Endung *-àd.* Sie hat sich aus der mittelhochdeutschen Endung *-eht (*später *-icht)* entwickelt:

toereht	– *töricht*	bairisch: *doràd –* wobei *doràd* nicht *dumm* bedeutet, sondern *schwerhörig* oder *taub.* Es ist dies derselbe Zusammenhang,wie er zwischen *taub* und *doof* besteht: Wer nicht hört, macht leicht den Eindruck der Beschränktheit.
scheckeht	– *scheckig*	bairisch: *gschäggàd.*
drekicht	– *dreckig*	bairisch: *dreggàd (*oder auch *dregge).*

§ 21 Die Adjektivendung *-àd* entspricht in Klang und Gebrauch der des Präsenspartizips: *hüpfend = hubbfàd,* so daß nicht in jedem Einzelfall zu unterscheiden ist: gehört das *-àd* zu einem hochdeutschen *-ig* oder zu einem *-end?*

gschdinggàd	= *stinkend*	oder auch	*stinkig*
naggàd	= *nackend*	oder auch	*nackig*
gschlambbàd	= *schlampend*	oder auch	*schlampig.*

§ 22 Aber nicht alle Adjektive auf hochdeutsch *-ig* enden bairisch auf *-àd.* Teils hängt das damit zusammen, daß die Endung mittelhochdeutsch *-ec* (nicht: *-eht*) geheißen hat und bairisch, ebenso wie hochdeutsch, *-ig* wurde, teils ist die Entwicklung auch nicht ganz konsequent.

Es heißt bairisch: *äwig* (*= ewig*), *schuidig* (*= schuldig*), *grànddig* (*= grantig = mürrisch*), *bfundig* (*= pfundig = großartig*), *greislig* (*= häßlich* – obwohl hier mittelhochdeutsch *gruseleht* zugrundeliegt, kann man nicht *greislàd* sagen) und *ruich* (*= ruhig*).

Und es heißt: *òàaugàd* (*= einäugig*), *langhàxàd* (*= langhachsig = langbeinig*), *langnàsàd* (*= langnäsig*), *groskobbfàd* (*= großköpfig = in hoher Stellung*), *dàbbàd* (*= blöde =* Adjektiv zu *Depp*), *rodhoàràd* (*= rothaarig*) – während einfaches *haarig* nicht *hoàràd*, sondern *hoàrig* wird.

§ 23 Die Adjektivendung *-lich* wird, insbesondere bei häufig gebrauchten Wörtern, gern zu *-le:*

freundlich	=	*freinddle*
heimlich	=	*hoàmle*
gemütlich	=	*gmiàddle*
natürlich	=	*nàdiàle*
freilich	=	*freile*
endlich	=	*enddle*
wirklich	=	*wiàggle*

und so fort.

Schließt an das *-lich* eine Deklinationsendung an, wandelt sich das *-le* wieder zu *-lich* zurück:

dà *Schaffnà is freinddle*	=	*der Schaffner ist freundlich,*
aber: *à freinddlichà Schaffnà*	=	*ein freundlicher Schaffner.*

§ 24 Nicht alle *-lich*-Adjektive enden bairisch auf *-le;* bisweilen bleibt das *-lich* auch in der unflektierten Form erhalten:

ehrlich	=	*eàlich*
widerlich	=	*widàlich*
fürchterlich	=	*fiàchdàlich.*

Im übrigen ist es auch bei den oben aufgezählten Adjektiven nicht falsch, statt *-le: -lich* zu sagen: *freinddlich, gmiàddlich, enddlich …*

§ 25 Die Steigerungsformen des Adjektivs und Adverbs: *schön-schöner-schönst; schlecht-schlechter-schlechtest-* entsprechen im Bairischen den hochdeutschen, einschließlich der Unregelmäßigkeiten: *gut-besser-best, viel-mehr-meist* und einschließlich auch der Umlautformen wie *arm-ärmer, groß-größer, dumm-dümmer* usw.

Drei im Hochdeutschen umlautlos steigernde Adjektive können – müssen jedoch nicht – im Bairischen mit Umlaut gesteigert werden:

klein-kleiner-am kleinsten	heißt nicht nur:	*glòà-gloànà-am gloànsdn*
	sondern auch:	*glòà-gleànà-am gleànsdn;*
breit-breiter-am breitesten	nicht nur:	*broàd-broàdà-am broàdàsdn*
	sondern auch:	*broàd-breàdà-am breàdàsdn;*
heiß-heißer-am heißesten	nicht nur:	*hoàß-hoàssà-am hoàssàsdn*
	sondern auch:	*hoàß-heàssà-am heàssàsdn.*

Häufig wird der Superlativ durch den Komparativ ersetzt; wobei man dem Adjektiv gern *aller-* hinzufügt:

der dümmste	=	*dà àllàdümmà*
der liebste	=	*dà àllàliàwà*
der größte	=	*dà àllàgrässà*

Auf das *aller-* kann, insbesondere beim Adverb, auch verzichtet werden-

am liebsten tanze ich Walzer	=	*am liàwàn danz i àn Wàizà*
in der Küche ist es am wärmsten	=	*in dà Kuchl is s am wäämàn*
dieses Haus ist am weitesten entfernt	=	*dees Haus is am weidàn weg.*

§ 26 Es spricht allerdings nichts dagegen, auch den Superlativ zu gebrauchen:

> *àn Wàizà danz i am liàbdsn*
> *in dà Kuchl is s am wäämsdn.*

§ 27 Manche Adjektive können bei der Steigerung durch die Silbe *-ig-* erweitert werden. Von *deià (= teuer)* etwa kann der Komparativ nicht nur *deirà,* sondern auch *deirigà* heißen. *Ganz weit draußen* kann man durch *zweidigsd draußd* wiedergeben.

§ 28 In der Schriftsprache dient als Vergleichswort bei Gleichheit *wie,* bei Ungleichheit, im Komparativ, *als.*
Bairisch gebraucht man beidemale *wie (= wià)* oder auch *als wie (= àis wià* oder *ais wià).*

à Flugzeig is genauso deià wiàr à	=	*ein Flugzeug ist genauso teuer wie eine*
Loggomodiv		*Lokomotive*
dēi Schweinsbràän schmeggd genau	=	*dein Schweinebraten schmeckt genau*
à so fàd ais wià dēi Schbinàd		*so fade wie dein Spinat*
dēi Frau is no vui greisligà ais wià	=	*deine Frau ist noch viel häßlicher als*
die mēi (oder: wià die mēi)		*die meine.*

Als allein ist beim Komparativ möglich, aber nicht sonderlich beliebt:

dà is oànà dümmà àis dàr andà	=	*da ist einer dümmer als der andere*

besser: *dà is oànà dümmà wià dàr andà*
oder: *dà is oànà dümmà àis wià dàr andà.*

§ 29 *Er hat den Mantel neu gekauft* kann man bairisch sehr elegant durch *deà hàd den Manddl àisà neià kàffd* wiedergeben. *Die Schuhe kannst du im ganzen wegwerfen = Dee Schuàh kösd àisà ganzà wegschmeissn.*
Es liegt nahe zu vermuten, *àisà (*oder *aisà) neià* und *àisà ganzà* hieße *als ein neuer* und *als ein ganzer.* Das stimmt indessen nicht, was sich schon daraus ergibt, daß der Nominativ Singular nicht in die Sätze paßt, daß man vielmehr *als einen neuen = àis àn nein* und *als ganze = àis ganze* erwarten müßte.
Dieses sogenannte »prädikative Attribut« ist jedoch unveränderlich, gleich ob es eine Ein- oder Mehrzahl, männliches, weibliches oder sächliches Geschlecht betrifft:

172 Adjektiv

Mẽi Großmuàddà is àisà granggà = Meine Großmutter ist krank
hoàmkemà = heimgekommen.
Dee Ebbfe muàßd àisà greànà essn. = Die Äpfel mußt du im grünen
Zustand essen.

Schon mittelhochdeutsch sprach man so. Walther von der Vogelweide
(P. 77, 8-10) erzählt von einem Besuch im Kloster Tegernsee. Nach dem
Essen bekam er Wasser zum Händewaschen, sonst nichts:

»ich nam dâ wazzer: Ich nahm Wasser:
alsô nazzer   Naß wie ich war,
muost ich von des münches   mußte ich von des Mönches
tische scheiden.«   Tisch scheiden.

Das bairische *àisà* hieß mittelhochdeutsch *alsô*.

§ 30 Dieselbe Konstruktion läßt sich auch mit dem I. oder II. Partizip
verbinden (siehe Seite 50):

Dà kimd dà Buà àisà woànàdà hoàm. = Da kommt der Junge weinend heim.
Dà màchd i need àisà gschdoàmà sẽi. = Da möchte ich nicht gestorben sein.
Wià hàd à gsàgd, dà Baulànàbàddà?: = Wie hat er gesagt, der Paulanerpater?
Bein Deàndl deàfsd lieng,   Beim Mädchen darfst du liegen,
awà weggàdràhdà.   aber weggedreht.

§ 31 Man hat diese Form als einen »erstarrten Nominativ Singular Mas-
kulinum« erklärt oder auch – was leichter einzusehen ist, als ein ver-
stümmeltes Adverb: *nasser(weise), neuer(weise), ganzer(weise), gestorbener-*
(weise).

§ 32 Das *àisà* kann auch wegfallen, und man kann sagen: *Dà màchdd i*
need gschdoàmà sẽi miàssn.–Wannsd in dà Sauna gschwitzd hàsd, muàßd di naggàdà
(oder: àisà naggàdà) in Schnää wàigln. = Wenn du in der Sauna geschwitzt hast,
mußt du dich nackt im Schnee wälzen.

§ 33 Wenn dem Sprecher ein passendes Adjektiv nicht zu Gebote steht,
das seinen Gefühlen hinlänglich Ausdruck gibt, dann kann er den
Adjektivbegriff auch durch ein kräftiges Substantiv und die Präposition
von umschreiben:

à so à Laddiàl von àn Biàgàmoàsdà = so ein Trottel von einem Bürgermeister
  (= so ein blöder Bürgermeister)
dees Misbviech von àrà Käinàrin hàb = dieses Mistvieh von einer Kellnerin
mi bschissn   (= diese gemeine Kellnerin) hat mich
  betrogen.

§ 1 Es ist das Schicksal so mancher Wörter, daß sie sich, ursprünglich durchaus inhaltsschwer und von gewichtiger Bedeutung, über die Jahrhunderte abnutzen und zu farblosen Partikeln werden.

Zum Beispiel das hochdeutsche *sehr* (das bairisch nur in der Stadt vorkommt); althochdeutsch (und da und dort heute noch ländlich) *ser* bedeutete noch *schmerzlich* (daher *versehren*). – Oder *ziemlich,* früher das, was sich gehörte, was sich ziemte. – Oder *wenig,* das mit *weinen* zusammenhängt und viel mehr Jammer in sich birgt, als man heute erkennt.

Solche Bedeutungsminderungen können auch in neuer Zeit passieren: *Das war furchtbar nett von Ihnen, Sie haben mir damit eine schreckliche Freude gemacht.* – Weder erregt die Nettigkeit Furcht und Entsetzen noch die Freude Schrecken; *furchtbar* und *schrecklich* bedeuten hier nichts als *sehr* oder *viel.* Die Wörter haben ihren eigentlichen Sinn verloren und nur noch steigernde Funktion.

Auch im Bairischen gibt es Wörter, denen das geschah. Ohne eigene Kraft und Ausdrucksfülle stehen sie beim Verbum, Adjektiv oder Substantiv und dienen ihnen zur Verstärkung, Schattierung, Tönung, Gradabstufung.

§ 2 *Arg* – von einer indogermanischen Wurzel *ergh* herzuleiten, die etwa *erregt sein* und *beben* bedeutet – womit griechisch *orcheisthai = beben, hüpfen, tanzen* – und sogar das Orchester verwandt ist – heißt, auch im Bairischen, soviel wie *böse* oder *schlecht: Dees is à args Wedà = Das ist ein übles Unwetter.* – Als Adverb büßt es seinen üblen Sinn vollkommen ein, heißt nur mehr *sehr* und kann – wie *schrecklich* oder *furchtbar* – auch in den positivsten Zusammenhängen verwendet werden: Nicht nur: *Duàd s arg wäh? (= Tut es sehr weh?),* sondern auch: *Dees hàd mi arg gfreid (= Das hat mich sehr gefreut). Dees war arg lusdig heid (= Das war sehr lustig heute). Gneedl friiß i arg geàn (= Knödel fresse ich sehr gern).*

§ 3 *Echt* heißt eigentlich *unverfälscht, original.* Als Adverb vorm Verbum oder Adjektiv bedeutet es nur mehr *wirklich* und ist zur Zeit ein Modewort von äußerster Beliebtheit.

Früher sagte man vorwiegend: *Dees is àchdd woà (= Das ist wirklich wahr),* heute wimmelt es in der Umgangssprache von *Echt*-Beteuerungen:

Die Dàrling-Boys machàr à àchdd guàde Musi (= Die Darling-Boys machen eine wirklich gute Musik). – Ees seids àchdd blàde Hund (= Ihr seid wirklich blöde Hunde).

§ 4 *Ehrlich* wird im selben Sinn wie *echt* verwendet: *À eàlich guàdà Schweinsbrààn (= ein wirklich guter Schweinebraten) ; heid sàmmà eàlich miàd (= heute sind wir wirklich müde).*

§ 5 Ein Adverb, das im Bairischen eine überaus große Rolle spielt, ist *feī*. *Feī* hieß früher einmal *fein* – weshalb es mehr oder weniger nasal gesprochen wird – und hat sich zu einer Art Beschwörungsformel mit umfänglicher Bedeutungsskala entwickelt:

Dees måg i feī need.	=	*Paß auf, das mag ich nicht.*
Dees håw i feī säiwà gmåin.	=	*Ich möchte betonen, daß ich das selbst gemalt habe.*
Duà feī àn Obbà schēe gràddàliàn.	=	*Vergiß ja nicht, dem Opa schön zu gratulieren.*
Dees deåfst feī need dōà.	=	*Das darfst du auf keinen Fall tun.*
Båi dà dees feī need båssd.	=	*Wenn dir das etwa nicht paßt.*

Als Adjektiv heißt *fein* auch bairisch *fein*.

§ 6 *Gscheid = gescheit.* Das Wort hängt mit *scheiden* zusammen und bedeutet *mit dem Verstand ent-* beziehungsweise *unterscheidend.* Als Adverb und oft auch als Adjektiv hat es sich zu einem Verstärkungswort im Sinne von *richtig, kräftig, erheblich* entfärbt.

Gesddàn håds gscheid grengd.	=	*Gestern hat es tüchtig geregnet.*
An Frànzä hams gscheid heàkaud.	=	*Den Franz haben sie kräftig verhauen.*
Såg gscheid!	=	*Sag die Wahrheit.*

Worauf man antwortet:

Ohne Schmarrn.	=	*Ich sage das, ohne dir etwas vorzumachen.*

§ 7 *Halt,* »landschaftlich eben, ja, wohl, schon« steht dazu im Duden. Solch eine *Halt*-Landschaft ist Bayern. Wie *feī* vom Adverb *fein* kommt und jede Beziehung zu ihm verloren hat, so hat sich *halt* vom mittelhochdeutschen Adverb *halt = mehr, vielmehr* (dem Komparativ zu althochdeutsch *halto = weit*) wegentwickelt. Auch seine Bedeutung ist ziemlich vielfältig:

Eà kons håid need.	=	*Er kann es eben leider nicht.*
Gib eàhm håid wås.	=	*Gib ihm doch in Gottesnamen etwas.*
I håb håid gmoånd.	=	*Ich habe ja nur gemeint.*
Wårum håsd dà denn àn so àn kàriàdn Huàd kàffd?	=	*Warum hast du dir so einen karierten Hut gekauft?*
Håid àà.		*Eben so, weil ich wollte.*

§ 8 Das *halt,* das, als Imperativ, vomVerbum halten kommt, hat mit dem eben vorgeführten *halt* nichts zu tun und ist von ihm sorgfältig zu unterscheiden – was auf bairisch nicht schwerfällt:

halt von *halten* heißt *håidd, halt* im Sinn von *eben = håid.*

Wià gähd na s Gschäffdd bei eich?	=	*Wie geht denn das Geschäft bei euch?*
Håid schdåàd.	=	*Eben still.*
Håw i den vàfluàchdn Gäibbeiddl vàloàn? Håidd schdåàd, in dà åidn Hosn is à.	=	*Habe ich die verfluchte Geldbörse verloren? Halt, nein, in der alten Hose steckt sie.*

§ 9 *Hübsch* hat als Adverb nichts mit Schönheit oder Nettigkeit zu tun; vorm Adjektiv bedeutet es nur *ziemlich:*

Då gähds fēi hibsch gàach nauf. = *Da geht es aber ziemlich steil hinauf.*

§ 10 *Nàrrisch. – Bisd du nàrrisch woàn?* = *Bist du verrückt geworden?* – *Nàrrisch* ist soviel wie hochdeutsch *närrisch: Nàrrischà Deifi!* = *Verrückter Teufel!* – *Nàrrisch* als Adverb – und in etlichen Zusammenhängen auch als Adjektiv – kann auch schlicht *sehr groß, sehr viel, außerordentlich* ausdrücken, ebenso wie das umgangssprachliche *irre* oder *irrsinnig.*

Dees duàd nàrrisch wäh. = *Das tut irrsinnig weh.*
Dee hàd nàrrisch schēe gsungà. = *Sie hat überaus schön gesungen.*
Dà neie Leàrà is nàrrisch gscheid. = *Der neue Lehrer ist außerordentlich gescheit.*
Dà Vaddà hàd à nàrrische Freid kabbd. = *Der Vater hat eine sehr große Freude gehabt.*

§ 11 Aus dem heiligen Sakrament lassen sich zwei Adjekte oder Adverbien machen: *saggrisch (= sakramentisch)* oder auch, seltener, *menddisch.* Beides bedeutet – ohne frommen oder gotteslästerlichen Beigeschmack – schlicht *sehr.*

Àn Frede hams sàggrisch gfotzd. = *Den Freddy haben sie fürchterlich geohrfeigt.*
Àn Wendlschdōà mächdd i sàggrisch = *Den Wendelstein möchte ich sehr gern geàn noàmài säng.* *noch einmal sehen.*

§ 12 *Sauwa (= sauber)* ist weniger als *sàggrisch:* es heißt nur *ziemlich* und läßt sich – da die eigentliche Bedeutung völlig vernachlässigt wird – nicht nur in Reinlichkeitszusammenhängen, sondern auch zur Beschreibung durchaus gegenteiliger Umstände verwenden:

Då hàsd sauwà in n Dreeg nēiglangd. = *Da hast du schön in den Dreck hineingegriffen.*

§ 13 *Selten* drückt nicht nur die Rarität einer Sache aus; seine Bedeutung hat sich zu *überaus* vermindert, wobei der ursprüngliche Begriffsinhalt immerhin soweit erhalten blieb, daß *selten* etwa *seltsam* oder *wie man es selten findet* entspricht:

À säiddn gscheàde Käinàrin = *eine bemerkenswert unfreundliche Kellnerin.*
Säiddn dreggàde Fiàss = *Füße, so schmutzig, wie man es selten findet.*
Du hàsd àn säiddnà Humoà = *Du hast einen seltsamen Humor.*

§ 14 Auch *vui (= viel)* dient im Bairischen zur Verstärkung von Adjektiven:

Dees Kind is sovui dumm. = *Das Kind ist derart dumm.*
Dee sàn glei sovui gscheàd. = *Die sind ja so unsagbar gemein.*

Need vui (= nicht viel) dient zur ironischen Bejahung:

Heid wåårs need vui kåid.	=	*Heute ist es überaus kalt.*
Du gschdäisd di ja need vui bläd.	=	*Du stellst dich ja außerordentlich ungeschickt an.*

§ 15 Die Bildung der Adverbien aus Adjektiven, der sogenannten Adjektivadverbien, vollzieht sich bairisch genauso formlos und unkompliziert wie hochdeutsch:

Dees Haus is schee	*(= Das Haus ist schön)*	= Adjektiv.
Dees Haus is schee baud	*(= Das Haus ist schön gebaut)*	= Adverb.

§ 16 Der Weg des reinen Adverbs zum Adjektiv ist problematischer: von einer *zeitweisen Verlegung* und vom *schrittweisen Vorgehen* darf man sprechen, die *zutiefste Empörung* oder der *immer zugegene Sekretär* aber werden als falsche, verwerfliche Fügungen gebrandmarkt.

Zu, oft und *extra* sind Adverbien, denen die Schriftsprache keine Adjektiveigenschaft zubilligt. Das Bairische ist großzügiger:

Unsà Deànsdmàdl håd àn exdrign Feànsàhàbbàràd.	=	*Unser Dienstmädchen hat einen extra Fernsehapparat.*
Dees håw i an de zuàn Fensddà kennd, daßds ees need dåseids.	=	*Das habe ich an den geschlossenen Fenstern erkannt, daß ihr nicht da seid.*
Duàch dees ofdde Granggsei is dà Buà in dà Schui nimmà midkemà.	=	*Infolge seiner häufigen Erkrankungen kam der Junge in der Schule nicht mehr mit.*

§ 17 Auch Pleonasmen lehnt die hochdeutsche Grammatik als fehlerhaft ab: *Wie der Bürgermeister bereits schon sagte, ist das ausschließlich nur eine Sache des Gemeinderates* – wäre äußerst schlechter Stil.

Für das Bairische sind Pleonasmen geradezu kennzeichnend. Darum ist es durchaus korrekt zu sagen:

Dà Màxl håd zeàschd ögfangd.	=	*Max hat zuerst angefangen.*
Du håsd iwàhàbds goà nix zun Sång.	=	*Du hast überhaupt gar nichts zu sagen.*

Oder – siehe doppelte Verneinung, Seite 155 –: *Du håsd iwàhàbds nõ goà nià nix zun Sång kabd. = Du hast überhaupt noch gar nie nichts zu sagen gehabt.*

§ 18 Einige Pronominaladverbien, und zwar: *dahin, daher, wohin, woher,* können schriftdeutsch in ihre Bestandteile zerlegt werden:

> *Wo du herkommst, da müssen wir hin.*

Andere Trennungen lehnt die hochdeutsche Grammatik als veraltet oder umgangssprachlich ab.

Im Bairischen gelten andere Regeln, in norddeutschen Dialekten wieder andere.

Schriftdeutsch sagt man: *Damit kann ich nichts anfangen.* Oder: *Ich kann damit nichts anfangen.*

In nordeutscher Umgangssprache: *Da kann ich nichts mit anfangen.*
Oder, indem man das *da* wegfallen läßt: *Ich kann nichts mit anfangen.*

Bairisch aber heißt es: *Då kon i nix dàmid ōfangà.* Oder unter Auflösung
des Pronominaladverbs: *Mid dem kon i nix ōfangà.* In unbetonter Stellung
kann auch *damit* alleinstehen: *I wissd need, wås i dàmid ōfangà soidd. (= Ich
wüßte nicht, was ich damit anfangen sollte).*

So geht das mit allen Pronominaladverben:

Dazu kann ich nichts sagen	=	*Då kon i nix dàzuà sàng.*
Davon haben wir gar nichts	=	*Då ham mià goà nix davō.*
Mir geht es darum	=	*Mià gähds då drum –* Oder:
		Mià gähds um dees.
Dagegen sind deine Kopfschmerzen	=	*Då is dēi Kobfwäh à Dreeg*
eine Kleinigkeit		*dàgeng.*
Daraufhin setzte er sich	=	*Auf dees hī hàd à si hīkoggd.*

§ 19 Während man – siehe oben – in bestimmten Fällen das demonstra-
tive Pronominaladverb *darum, dafür* etc., wenn es unbetont steht, in
seiner unzerstückelten und unvermehrten Form verwenden kann, wird
das fragende Adverb: *woher, wohin, womit, wodurch, wogegen ...* bairisch
kaum benutzt.

Wohin und *woher* werden, wie auch hochdeutsch zuweilen, getrennt:
*wo kimmsd n du heà? (= Wo kommst denn du her?) Wo woin Sie hī? (= Wo
wollen Sie hin?).* – Selten (und in der Stadt) kann man hören: *Woheà kimmsd
n du? Wohī woin àn Sie?*

Die übrigen Fragepronominaladverbien werden aufgelöst: beispiels-
weise *worüber* in *iwà wås –,* oder das *wo* wird mit der Demonstrativform
des Adverbs gekoppelt: *wo driwà.*

Wofür brauchst du das?	=	*Fià wås bràgsd n dees?*
Ich brauche etwas, womit man den	=	*I brààch wås, wo mà den Fleeg*
Flecken entfernen kann.		*dàmid wegmachà kō.*

§ 20 *Warum,* als Fragewort sehr wichtig, bleibt erhalten, auch im rela-
tiven Gebrauch:

Können Sie mir sagen, warum	=	*Kenà Sie mià sàng, wàrum*
niemand mehr in die Kirche geht?		(oder: *wàrum dàß) neàmàds meà*
		in k Kiàchà gähd?

§ 21 Eine bairische Spezialität ist es, daß sich das Demonstrativadverb *da*
nicht nur mit anderen Adverbien verbinden kann: *daneben, dazu, da-
zwischen,* sondern auch mit sich selber. Dann entsteht das schöne Wort
dàdà; dies ist gewissermaßen ein verstärktes *da: Wo is n mēi Bruin? – Dàdà,
newà dà Zeidung, sigsd às need? (= Wo ist denn meine Brille? – Da, hier, neben
der Zeitung, siehst du sie nicht?)*

§ 22 Das Adverb *wo* kann nicht nur fragend benutzt werden und als
Relativpronomen (siehe Seite 148 f.), es kann, entsprechend *wer = jemand,
was = etwas,* auch *irgendwo* bedeuten, wie in der allgemeinen Umgangs-
sprache: *Das muß doch wo zu finden sein.* Ebenso wie man für *etwas Gutes:*

wås guåds sagt, kann man für *irgendwo, wo es schön ist: wo scheens* sagen.
Dieses *wo* paßt nicht zu allen Adjektiven. Zwar heißt es:

Miå sån wo scheens gwesn = *wir waren wo, wo es schön war*
Då bisd wo greisligs hīkemà = *da bist du wo hingekommen, wo es häßlich ist*

nicht aber:
i bin wo weichs gleeng = *ich habe wo gelegen, wo es weich war.*

§ 23 Weiterführende Relativsätze, die mit *womit, wobei, wogegen, wozu*
eingeleitet werden:

Ich habe ihm hundert Mark geboten, wogegen mein Nachbar bis 500 ging.
Sie hat nachgegeben, womit die Sache erledigt war.
Es geht ihm besser, wobei man allerdings nicht übersehen darf …

können bairisch weder mit *wo dagegen* oder *wo damit* noch mit *bei was*
wiedergegeben werden. Sie müssen vollkommen umgebaut werden:

I hâb eåhm hundåd Mårg boon, awå då Nachba is bis fümfhundåd gangà.
Sie håd nåchgeem, und damid war die Sach eåledigd.
Es gähd eåhm besså; må deåf freile need iwåsäng …

§ 24 Aus dem deutschen Norden kommt die Neigung, das Adverb *weg*
durch *fort* zu ersetzen: Man wirft etwas fort, eine Zirkusnummer fällt
fort. Dies gibt es bairisch nicht: man kann *fuåddgēh* (= *fortgehen*), *fuådd-
fahn* (= *fortfahren*), *fuåddfliàng* (= *fortfliegen*), aber nur *wegweåffà* (= *weg-
werfen*), *wegschaung* (= *wegschauen*) und etwas *wegnehmà* (= *wegnehmen*).

§ 25

Hier	heißt bairisch	*då* (Ausnahme: *hier und då*)
morgens	=	*in då Friåh* (oder: *in då Fruàh*)
mittags	=	*middåg*
nachmittags	=	*nåmmidåg*
abends	=	*auf d Nåchdd* (auch *åmds*)
nachts	=	*bei då Nåchdd.*

§ 26 Bairische Adverbien, die die Schriftsprache nicht kennt:

bereidds	=	*fast* (ländlich)
feådd*	=	*letztes Jahr* (ländlich)
heiå	=	*heuer* = *dieses Jahr*
åiwei	=	*alleweil* = *immer*
årschlings	=	*mit dem hinteren Teil voraus*
bfeigråd	=	*pfeilgerade* = *genau, schnurstracks, in der Tat*
bredlbroåd	=	wörtlich: *brettchenbreit* = *breit wie ein Brett*, nur als Adverb zu verwenden, nie als Adjektiv

---

* *Verne, vern, vernet, vert, vernent, vernt* hieß auf mittelhochdeutsch *im
vorigen Jahr.* Die zeitliche Ferne steckt in dem Wort; auch der *Firnschnee*
(der alte Schnee) und der *Ferner* (Gletscher) haben daher ihren Namen.

gschdreggdàlengs, =   der gestreckten Länge nach
auch gschdreggsdàlengs
dàqueà   =   quer, der Quere nach.

§ 27 Die Adverbien *her* und *hin* sind dazu bestimmt, die Richtung aus-
zudrücken, in welcher sich etwas bewegt: *her = zum Sprecher heran,*
hin = vom Sprecher weg.
   In der Schriftsprache wird zwischen *hin* und *her* ziemlich sorgfältig
unterschieden. Nur in der Zusammensetzung mit Verben läßt die Ge-
nauigkeit zu wünschen übrig: Man nennt einen Menschen *herunterge-*
kommen, obwohl man zweifellos nicht ausdrücken will, er sei nunmehr
so weit, wie man es selber ist; logisch wäre, wenn man sich selbst auf
höherem Niveau vermutet, *hinuntergekommen.* — *Geld herausgeben* müßte
zwar vom Empfänger aus *heraus- (Können Sie mir auf fünf Mark heraus-*
geben?), vom Zahler aus aber *hinausgeben (Ich kann leider nicht hinausgeben)*
heißen. – Und wer hinfiel, müßte, sobald er am Boden liegt, sagen, er sei
hergefallen, an die Stelle, an der er sich nun befindet.

§ 28 Im Grunde würde es genügen, *hin* oder *her* zu sagen; die Richtung
wäre damit bestimmt. Um aber keinen Zweifel über den Standort des
Sprechers aufkommen zu lassen, bedient man sich zusammengesetzter
Adverbien: *herein – hinab – hinunter – heraus* usw. Schriftdeutsch *herauf* und
hinauf nehmen im Bairischen verschiedene Formen an.
   In der städtischen Umgangssprache sagt man *rauf* (was auch im deut-
schen Norden üblich ist) und *nauf. Nauf* kennt man im Norden nicht,
so wenig wie *nunter (hinunter)* oder *neī (hinein)* und *naus (hinaus).* So
scheint dem städtischen Mundartsprecher zwar *raus* salopp-salonfähig,
naus aber zu wenig fein, und so sagt er gern, wie ein Preuße, er müsse
in den Keller runter, in den Speicher rauf und fragt: *Deàf i reīkemà? (= Darf*
ich reinkommen?). Richtig dagegen wäre: *I gäh schnäi in n Källà nunddà.*
(= Ich gehe schnell in den Keller hinunter), und *Schaug daß d nauskimsd*
(= Schau, daß du hinauskommst). Nicht: *Rraus!!*

§ 29 Wenn die Richtung besonders betont werden soll, heißt es *herauf*
und *hinauf,* mit Betonung auf der ersten Silbe, auf die's ankommt: *Du*
muàßd hinauf schaung, need herunddà (= Du mußt nach oben schauen, nicht nach
unten). D Dià gähd hinaus auf, need hereī (= Die Türe geht nach außen auf,
nicht nach innen).

§ 30 Die ländliche (auch in der Stadt nicht ganz ungebräuchliche) Form
aber heißt *auffà* und *auffi.* Zwischen *auffà* und *auffi* ist ebenso streng zu
unterscheiden wie zwischen *herauf* und *hinauf: auffà* ist *auf-her; auffi* ist
auf-hin. (Wobei das *i* von *auffi* auch stark zum *e* hinneigen kann: *auffe.*)
Die bairischen Formen entsprechen den mittelhochdeutschen: *ufher* und
ufhin.

In derselben Weise drückt man auch zahlreiche andere Richtungen aus:

Schriftsprache	städtisch	ländlich	betont
herab	*runddà*	*rå*	*herå*
hinab	*nunddà*	*nå*	*hinå*
heran	*heà*	*onà*	
hinan	*hī*	*oni*	
herauf	*rauf*	*auffà*	*herauf*
hinauf	*nauf*	*auffi*	*hinauf*
heraus	*raus*	*aussà*	*heraus*
hinaus	*naus*	*aussi*	*hinaus*
herein	*rēī*	*einà*	*herēī*
hinein	*nēī*	*eini*	*hinēī*
herüber	*riwà*	*ummà*	*herum*
hinüber	*niwà*	*ummi*	*hinum*
herunter	*runddà*	*åwa|rå*	*herunddà*
hinunter	*nunddà*	*åwi|nå*	*hinunddà*
hervor*	*voà*	*firà*	
nach vorne (vom			
Sprecher weg)	*voà*	*firi*	
herzu	*heà*	*zuàrà|zuàwà*	*heàzuà* (= *herwärts*)
hinzu	*hī*	*zuàri|zuàwi*	*hizuà* (= *hinwärts*).

Du muàßd meàrà Sàiz onidōà, na schmeggd s need àso fààd (= *Du mußt mehr Salz dazugeben, dann schmeckt es nicht so fade*). – *Àiwei miàssn dee zu uns ummàschaung.* (= *Immer müssen die zu uns herüberschauen*). – *Kemmds ees zu uns auffà odà soin mià zu eich àwigēh?* (= *Kommt ihr zu uns herauf oder sollen wir zu euch hinuntergehen?*).

§ 31 Wer hinaufgegangen ist, befindet sich, von untenher gesehen, *da oben, droben*. Wo aber ist er, wenn man die Situation von oben, von seinem Ziel aus betrachtet? Die Schriftsprache muß sich da verlegen mit dem ganz neutralen *oben* oder mit *hier oben* behelfen. Im Bairischen ist er *heroben, heroom*. Ebenso, wenn er herunterging, *herundd* oder *herunddn*. Nichts anderes ist von dem zu sagen, der heraus- oder hereinging:

Schrift- bzw. Umgangssprache		Bairisch
hier unten	=	*herundd|herunddn*
drunten	=	*drundd|drunddn*
hier oben	=	*heroom|herooma|heroomàd*
droben	=	*droom|droomà|droomàd*
hier außen	=	*herauss|heraussn|heraussd*
draußen	=	*drauss|draussn|draussd*
hier innen	=	*herinn|herinnà|herinnàd*
drinnen	=	*drinn|drinnà|drinnàd*
hüben	=	*heriim|heriimà|heriimàd|herendd|herenddn*

---

* *Vorher* und *vorhin* sind bairisch, wie hochdeutsch, Zeitadverbien. Ausgesprochen werden sie: *voàheà* und *voàring*.

drüben	=	*driim|driimà|driimàd|endd|enddn|drendd|* *drenddn*
hier vorne	=	*heàvoàn|heàvoàn̄à|heàvoanàd*
da vorne	=	*voàn|voànà|voànàd|dàvoàn|dàvoànà|dàvoànàd*
hier hinten	=	*heàhindd|heàhinddn|dàheàhindd|dàheàhinddn*
da hinten	=	*hindd|hinddn|dàhindd|dàhinddn*

Diese Formen sind im Sinn der Sprachlogik wohl zu beanstanden: da *her* die Richtung angibt, in der etwas geschieht, kann man zwar leicht *herunterfallen* oder *herunterschauen*, nicht aber *herunten sein;* denn just wenn man herunten ist, hat die Bewegung ja aufgehört. Andererseits, der Klarheit ist es natürlich dienlich, wenn man erfährt, wo unten der Betreffende gelandet ist: *herunddn,* beim ebenfalls unten befindlichen Sprecher, oder, während der Sprecher oben auf dem Baum sitzt, *unten* respektive *drundd.*

§ 32 Was unten, innen, außen, vorne ist, das nennt die Schriftsprache *das untere, das innere, das äußere, das vordere.* Hier versäumt sie es gänzlich, den Standort des Sprechers mitzuteilen und zu unterscheiden: ist die Wohnung *droben,* während der Sprecher vom Keller aus erzählt, oder ist sie *heroben,* wo sich auch der Redner aufhält?

Auf bairisch wird das unverwechselbar ausgedrückt: Wohne ich im fünften Stock, dann sind die Wohnungen vom Souterrain bis in den vierten Stock die *drunddàn Wohnungen.* Betrachte ich das Bauwerk vom Parterre aus, bin ich in der *herunddàn Wohnung.*

	beim Sprecher	entfernt von ihm
der untere	*dà herunddàre*	*dà drunddàre*
der obere	*dà herowàre*	*dà drowàre*
der äußere	*dà heràssàre|heraussàre*	*dà dràssàre|draussàre*
der innere	*dà heàrinnàre*	*dà drinnàre*
der vordere	*dà heàvoàdàre*	*dà voàdàre*
der hintere	*dà heàhinddàre*	*dà hinddàre*
der, der sich		
seitlich befindet	*dà heriwàre|*	*dà driwàre|*
	dà herenddàre	*dà drenddàre|enddàre*

Bei uns heàvoan is s vui scheenà, wei die heàvoàdàn Zimmà gengà nach Südn. (= Bei uns vorne ist es viel schöner, denn die Zimmer vorne, wo wir sind, gehen nach Süden.) – An Nachbàn seine Henà leeng eàhnàne Oàr àiwei in n heriwàn Schdài. (= Die Hühner des Nachbarn legen ihre Eier immer in den Stall, der sich auf unserer Seite befindet.)

§ 33 Die Schar der deutschen Verben mit der Vorsilbe *her-* wird im Bairischen durch einige schöne Exemplare vermehrt:

heàwarddn	= *lange warten*	*Zwoà Schdund hammà heà-* *gwàrdd, na sàmmà àlloàne gangà* *(= Zwei Stunden lang haben* *wir gewartet, dann sind wir* *allein gegangen).*

heàhaun	=	*durchprügeln*

Dà Vaddà wann dees gwussd häd, deà hädd n gscheid heàkaud (= Wenn Vater das gewußt hätte, hätte er ihn tüchtig verprügelt).

heàwàdschn	=	*kräftig ohrfeigen*

Dà Buà keàràd àmàl richdde heàgwàdschd (= Der Junge gehörte einmal geohrfeigt).

heàschaun	=	*aussehen*

Dees Wedà schaud need guàd heà (= Das Wetter sieht nicht gut aus).

heàlassn	=	*herausgeben*

Wann dà Lumbbi àn Gnochà dàwischd hàd, laßd à n nimmà heà (= Wenn der Lumpi einen Knochen erwischt hat, gibt er ihn nicht mehr heraus).

§ 34 Sich hinsetzen oder sich herstellen kann auch der schriftdeutsch sprechende Mensch. Der Bayer kann noch mehr: er kann auch *hinstehen, hinüberstehen, herliegen* und *hinaussitzen.*

I sitz à bissl zu eich heà, gäi? (= Ich will ein bißchen bei euch sitzen, das ist euch doch recht?) – Wênn d Sonn scheind, in n Garddn naussitzn, dees gfàid àn Großvaddà. (= Wenn die Sonne scheint, in den Garten gehen und dort sitzen, das gefällt dem Großvater.) –Schdäh ummi! (= Geh dort hinüber und bleib dort stehen!)

Hersitzen, Hinüberstehen, Hinausliegen umfassen in einem Wort das Sich-Setzen und das Sitzen, das Hinübergehen, Sich-Stellen und Stehen-bleiben, das Hinausgehen, Sich -Legen und -Liegen.

§ 35 Bei einigen Adverbien ist die Richtung, hin zum Sprecher oder weg von ihm, nicht auszudrücken. *Nach hinten* beispielsweise heißt immer *hinddà* oder *hinddàre*, gleichgültig, ob vorne oder hinten gesprochen wird. Die ländliche Form *hinddàrà (= nach hinten zum Sprecher)* ist selten.

Auch *weg* kann nur einseitig durch *wegg, weggà* oder *weggàd* ausgedrückt werden. Das *-à* in *weggà* bedeutet nicht etwa *weg-her*. Ebenso wie bei *heà|herà, need|needà (= nicht), jetz|jetzà, drinn|drinnà* ist das *-à* nur als schmückender Laut dem einsilbigen Wort angewuchert. Auch die Form *weggàd* (entsprechend *jetzàd, drinnàd, droomàd*) hat keine Spezialbedeutung; das *-d* ist ein stehengebliebener Bindelaut (siehe Seite 30).

§ 36 Die Stadtmundart kennt auch für *nach vorne* keinen Unterschied nach dem Standort des Sprechers. Sie sagt *voà: Gäh weidà voà* oder auch *firi: Muàßd di weidà firi schdäin, wannsd wàs säng wuisd (= Du mußt dich mehr nach vorne stellen, wenn du etwas sehen willst).* – Hier taucht die alte Präposition *für* in der Bedeutung *vor* auf.

In ländlicher Sprache macht man noch den Unterschied zwischen *firà (= für-her = hervor)* und *firi (= für-hin = weg von mir nach vorn). –Kimm firà zu mià (= Komm nach vorne zu mir); gäh firi zun Bfarrà (= geh nach vorne zum Pfarrer).*

§ 37 Bei *durch* und *nach* wird auf das *-her* und *-hin* zumeist verzichtet – bei *nach* schon deshalb, weil *nachà = nachher = hinterher* bedeutet. Man kann jedoch *duàch n Wàid duàchi (= durch den Wald hindurch)* gehen und einem andern *nàchilàffà (= nachlaufen)*.

§ 38 Auch zwischen *ʒuàri* und *ʒuàrà* unterscheidet die Stadtmundart nicht. Sie würde einen Satz wie *Ees soidds need so weid ʒu die Hund ʒuàrigēh (= Ihr sollt nicht so nah ʒu den Hunden gehen)* mit: *Ià soidds need so weid ʒu die Hundd hīgēh* übersetzen.

Zwischen *ʒuàrà* und *ʒuàwà* und zwischen *ʒuàwi* und *ʒuàri* besteht kein Unterschied als der, daß einmal das *r* und einmal das *w* als Bindelaut verwendet wird (siehe Seite 30 ff.).

Die betonten Formen *heàʒuà* und *hīʒuà* haben, auch städtisch, die feste Bedeutung *herwärts* und *hinwärts*: *Hīʒuà gähds leichd, awà heàʒuà miàss mà beàgauf (= Hinwärts geht es leicht, aber herwärts müssen wir bergauf)*.

§ 39 Der etwas künstliche schriftsprachliche Unterschied zwischen *herum* und *umher*: *herum =* Kreisbewegung, *umher =* kreuz und quer – wird im Bairischen – wie auch sonst in der Umgangssprache – nicht beachtet. Beides heißt *rum* oder *umànànd*:

herumstehen	=	*rumschdēh*	oder	*umànandàschdēh*
umherlaufen	=	*rumlàffà*	oder	*umànandàlàffà*

Ganz herum = umàdum = um und um.

§ 1 Die Präposition (lateinisch: *das Vorangestellte*) heißt auf deutsch
»Verhältniswort«, weil sie die räumlichen, zeitlichen und sonstigen Ver-
hältnisse bezeichnet, unter denen etwas geschieht. Eine wichtige Eigen-
art der Präpositionen ist es, daß sie bestimmte Beugungsfälle regieren:
infolge verbindet sich mit dem Genitiv, *gegen* mit dem Akkusativ ...

§ 2 Da im Bairischen der Genitiv nicht üblich ist, nimmt man den Dativ
als Ersatz:

statt seines Mantels = *schdadd seim Manddl* (beziehungs-
weise – siehe Seite *– schdadd sein*
Manddl).

So sagt man in der Umgangssprache ziemlich allgemein, und so sprach
auch Goethe gern *(statt ehrfurchtsvollem Willkomm* – Faust II. 3*)*. Im
heutigen Schriftdeutsch aber gilt *statt* mit dem Dativ als veraltet.

trotz des Regens = *drotz àm Reeng.*

Früher gehörte der Dativ ganz offiziell zu *trotz*, bevor es, aus dem
Substantiv *Trotz*, eine Präposition wurde. In *trotzdem* und *trotz allem* hat
sich der Dativ erhalten; völlig verboten ist er auch in andern hoch-
deutschen Zusammenhängen nicht.

wegen des Hundes = *wegàr àm* (oder *àn*) Hund.

Wegen mit dem Dativ wird in den Grammatiken als »veraltet«, »um-
gangssprachlich« oder »landschaftlich« bezeichnet. Mittelhochdeutsch
verwendete man den Dativ noch allgemein, und auch in der Umgangs-
sprache regiert *wegen* den 3. Fall. Eine Ausnahme von der bairischen
Genitivfeindlichkeit stellt *wegà meinà* (= *wegen meiner*) dar; man kann
stattdessen aber auch *wegà mià* sagen.

§3	*Außerhalb|innerhalb* =	*draußàhàib|heraußàhàib*
	oberhalb|unterhalb ... des	*drinnàhàib|herinnàhàib*
		drowàhàib|herowàhàib
		drunddàhàib|herunddàhàib
		(siehe Seite 180) *vom*
	außerhalb der Kapelle =	*draußàhàib vö dà Kabäin*
	unterhalb des Baches =	*drunddàhàib vom Bàch* oder auch:
		drunddàhàib àm Bàch.
	seitwärts des ... =	*seiddwääds vom ...*
§4	*links|rechts des ...* =	*linggs|rächds vom ...*

Linggs vö dem Bààm, rächds von de Hàisà sagt man bairisch. Ausnahmen
stellen die beiden Isarseiten in München dar. Die Amtlichkeit der Namen

»*Krankenhaus links der Isar*«, »*Krankenhaus rechts der Isar*« hat den Genitiv gerettet und ihn so sehr ins Sprachbewußtsein der Bürgerschaft geprägt, daß man ohne weiteres sagen kann, man wohne *linggs* oder *rächds då Isa*.

§ 5 *Diesseits* und *jenseits* gibt es bairisch nicht, genausowenig wie *dieser* und *jener*. Dafür verwendet man für *diesseits: herendd* oder *herenddåhåib* und für *jenseits: drent, ent* oder *drenddåhåib* und *enddåhåib*. In feinerer, schriftdeutscher Sprache: *heriwåhåib* und *driwåhåib*.

Auch dazu wird *von* mit dem Dativ oder der bloße Dativ benutzt:

heriwåhåib von då Schdraß	=	*diesseits der Straße*
drenddåhåib åm Sää	=	*jenseits des Sees.*

§ 6 In festen Fügungen wie *deszweng* (= *deswegen*), *um Goodswuin* (= *um Gotteswillen*), *um Himmiswuin* (= *um Himmelswillen*) bleibt der Genitiv auch bairisch erhalten.

§ 7 Zum Ausgleich für den *statt-, trotz-, wegen-* etc. -Kasuswechsel gibt es im Bairischen ein paar bemerkenswerte Genitive, die hochdeutsch nicht mehr gebräuchlich sind.

vor mir/dir/ihm	=	*voå miå/diå/eåhm* und auch: *voå meinå/deinå/seinå*
neben mir/dir/ihm	=	*newå miå/diå/eåhm* und auch: *newå meinå/deinå/seinå*
hinter mir/dir/ihm	=	*hinddå miå/diå/eåhm* und auch: *hinddå meinå/deinå/seinå.*

So lautet ein Einschauspruch (beim Versteckspielen vom Sucher ausgerufen): »*Voådå meinå, hinddå meinå, owå meinå, unddå meinå guidds need.*« (= *Vor mir, hinter mir, über mir, unter mir gilt es nicht.*)

§ 8 In mehreren Gestalten treten die Präpositionen *neben, gegen* und *wegen* auf:

neben	=	*neem*	und	*newå*
gegen	=	*geeng*	und	*gegå*
wegen	=	*weeng*	und	*wegå*, außerdem *zweng* und *zwengs (zuwegen).*

Die Formen auf -*å* sind Analogiebildungen entsprechend: *unddå* (= *unter*), *hinddå* (= *hinter*).

§ 9 *Ich fahre nach Rosenheim* heißt bairisch: *I fah nach Rosnheim;* wenigstens in der Stadt. Landbewohner ziehen es vor, *auf Rosnheim, auf Hääkiåch* (= *Höhenkirchen*), *auf Minggå* (= *München*) zu fahren. Sie fliegen, wenn es nottut, *auf Amerika* oder sogar *aufs Amerika*.

In Norddeutschland kann man nebst *zur* auch *nach der Schule* gehen und sogar *nach der Milch;* in Bayern nicht, nur *in d Schui* und *um d Milli*.

Schriftdeutsch geht man *nach oben* (im Norden sogar: *hoch*), *nach unten, nach der Seite* oder *zur Seite*. Bairisch: *nauf* oder *auffi, nunddå* oder *åwi* und *auf d Seiddn. Nach rechts* und *nach links* heißt es auch bairisch.

§ 10 Man geht in Bayern nicht *zu Tisch* und nie *zu Bett;* auch kommt man weder *zur Welt* noch *zur Arbeit:*

> *Mià kemàr auf d Wäid, miàssn in d Awàd, hoggàn uns àn n Diisch hī* und *gengàr ins Bedd.*

Zu Fuß dagegen heißt auch bairisch *z fuàß.*

§ 11 *Zuhause* ist als *z Haus* zwar in Österreich gebräuchlich, sogar als Richtungsangabe: nicht nur *mià sàn z Haus,* sondern auch: *mià gehn z Haus.* Bairisch ist *zuhause* in beiden Fällen ungebräuchlich:

> *Da ist niemand zuhause.*   =   *Då is neàmds dàhoàm.*
> *Wir gehen nach Hause.*   =   *Mià gengà hoàm.*

§ 12 *Wir kommen aus Freising* heißt meist: *mià kemà vō Freising.* Und für *in München, in Ruhpolding, in Waging* kann man *z Minggà, z Ruàbbàding, z Wàging* sagen.

§ 13 Das unbetonte *in* wird vor dem unbetonten bestimmten Artikel mancherorts (ländlich) zu einem hellen *à:*

> *in dà Fruàh*   =   *à dà Fruàh*   =   *in der Früh (morgens)*
> *ins Wiàddshaus neī* =   *à s Wiàddshaus eini* =   *ins Wirtshaus hinein.*

§ 14 Während man anderswo Tabletten lieber *gegen den Husten* schluckt, neigt man in Bayern dazu, sie *fià d Huàsddn* zu verwenden.
  Die Duden-Grammatik erklärt das so: hier steht *für* in der älteren Bedeutung *vor;* so wird etwas als »ein Mittel vor die abzuwehrende Sache gestellt«.

§ 15 Das mittelhochdeutsche *für* = *vor* ist bairisch auch in anderen Zusammenhängen noch erhalten:

> *firà* und *firi* (siehe Seite 182) =   *nach vorne*
> *dees kimb màr àà so fià*   =   *das kommt mir auch so vor*
> *fiànehm*   =   *vornehm*
> *Fiàduàch*   =   *Vortuch (= Schürze).*

§ 16 Eine eigentümliche Erscheinung ist bei der Präposition *an* zu konstatieren: Sie heißt, wenn sie zu einem Verbum tritt, stets *ō:*

> *ōzinddn* (= *anzünden*)   *ōlàffà* (= *anlaufen*)
> *ōsàng* (= *ansagen*)   *ōbaggà* (= *anpacken*).

In Substantiven aber bleibt das hochdeutsch *an-* erhalten: *Andachd* (= *Andacht*), *Ansichd* (= *Ansicht*).
  Selbst in Fällen, wo das Substantiv vom Verbum abgeleitet wird, verwandelt sich das *ō-* des Verbums in ein *An-* des Substantivs:

Du muáßd bein Anfang õfangá	=	*Du mußt beim Anfang anfangen.*
Deá håd sein schwarzn Anzug õzong.	=	*Er hat seinen schwarzen Anzug angezogen.*
Dråh åm Anlassà, wannsd õlassn wuisd.	=	*Dreh am Anlasser, wenn du anlassen willst.*

§ 17 *Zu* kann bairisch die Formen *zuà, zu* und *z* annehmen. Schon alt- und mittelhochdeutsch gab es betonte und unbetonte Formen: althoch-deutsch *zuo, za* und *zi*, mittelhochdeutsch *zuo* und *ze*, die neuhochdeutsch alle zu *zu* geworden sind.

§ 18 *Zu* heißt bairisch *zuà*, wenn es als Adverb auftritt; das mittelhoch-deutsche Adverb war *zuo*.

heázuà	=	*herzu (= herwärts)*
hĩzuà	=	*hinzu (= hinwärts)*
hoámzuà	=	*heimzu (= heimwärts)*
ab und zuà	=	*ab und zu*
dà Isa zuà	=	*der Isar zu.*

Man sagt auch: *Dà Metzgà håd heid schõ zuà (= der Metzger hat heute schon zu)*; *Dià zuà! (= Türe zu!)*; *mach s Fensddà zuà! (= mach das Fenster zu!)* – woraus dann ein Adjektiv: *à zuàs Fensddà (= ein zues Fenster)* entstehen kann.

Auch als Adverb im Sinn von *weiter* heißt *zu = zuà: Gäh zuà! (= geh zu!); red no zuà! (= red nur zu!).*

§ 19 Ebenfalls *zuà* sagt man, wenn *zu* als bestimmende, betonte Vorsilbe zu einem Verbum, Substantiv oder Adjektiv tritt:

zuàdeggá	*(= zudecken)*	*zuàbabbà*	*(= zukleben)*
zuàhåiddn	*(=zuhalten)*	*zuàdråhn*	*(= zudrehen)*
Zuàgroàsde	*(=Zugereiste)*	*Zuàfåi*	*(= Zufall)*
zuàdringli	*(= zudringlich)*	*Zuàgähfrau*	*(= Zugehfrau)*
zuàgeem	*(= zugeben)*	*zuàschnein*	*(= zuschneiden)*
zuàglaum	*(= zustecken, zukommen lassen).*		

§ 20 Unbetontes *zu* wird in Zusammensetzungen *z*:

zfrien (= zufrieden)		*zeàschd (= zuerst)*
zamm (= zusammen)		*zrugg (= zurück)*
zowàsd (=zuoberst)		*zgleich (= zugleich)*
zfuàß (=zufuß)		*zliàb (= zuliebe)*
zleid (= zuleide)		*zgrund (= zugrunde)*
zmuàd (= zumute)		*zwidà (= zuwider)*
znågsd (= zunächst = vor kurzer Zeit).		

§ 21 Als Präposition heißt *zu* niemals *zuà*, sondern teils *z*, teils *zu*:

z   vor Ortsnamen im Sinne von *in: z Rosnheim, z Eàding, z Minggà;*

z	bei Zeitangaben: *z Middåg (= zu Mittag), z Osdàn (= zu Ostern), z Weihnachddn;*
z	wenn *zu* ein Übermaß ausdrückt: *z hoch (= zu hoch), z weid (= zu weit), z deià (= zu teuer);*
z oder zu	bei Zahlen und Verhältnisangaben: *Waggà håd fümf zu zwoà gegà Bayern gwunà (= Wacker hat fünf zu zwei gegen Bayern gewonnen); mià kemà zu zwoàdd odà z dridd (= wir kommen zu zweit oder zu dritt).*

§ 22 Vor Artikeln und Pronomen heißt *zu* auch bairisch immer *zu:*

zu dein Onggl	=	*zu deinem Onkel*
zu dà Muàddà	=	*zu der Mutter*
zu sein Vàgning	=	*zu seinem Vergnügen.*

Wobei natürlich auch bairisch aus *zu dem = zum* beziehungsweise *zun* wird (siehe Seite 98 f.) und aus *zu der = zur. Zur* wird *zuà* gesprochen, hat jedoch mit dem oben genannten *zuà* nichts zu tun.

§ 23 *Zu* mit Infinitiv: *Gib dem Hund etwas zu fressen; da hast du nichts zu lachen* – heißt entweder *z: Giw àn Hund wås z fressn; då håsd nix z lachà* – oder der Infinitiv wird – siehe Seite 44 – substantiviert, und aus dem *zu* wird ein *zun: Giw àn Hund wås zun Fressn; då håsd nix zun Lachà.*

§ 24 Ist das *zu* betont, dann verwandelt es sich, da auf einem alleinstehenden Konsonanten nicht gut ein Akzent liegen kann, in *zu* zurück:

Das ist mir zu teuer	=	*Dees is mà z deià*
Das ist mir (all)zu teuer	=	*Dees is mà zu deià.*

Man könnte sagen, es erscheine hier, wie am Gesteine der Lebensbeginn im Krystall anschießt, so an jenen Partikeln als an unorganischen Sprachtheilen ein Anfang des organischen Sprachlebens.

Aus: Sebastian Mutzl, Die bayerische Mundart, in: Bavaria Landes- und Volkskunde des Königreichs Bayern. München 1860.

§ 1 Konjunktionen *(wenn, weil, daß ...)* und die konjunktionsähnlichen sogenannten Adverbialbestimmungen *(nachdem, deshalb, soweit ...)* sind dazu da, Satzteile und Sätze miteinander zu verbinden.

§ 2 Der wichtigste Unterschied zwischen schriftdeutschen und bairischen Konjunktionen besteht darin, daß sämtliche unterordnenden (Nebensätze einleitenden) bairischen Konjunktionen die Flexionsendung der 2. Person (Singular und Plural) annehmen (siehe auch Seite 127f.), falls der Nebensatz die zweite Person betrifft.

Mià sàn àlloàns hoàmgangà, weis ees need kemà seids.	=	*Wir sind allein heimgegangen, weil ihr nicht gekommen seid.*
Solangsd às du aushàidsd, bleiw i àà dà.	=	*Solange du's aushältst, bleibe ich auch hier.*
Obwoisd gràd du àiwei dàgeng gredd hàsd.	=	*Obwohl gerade du dich immer dagegen ausgesprochen hast.*
Seidds ees nimmà dàseids, is nix meà los.	=	*Seid ihr nicht mehr da seid, ist nichts mehr los.*

§ 3 Man liest zuweilen: *Daß ihr kemts (= Daß ihr kommt)*; dies ist falsch. Die Endung kann nicht weggelassen werden, sie ist auch vorhanden, wenn man sie nicht hört:

Dees is a Freid, daßsià kemds. ═ *Das ist eine Freude, daß ihr kommt.*

Deutlicher zu vernehmen ist die Plural-Endung, wenn sie (wahlweise) nicht *-s,* sondern *-ds* lautet: *daßds ees kemds.*

§ 4 Nicht notwendig, aber möglich, ist die Beugung der Konjunktion in der 1. Person Plural. Es kann heißen: *Wei mià need meeng (= Weil wir nicht mögen)* oder auch: *Weimà mià need meeng.*

Wammà mià need kemà wàarn, na schdàndds ees sauwà dà. ═ *Wenn wir nicht gekommen wären, dann stündet ihr schön da.*

§ 5 In der 1. Person Singular und in der 3. Singular und Plural wird das unbetonte Personalpronomen zwar an die Konjunktion gehängt: *weilà need màg (= weil er nicht mag)*; eine feste Verbindung tritt jedoch nicht ein:

wanni gäh	=	*wenn ich gehe*
wannsd gähsd	=	*wenn du gehst*
wannà gähd	=	*wenn er geht*
wanns gähd	=	*wenn sie geht*
wanns gähd	=	*wenn es geht*
wammà mià gengà	=	*wenn wir gehen*
(oder: wammà gengà)		

wanns ees gähdds	=	*wenn ihr geht*
wanns gengà	=	*wenn sie gehen.*

§ 6 Die bevorzugte unterordnende Konjunktion im Bairischen ist *daß*. Man gebraucht es erstens da, wo es auch im Hochdeutschen steht:

Ich sehe, daß er zuhause ist	=	*I sieg, daß à dàhoàm is.*

Man gebraucht es zweitens, um schriftdeutsche Satzgebäude umzustellen, die im Bairischen ungebräuchlich sind:

Er behauptet, sie nicht zu kennen.	=	*Eà behaubded, daß à s need kennd.*

(Andere Beispiele siehe Seite 44).

Und man verwendet es gelegentlich in Final-, in Absichtssätzen, die hochdeutsch mit *damit* eingeleitet werden:

Schreib dir's auf, damit du es nicht vergißt.	=	*Schreib dà s auf, daß d às need vàgissd.*

Daß entspricht hier einem *auf daß*.

§ 7 Im übrigen ist die Konjunktion *damit* auch bairisch nicht ganz ungebräuchlich:

Wasch dà d Hend, damidsd need àiss dreggàd magsd.	=	*Wasch dir die Hände, damit du nicht alles schmutzig machst.*

Damit läßt sich aber auch in diesem Satz durchaus durch *daß* ersetzen.

§ 8 Außerdem steht *daß* noch, durchaus überflüssigerweise, neben relativen und fragenden Adverbien wie *warum, woher, wohin* und dergleichen:

Weißt du, wieviel das kostet?	=	*Woàßd du, wiàvui daß dees kosdd?*
Je öfter man nachdenkt.	=	*Wià effdà daß mà nàchdenggd.*
Frag sie, wielange sie noch bleiben will.	=	*Fràg s, wiàlang daß s nõ dàbleim wui.*
Ich verstehe nicht, warum er schon wieder kommt.	=	*I vàschdäh need, wàrum daß à scho wiedà kimd.*

Reste des *daß*-Gebrauchs hinter Adverbien finden sich auch in der Schriftsprache:

kaum daß – ohne daß – statt daß.

§ 9 Auch zur krausen Verschlingung von Sätzen dient die Konjunktion *daß. – Wann hàd à gsàgd, daß à kimd?* – kann nicht nur bedeuten: *Wann sagte er, daß er kommen wird?*, sondern auch: *Wann wollte er, seinen Angaben nach, kommen? – Wià hàsd gsàgd, daß dees gähd?* = nicht nur: *Auf welche Weise (laut, leise, freundlich, böse) hast du gesagt, daß das geht?*, sondern auch: *Wie soll das, laut deiner Anleitung, gehen?*

§ 10 Dem fragenden *wie – daß* entspricht das erklärende *so – wie*:

Solange die Musik spielt.	=	*Solang wià b Musi schbuid.*

§ 11 Auch *trotzdem* wird oft mit *daß* verbunden und hat dann die Bedeutung *trotz der Tatsache, daß = obwohl*.

Obwohl er krank war	=	*Drotzdem daß à grangg wa*
Obwohl ich nichts brauche	=	*Drotzdem daß i nix bràach.*

Auch hochdeutsch wird *trotzdem* zuweilen unterordnend für *obwohl* gebraucht (allerdings ohne *daß*). Dies gilt als tadelnswert; manche Grammatiken tolerieren es jedoch bereits.

§ 12 *Indem* in der schriftsprachlichen temporalen oder instrumentalen Bedeutung: *Indem er die Pistole hob, sagte er: »Stirb, Schurke!«* – *Indem ich schwarzfahre, schädige ich die Bundesbahn.* – gibt es im Bairischen nicht.

Wohl aber gibt es, und zwar in der gehobenen, etwas gestelzten Rede oder Schrift, *indem daß*, welches etwa die Bedeutung: *in Ansehung des Umstandes, daß ...* hat:

Dà herin weàd kõà Kaffää need	=	*Hier wird kein Kaffee getrunken.*
drunggà. Dees sàg i eich, indem daß		*Das sage ich euch in meiner Eigen-*
i dà Owàbuàgàmoàsdà bin.		*schaft als Oberbürgermeister.*

§ 13 Deutschen Englischschülern fällt es schwer, den Unterschied zwischen englisch *if* und englisch *when* zu erkennen. *If* heißt *falls, when* ist eine temporale Konjunktion, und für beide kann man im Deutschen *wenn* sagen.

Auf bairisch kann sowohl das konditionale wie das temporale *wenn* durch das – temporalklingende – *wann* ausgedrückt werden:

Wannsd màgst, kimsd.	=	*Falls du magst, komm.*
Wanns no need àso rengà dàad!	=	*Wenn es nur nicht so regnete!*
Wannsd wiedà dà bisd, schaugsd	=	*Sobald du wieder da bist, schaust du*
glei rẽi zu mià.		*gleich zu mir herein.*

§ 14 *Bài* ist eigentlich *sobald*. Insofern wäre eine zeitliche Bedeutung zu erwarten:

Bài i mid die Fensddà feàddig bin,	=	*Sobald ich mit den Fenstern fertig bin,*
butz i d Schuàh.		*putze ich die Schuhe.*

Genau wie *wenn* und *wann* hat *bàl* aber auch die konditionale Bedeutung *falls, wenn*.

Bài s n dàwischàdn!	=	*Falls sie ihn erwischten!*
Bài deà Buà need sovui blàd wàar.	=	*Wenn der Junge nicht so schrecklich*
		blöde wäre.

Mit hochdeutsch *während* (das bairisch nicht verwendet wird), verhält es sich nicht anders. Man benutzt es temporal: *Während er im Bett lag, brannte das Haus nieder*. Und man benutzt es adversativ: *Klaus ist ein hochanständiger Mensch, während sein Bruder Dieter schon wieder im Gefängnis sitzt.*

Auch das temporale *nachdem* wird ja oft – wenn auch fälschlich – kausal verwendet: *Nachdem Sie das nicht einsehen wollen, muß ich mich anderer Mittel bedienen*. Man sieht, diese Zwiespältigkeiten sind nicht nur dem Bairischen eigentümlich.

§ 15 Die Konjunktion *weil* leitet hochdeutsch nur Nebensätze ein, ist also eine unterordnende, eine subordinierende Konjunktion. Bairisch dient sie auch zur Beiordnung (Koordination) von Sätzen:
Statt:

I håb koàn Hungà, weil i schō wås gessn håb.	= *Ich habe keinen Hunger, weil ich schon etwas gegessen habe.*

kann man auch sagen:

I håb koàn Hungà, weil i håb schō wås gessn.	
I måg di need, wei du bisd mà z greislig.	= *Ich mag dich nicht, weil du bist mir zu häßlich.*

Dies ist im Bairischen kein Anakoluth, kein Satzbruch, sondern eine zusätzliche Verwendungsmöglichkeit der Konjunktion *weil;* sie ersetzt bei dieser Satzkonstruktion das der bairischen Sprache fremde *denn*.

Daß es sich nicht um einen Satzbruch handelt, ergibt sich recht deutlich daraus, daß andere unterordnende Konjunktionen niemals in dieser Koordinierungsweise verwendet werden. Man wird nie hören: *I gäh hoàm, sobåid i håb mēi Bià ausdrunggà (= Ich gehe heim, sobald ich habe mein Bier ausgetrunken).*

§ 16 Statt *denn* kann auch an späterer Satzstelle, wie im Hochdeutschen, *nämlich* stehen. Und besonders reichlich läßt sich das *denn* durch *weil – nämlich* aufwiegen:

I håb need friàrà kemà kenà, weil i war nemle nō in dà Kiàch.	= *Ich konnte nicht früher kommen, denn ich war nämlich noch in der Kirche.*

§ 17 *Wenn ich dich erwische* heißt bairisch: *Wann i di dàwisch!* Oder: *Di wann i dàwisch!* Oder auch: *Dàwischn wann i di duà!*

Solche – schriftdeutsch recht unkorrekte – Stellung ist im Bairischen sehr gebräuchlich: Das betonte Wort oder der betonte Satzteil, der dem Sprecher am wichtigsten ist, wird vor die – eigentlich einleitende – Konjunktion geschoben.

Am häufigsten findet sich diese Umstellung bei den Konjunktionen *wenn, wann* und *bål:*

Dà Adenauà wann dees no dàlebd hädd!	= *Der Adenauer wenn das noch erlebt hätte!*
Àn Schdrauß bål i sieg!	= *Den Strauß wenn ich sehe!*
De vàrreggdn neichà Schuàh, de vàrreggdn, wenn i need ōzong häd!	= *Diese verwünschten neuen Schuhe, diese verwünschten, wenn ich nicht angezogen hätte!*
Mei Mõ wann dees heàd, na is s àis aus.	= *Mein Mann wenn das hört, dann ist alles aus.*
Säng wammà wås dààd, na wààr dees Deàddà glei nō vui scheenà.	= *Sehen wenn man etwas würde, dann wäre dieses Theater gleich noch viel schöner.*

Seltener, aber auch möglich, ist die Umstellung bei *wie* und *daß:*

Dà Leàrà wià dees gsäng hàd.	=	*Der Lehrer wie das gesehen hat.*
		(= Als das der Lehrer sah.)
Àn Fümfà daß i griàg, häd i need	=	*Eine Fünf daß ich bekomme, hätte*
gmoànd.		*ich nicht gedacht.*

§ 18 *Dann* wird meist durch *na* oder *nachà (= nachher)* ersetzt:

Was tun wir dann?	=	*Wàs deàmmà nachà?*
Dann gehen wir.	=	*Na gemmà.*

§ 19 Für *bevor* steht bairisch *vor:*

Bevor ich mein Geld nicht habe,	=	*Vor i meĩ Gäid need hàb,*
gehe ich nicht.		*gäh i need.*

Auch durch *äh daß (= ehe daß)* läßt sich *bevor* ersetzen:

Bevor ich da hinaufsteige, verzichte	=	*Äh daß i dà naufschdeig, vàzichdd*
ich lieber auf die schöne Aussicht.		*i liàwà auf die scheene Aussichdd.*

§ 20 Statt *deshalb* steht nur *deswegen,* bairisch *desweng* oder *deszweng.* (Nie *deswegà.)*

§ 21 Für *infolgedessen* sagt man: *foigedessn.*

§ 22 Die temporale Konjunktion *als* wird bairisch durch *wie* ersetzt:

Als der König starb	=	*Wià dà Kini gschdoàm is.*

(Über *als* beim Komparativ siehe Seite 171).

MAX:	*Hä, Màrie!*	=	*Hallo, Marie!*
MARIE:	*À!*	=	*Ach, du bist da!*
MAX:	*Griàßdi nachà. Hoàß is s, gäi!*	=	*Guten Tag. Heiß ist es, nichtwahr!*
MARIE:	*Nõ!*	=	*Das kann man wohl sagen.*
MAX:	*I fah zun Båån in d Isaraun. Fahsd mid?*	=	*Ich fahre zum Baden in die Isarauen. Fährst du mit?*
MARIE:	*M-m.*	=	*O nein.*
MAX:	*Hàà?*	=	*Wie bitte?*
MARIE:	*Nãã.*	=	*Nein.*
MAX:	*À.*	=	*Ach fahr doch mit!*
MARIE:	*À-à.*	=	*Nein nein.*
MAX:	*Gäh! I leàn dà s Schwimmà.*	=	*Sei doch nicht so. Ich lehre dich das Schwimmen.*
MARIE:	*Hm.*	=	*Als ob ich das nötig hätte.*
MAX:	*Und is goàned arg dreggàd, às Wassà.*	=	*Und das Wasser ist gar nicht besonders schmutzig.*
MARIE:	*À.*	=	*Unsinn, das glaube ich dir nicht.*
MAX:	*Eàlich. ‚Dringgwassàquàlidäd‘ schdäd in dà Zeidung.*	=	*Bestimmt. ‚Trinkwasser-qualität‘ steht in der Zeitung.*
MARIE:	*A-a.*	=	*So, das steht in der Zeitung, und das soll ich glauben?*
MAX:	*Aussàdem mià brauchà ja need umbedingd båån in de Isaraun.*	=	*Außerdem brauchen wir ja nicht unbedingt zu baden in den Isarauen.*
MARIE:	*Àà, dees dààd dà raushengà.*	=	*So, jetzt sehe ich klar, was du vorhast.*
MAX:	*Mhm.*	=	*Ja, so ist es.*
MARIE:	*Hää, b Fingà wegg!*	=	*Was soll das sein? Nimm deine Finger von mir weg!*
MAX:	*Na fahr i håid àlloàns.*	=	*Dann fahre ich eben allein.*
MARIE:	*Wià schnäi gähd n dẽi Màschin?*	=	*Wie schnell läuft denn dein Motorrad?*
MAX:	*So à hundàdfuchzge.*	=	*Um die hundertfünfzig.*
MARIE:	*Ou.*	=	*Das ist allerlei.*
MAX:	*Nõ?*	=	*Aber was ist das?*
ARIE:	*Wås is n?*	=	*Was ist denn los?*
MAX:	*Àiss voi Öl, då!*	=	*Alles mit Öl verschmiert, hier, schau!*
MARIE:	*Ää.*	=	*Mich ekelt.*
MAX:	*Kemà need fahn.*	=	*Da können wir nicht fahren.*
MARIE:	*Àå.*	=	*Schade.*

§ 1 Interjektionen nennt man jene Laute, die der Mensch in Freude, Überraschung, Zorn, Betrübnis usw. auszustoßen pflegt; in den Grammatiken rangieren sie als »Empfindungsworte«, »Einschiebsel«, »Naturlaute des Affekts«, »Ausdruckswörter«, »Ausrufwörter« und dergleichen.

Die Gefühle äußern sich von Volk zu Volk verschieden. Dem deutschen Norm-Schmerzschrei *au* etwa entsprechen in den Wörterbüchern fremder Sprachen folgende Töne:

altgriechisch:	*iu*
französisch:	*oh*
italienisch:	*ohi*
ladinisch:	*oia*
portugiesisch:	*ai*
serbisch:	*waj*
spanisch:	*ay*
ungarisch:	*jaj*.

§ 2 Begreiflicherweise bringt das bayerische Gemüt andere Laute hervor als etwa das ostfriesische oder das des Berliners.

Man sagt nicht *autsch* in Bayern (sondern *auwäh*) und nicht *iwo* (sondern *àwo*); auch nicht *igitt* oder *nanu*. Dafür ist das bayerische Herz voll von zahlreichen ausdrucksstarken *a*-Lauten und von vielsagenden Knurr- und Brummgeräuschen.

§ 3 Systematiker unterscheiden zwischen zwei Arten von Interjektionen:

den eigentlichen, die sich dadurch auszeichnen, daß sie ohne sprachliche Form sind, nur Laute, wie *a, o, ui, bää* usw., die hervorgestoßen werden;
und den uneigentlichen, worunter man entstellte, mehr oder minder unkenntliche Wörter versteht: *oje (= o Jesus), igitt (= o Gott)*.

§ 4 Zu den bairischen Interjektionen erster Klasse, den eigentlichen, sind zu rechnen:

à (lang, in hoher Tonlage gesprochen)	=	statt oder vor Begrüßungsworten: *Ach, Sie sind es! – À dà Doni! Seàvus! – À seids schö dä!*
à (kurz, schroff)	=	Ablehnung von Argumenten, Wünschen, Einwänden: *À dees is doch à Schmarrn. (= Ach, das ist doch Unsinn.) – À laß mà meī Ruàh! (= Geh, laß mich in Ruhe.)*
à (kurz)	=	Einwand nach abgelehnter Bitte: *ach sei doch nicht so.*
àà (helles *à* mit hohem Stimmeinsatz und sinkender Tonhöhe und -stärke)	=	staunendes Erfassen eines Tatbestandes: Sieh mal einer an! Ach daher weht der Wind: *Àà Sie sàn goàneed vom Finànzamdd. (= Ach, Sie sind gar nicht vom Finanzamt.)*

àà (helles *à* mit tiefem Stimmeinsatz und steigender Tonhöhe)	=	Anerkennung. *Àà, dees laß i mà gfàin.* *(= Gut, das lasse ich mir gefallen.) – Àà, allmählich weàds schö. (= Schön, schön, allmählich wird es schon.)*
a-a (zwei normale *a*, abgehackt hintereinander gesprochen)	=	ironischer Zweifel am Gesagten. *Wann need ausgrechned heid s Auddo kabuddgangà wàar, wààrmà kemà. – A-a.· (= Wenn nicht ausgerechnet heute das Auto kaputtgegangen wäre, wären wir gekommen. – Das soll glauben, wer will.)*
à-à (zwei helle *à*, abgehackt hintereinander gesprochen)	=	Ablehnung. *Kimsd no zu mià rauf, Rosi, na zoàg i dà mèi Briàfmàrggnsammlung. – À-à, dees deàmmà need. (= Kommst du noch zu mir herauf, Rosi, dann zeige ich dir meine Briefmarkensammlung. – Nein mein Lieber, das tun wir nicht.)*
àà (lang, mit sinkender Tonhöhe)	=	Bedauern: *Schade.*
ää (lang)	=	Abscheu, Ekel. *Ää, sowàs unabbediddligs. (= Pfui, so etwas Unappetitliches!)*
bää	=	wie *ää*: Abscheu, Ekel.
bäbä	=	wie *à-à*. (= in der Kindersprache: Kot).
hää	=	*Heda, hallo.* Als Anruf an eine Person: *Hää, Vaddà, kim rèi! (= Hallo, Vater, komm herein!) –* Auch für *obacht: Hää, drens do need in n Hund sèi Fuàdàschissl nèi! (= Heda, sabbere doch nicht – oder: verschütte nichts – in die Futterschüssel des Hundes!)*
hm?	=	Frage: *Wie bitte?* Soviel wie *hää?* – siehe Seite
hm (lang)	=	*ich muß überlegen.*
hm (in höherer Tonlage, ganz kurz)	=	schnippische Abweisung, verächtliche Stellungnahme.
mhm	=	Zustimmung, Bejahung.
m-m (zwei *m*, abgehackt zu brummen)	=	Verneinung, Ablehnung, etwa dem *a-a* entsprechend.
nö (kurz, abgehackt)	=	*Was soll denn das?*
nö (länger)	=	Zustimmung: *Und ob!*
ohà	=	*Da stimmt doch etwas nicht! Ohà, dà flaggd oànàr àm Misdhauffà (= Was ist denn dà, da liegt einer auf dem Misthaufen.)*

ohà|öhà|ähà = *hoppla,* wenn man wo angestoßen oder ge-
stolpert ist; auch als flüchtige Entschuldi-
gung, wenn man jemanden angerempelt hat,
oder als Tadel, wenn man angerempelt
wurde.

ou (langgezogener = Bewunderung, Freude, besonders in der
Diphthong, Ton- Bubensprache. *Ou, dees is à bfundigs Ràdl*
richtung abwärts) *(= Donnerwetter, das ist ein tolles Fahrrad.)*

ui = schmerzliche bis freudige Überraschung,
(Diphthong!) von *hurra* bis *auweh! – Ui, dem rinnd às Bluàd
glei liddàweis aussà (= Um Himmelswillen, ihm
rinnt das Blut gleich literweise heraus.) – Ui, s
Griskindl kimmd (= Hurra, das Christkind
kommt!)*

§ 5 Über die Interjektion *meî* liest man auf Seite 142, über *gäh* auf Seite 76.

§ 6 Zum Wesen der Interjektion gehört es, daß sie unabhängig ist vom
Satzgefüge, in welchem sie steht, daß sie die übrigen Satzglieder unbe-
einflußt läßt und daß sie weder dekliniert noch sonstwie verändert wird.
   Eine Ausnahme hiervon macht – das der zweiten, uneigentlichen
Interjektionengruppe angehörige – *gäi. Gäi* ist das auch anderswo übliche
gell, gelt, bedeutet ungefähr *nichtwahr* und wird als eine erstarrte Form des
Verbums *gelten: es gelte, es möge gelten* – aufgefaßt.
   Gäi kann sich nicht nur, wenn Zustimmung erheischt wird, mit *ja* zu
gäija verbinden, und wenn die Antwort *nein* erwartet wird, mit *nàà*
zu *gäinàà;* es gibt dazu auch eine spezielle Höflichkeits- und Respekts-
form, die *gäin S* lautet, sozusagen *gellen Sie. Na bsuàchàn S uns am nägsdn
Samsdàg, gäin S (= Dann besuchen Sie uns am nächsten Sonnabend, nichtwahr?).*
Die Respektform ist auch in der Sie-Rede nicht notwendig, man könnte
ebensogut auch sagen: *Bsuàchà S uns, gäi?*

§ 7 Die Frage *Wie bitte?* heißt auf bairisch, weitaus kürzer, *hàà?* Schon
bayerische Kinder erfahren von ihren Eltern, *hàà* sei nicht höflich – zu
unrecht, wie man gleich sehen wird: Während *wie bitte?* unveränderlich
im Duz- und Siezverkehr verwendet wird, gibt es zu *hàà?* eine eigene
Courtoisieform: *Hàän S?,* sozusagen *Hàen Sie?,* die man benutzen kann
(nicht muß), wenn man mit dem Gefragten per Sie ist. Grammatikalisch
ist die Form *Hàän S* so sinnlos wie *Gäin S,* dafür verkörpert sie viel
gesellschaftlichen Anstand.

§ 8 *Hàà* heißt nicht nur *wie bitte, hàà* ist die Interjektion der Frage
schlechthin. Man kann es an den Anfang oder an den Schluß eines
Fragesatzes stellen; es ist unübersetzbar und bedeutet nicht mehr als:
das ist eine Frage.

    Gemà hoàm, hàà? = *Gehen wir nachhause?*
    Hàà, gfàids dà need? = *Gefällt es dir nicht?*
    Wàrum sàgsd n nix, hàà? = *Warum sagst du denn nichts?*

§9 Das in der Umgangssprache vielgebrauchte, Zustimmung hei-
schende *Nichtwahr?* vor oder hinter Behauptungssätzen kann bairisch
ebenfalls durch *hää* wiedergegeben werden; außerdem durch *need?* und
durch *gäi (= gelt)*:

> *Schönes Wetter, nichtwahr?*   =   *À scheens Wedà, hää?,* oder:
>   *À scheens Wedà, need?* oder:
>   *À scheens Wedà, gäi?*

§10 Das Pronomen der zweiten Person Ein- und Mehrzahl *du* bezie-
hungsweise *ià (*und *ees)* kann im Fragesatz ebenso wie im Aussagesatz
(siehe Seite 126) wegfallen, wenn es nicht besonders betont ist.

Fährst du mit der Straßenbahn?   =   *Fahsd mid dà Drambahn?*
                                            (oder auch: Fahsd du mid dà
                                            Drambahn?)
Seid ihr alle da? – Habt ihr auch Geld? =   *Seids àlle dà? – Habds à Gäid àà?*
                                            (Übliche einleitende Frage des
                                            Kasperls beim Kasperltheater.)

§11 Zur uneigentlichen Interjektionengruppe zählen auch jene Halb-
flüche, die durch listige Säkularisierung oder Verkürzung das heilige
Wort so verfremden, daß von einer sündhaften Verunehrung des Gottes-
namens fast keine Rede mehr sein kann. Sie sind keine bayerische Erfin-
dung, als *herrje (= Herr Jesus), Sackzement (= Sakrament)* schätzt man
sie auch in andern Umgangssprachen. Bairische Halbflüche dieses Typs
sind:

Zäfix	=	ein verstümmeltes *Kruzifix*
Gruzzimendd	=	*Kruzi(fixsàkrà)ment*
Gruzzidiàggn	=	*Kruzitürken* (aus der Zeit, da die Türken in Österreich waren)
Gruzzinäsn	=	vermutlich analog zu *Kruzitürken*: *Kruzi(chi)nesen*
Gruzäfümfàl	=	besonders raffiniert: das *-fix* wird recht-zeitig in ein harmloses *Fümfàl (= Fünf-pfennigstück)* umgebogen
Sàggrà	=	ein halbes *Sàkràment*
Sàggràdi	=	aus französisch *sacre dieu*
Sàbbràdi	=	ebenso, noch unverständlicher, daher fast keine Gotteslästerung mehr
Sàxndi	=	dasselbe
Sàbbràwoidd	=	*Sàbbrà = Sàkrà, woidd* mag von *wohl* hergeleitet sein
Sàgglzement	=	die totale Sakramentsverfremdung; als *Sackzement* auch anderen deutschen Zungen geläufig
Heàgoddsà	=	ein verkürztes *Herrgottsakrament*
Heàschafdd	=	ein unanstößiges Tarnwort für *Herrgott*
Heàschafddsà	=	wie *Heàgoddsà*

Heàschafddseiddn	=	derselbe Trick wie bei *Gruzäfümfàl*: das angefangene *Sàkrament* wird schnell in *sà-iddn* (= *seiten*) umgewandelt.
Jàssàs	=	*Jesus*, kein Fluch, mehr ein Erschreckens-ausruf
Jàssàsnǟ	=	*Jesus nein*
Jàssmarandjosef	=	die ganze heilige Familie in einem Wort, das wiederum nicht mehr als Erschrok-kenheit ausdrückt
Ui jäggàl	=	dem sonst geläufigen *o je* entsprechend; auch in *Jäggàl* steckt der Name *Jesus*.
Hàrrgodd	=	*Herrgott*. Diese Vokaländerung ist nicht auf fromm-ehrfürchtige Scheu zurück-zuführen, sondern allein auf besonders gescherte Vorstadtaussprache.

§ 1 Wie die Interjektion wird auch die stehende Rede vom Volksmund fertig geliefert; der Situation vortrefflich angepaßt, allgemein geläufig und anerkannt, prägnant und oft sogar recht humorig, belebt sie auch die Rede dessen, dem es an eigenem Witz gebricht. Natürlich sind alle Wörter vorgeprägte Formeln; immerhin aber muß man sie selbständig auswählen und zusammenfügen. Die Wendung von der Stange spart diese Mühe; man braucht sie nur nachzuplappern und hat schon das rechte Wort zur richtigen Gelegenheit im Munde. Jede Umgangssprache ist voll von fertigen, stehenden Reden, auch die bairische. Hier folgt ein Dutzend:

håsd keåd	=	wörtlich: *hast du gehört?* Man kann es, völlig überflüssig und ziemlich wahllos, zur Auffüllung von Pausen in der Erzählung benutzen: *In då Bosd hams å neie Käinårin, håsd keåd, dees is då vielleichd å Bisguàn (= In der Post haben sei eine neue Kellnerin, hast du gehört, das ist vielleicht ein böses Frauenzimmer).*
mià gàngsd	=	*mir gingest du.* Das heißt etwa: *Man bleibe mir damit vom Leib.*
heàr und àn Bàam nauf	=	*her und auf den Baum hinauf.* So kennzeichnet man das überstürzte Verhalten des Unbesonnenen, das natürlich zu nichts Gutem führen kann.
kenn di wiedà	=	*kenne dich wieder.* Dies ist keine Ermunterung zur Selbsterkenntnis. Einer, *der sie goå nimmå kennd* (= *der sich gar nicht mehr kennt*), ist außer sich. *Kenn di wiedà* bedeutet: *Komm wieder zu dir.*
jetz keàsd dà Katz	=	*jetzt gehörst du der Katze* (die dich frißt): *jetzt bist du erledigt.*
und schō	=	*und schon.* Damit spricht man der Mitteilung ihre Bedeutung ab: *Was mich das schon kümmert.*
åiwei schō	=	*immer schon.* Das ist eine Übertreibung und bedeutet nicht mehr als: *Natürlich. – Màgsd àår à Bià? – Åiwei schō (= Willst auch ein Bier? – Natürlich.)*
need nachà	=	*nicht dann = und ob. Hoåß is´s heid, gäi. – Need nachà. (= Heiß ist es heute, nicht wahr. – Allerdings.)*
na håsd àn Dreeg in Schàchddàl	=	*dann hast du den Dreck in der kleinen Schachtel.* – Nämlich eine enttäuschte Hoffnung.

daß åiss	=	*daß alles zu spät ist* = *daß es fürchterlich ist.*
zschbäd is		*A Frau håd deà keiràd, daß åiss zschbäd is*
		(= Er hat eine schreckliche Frau geheiratet).
sēi duàds wås	=	*sein tut es etwas.* Das ist ein Seufzer der Resig-
		nation, der besagt: Es ist traurig, schlimm,
		unangenehm, unerfreulich.
håsd mi?	=	*hast du mich (verstanden)?*

Literatur

Reinhold Aman, Bayrisch-österreichisches Schimpfwörterbuch. München 1972.

Josef Martin Bauer, Auf gut bayerisch. München 1969.

Wolfgang Johannes Beckh, Richtiges Bayerisch. München 1973.

Otto Behagel, Die deutsche Sprache. Halle 1968.

Wilhelm Braune, Abriß der Althochdeutschen Grammatik. Halle 1943.

Oskar Brenner, Mundarten und Schriftsprache in Bayern. Bamberg 1890.

Ingerid Dal, Kurze deutsche Syntax. Tübingen 1962.

Max Dingler, Geschriebene Mundart. Erfurt 1941.

Max Dingler, Die Oberbayerische Mundartdichtung. Günzburg 1953.

Der Große Duden, Die Grammatik der deutschen Gegenwartssprache. Mannheim 1959.

Der Große Duden, Aussprachewörterbuch. Mannheim 1962.

Der Große Duden, Rechtschreibung. Mannheim 1973.

Hans Eggers, Deutsche Sprachgeschichte. Reinbek 1963.

Wolfgang Fleischer, Wortbildung der deutschen Gegenwartssprache. Leipzig 1974.

Jacob Grimm und Wilhelm Grimm, Deutsches Wörterbuch. Leipzig 1854ff.

Benno Höllteufel, friß wos i sog. München 1971.

Walter Jung, Grammatik der deutschen Sprache. Leipzig 1966.

Friedrich Kluge, Etymologisches Wörterbuch. Berlin 1967.

Eberhard Kranzmayer, Die bayerischen Kennwörter und ihre Geschichte. Graz und Wien 1960.

Herbert L. Kufner, Strukturelle Grammatik der Münchner Stadtmundart. München 1961.

Heinz Küpper, Wörterbuch der deutschen Umgangssprache. Hamburg 1965.

Johann Lachner, 999 Worte Bayrisch. München 1969.

Matthias Lexer, Mittelhochdeutsches Handwörterbuch. Leipzig 1872.

Otto Mausser, Mittelhochdeutsche Grammatik auf vergleichender Grundlage. München 1932–33.

Karl Meisen, Altdeutsche Grammatik. Bonn 1947.

Ludwig Merkle, Breissn dratzn oder Bairisch für Zugereiste. München 1971.

Ludwig Merkle, Polyglott-Sprachführer Bairisch für Zugereiste. München 1972.

Ludwig Merkle, Bayerisch auf deutsch, Herkunft und Bedeutung bayerischer Wörter. München 1973.

Ludwig und Elli Merkle, München damals. Böse alte Zeit. München 1972.

Walther Mitzka, Deutsche Mundarten. Heidelberg 1943.

Sebastian Mutzl, Die bayerische Mundart (in Ober- und Niederbayern). in: Bavaria Landes- und Volkskunde des Königreichs Bayern, I. Band. München 1860.

Maria Nickl, Bayerischer Witz. München 1973.

Hermann Paul, Mittelhochdeutsche Grammatik. Halle 1944.

Hermann Paul, Deutsches Wörterbuch. Tübingen 1968.

Anton Pfalz, Beiträge zur Kunde der bayerisch-österreichischen Mundarten. Wien 1918.

Karl Graf von Rambaldi, Die Münchener Straßennamen und ihre Erklärung. München 1894.

J. Schatz, Altbairische Grammatik, Laut- und Flexionslehre. Göttingen 1907.

Josef Schiepek, Der Satzbau der Egerländer Mundart. Prag 1899.

Johann Andreas Schmeller, Die Mundarten Bayerns grammatisch dargestellt. München 1821.

Johann Andreas Schmeller, Bayerisches Wörterbuch. München 1872.

Walter Schmidkunz, Das leibhaftige Liederbuch. Erfurt 1938.

Wilhelm Schmidt, Grundfragen der deutschen Grammatik. Berlin 1964.

Wilhelm Schmidt, Geschichte der deutschen Sprache. Berlin 1969.

Rudolf Schützeichel, Althochdeutsches Wörterbuch, Tübingen 1969.

Anton Schwind, Bayrisch von A-Z. Pfaffenhofen 1968.

Leo Sillner, Bairisch für Liebhaber. München 1969.

Ludwig Steub, Wanderungen im bayerischen Gebirge. München 1862.

Fritz Treuheit, Deutsche Sprachlehre für höhere Schulen. Bamberg 1960.

Fritz Tschirch, Geschichte der deutschen Sprache. Berlin 1966.

Ludwig Wagner, Das Fremdwort in der Münchner Mundart. München 1937.

Ludwig Wagner, Wie wirkt sich die starke Zuwanderung auf die Münchner Volkssprache aus? Ein Beitrag zur Untersuchung des Bevölkerungscharakters der Stadt. München 1939.

Gerhard Wahrig, Deutsches Wörterbuch, Gütersloh 1968.

Joh. Conr. Wakius, Kurtze Anzeigung/wie nemlich die uralte Deutsche Sprache Meistentheils Ihren Ursprung aus dem Celtisch- oder Chaldaeischen habe/ und das Bayrische vom Syrischen herkomme. Regensburg 1713.

Karl Weinhold, Bairische Grammatik. Berlin 1867.

Alfred Weitnauer, Lachendes Allgäu. Kempten 1941.

Lorenz Westenrieder, Geschichte der baierischen Akademie der Wissenschaften. München 1784.

Karl Winkler, Heimatsprachkunde des Altbayrisch-Oberpfälzischen. Kallmünz 1936.

Andreas Zaupser, Versuch eines baierischen und oberpfälzischen Idiotikons. Nebst grammatikalischen Bemerkungen über diese zwo Mundarten und einer kleinen Sammlung von Sprüchwörtern und Volksliedern. München 1789.

Bavarica im
Heimeran Verlag

Ludwig Merkle
**Breißn dratzn oder Bairisch
für Zugereiste**
*96 Seiten mit vielen Illustra-
tionen. Pappband DM 8,50*

Kurt Schöning
Das Schnupftabak-Brevier
*96 Seiten, mit 50 Illustrationen,
glanzkaschiert DM 9,80*

**Hin über d'Alm
Her über d'Alm**
*Eine kleine Sammlung bayri-
scher Volkslieder, aufgeschrie-
ben und mit Bildern versehen
von Horst Haubner, Maler- und
Bleiglaser-Gesell. Mit einem
Geleitwort von Annette Thoma.
112 Seiten, DM 14,—*

Ludwig Steub
Sommer in Oberbayern
*Mit der vollständigen Autobio-
graphie des Verfassers. 212
Seiten und 14 Abbildungen.
DM 16,—*

Gusti Grunauer-Brug
**Passiert is' was —
Valentinaden**
80 Seiten. Kart. DM 3,50

Bayrischer Witz
*gesammelt von Maria Nickl.
64 Seiten, mit Zeichnungen
von Annegert Fuchshuber.
Kart. DM 3,50*